工会理论与实践研究

柯勤飞 主编

胡志民 副主编

第一卷

上海三联书店

目　录

第四专题　工会自身建设研究

序

　　党的十九大确定了建设社会主义现代化强国的伟大目标，提出了建设教育强国的具体任务，并强调"建设教育强国是中华民族伟大复兴的基础工程"。在这项宏大工程的建设中，作为主力的高校必须肩负起历史重任，通过深化教育改革，加快一流学校和一流学科建设，实现内涵式发展，培养出大批德才兼备、能够担当民族复兴大任的时代新人，创造出大量推动我国经济社会发展和人类文明进步的知识成果。

　　步入中国特色社会主义的新时代，高校工会应当积极进取，奋发有为，团结凝聚广大教职工担当起伟大时代赋予的历史重任。要实现这一工作目标，我们首先必须把握和遵循高校工会工作的基本准则。第一，习近平总书记对推进群团改革、加强党的群团工作作出的一系列重要论述，是高校工会工作的根本遵循。在新时代，高校工会必须紧紧围绕保持和增强政治性、先进性、群众性，深入推进群团改革，团结动员广大教职工奋力建功，为推进高等教育事业发展，实现党的十九大确定的目标任务而奋斗。第二，国家对工会职能作出的法律规定，是高校工会工作的基本依据。按照《工会法》的规定，工会具有维护、建设、参与和教育四项职能。对于高校工会来说，维护职能就是工会要维护教职工的合法权益，包括劳动权利、民主权利、人身权利和其他权利，这是基本职责；建设职能就是工会要积极配合学校党政，积极开展以创新为内容的教职工岗位竞赛、合理化建议、学术研讨、技术革新和发明创造等活动，吸引和组织教职工投身学校的建设和改革，努力完成教学、科研、管理和服务工作；参与职能就是工会通过教职工代表大会等形式，组织教职工参与学校的民主管理和民主监督；教育职能就是工会要通过师德师风建设、职业道德建设和开展科学文化活动，不断提高教师的师德水平、职工的职业道德水平和科学文化素质，建设有理想信念、有道德情操、有扎实学识、有仁爱之心的教师队伍和有理想、有道德、有文化、有纪律的职工队伍。第三,学校制定的事业发展目标与广大教职工提出的各种合理诉求,是高校工会工作的重要基点。高校工会是学校党组织联系教职工的桥梁和纽带,它一方面要通过服务和帮助教职工,反映教职工的呼声,维护教职工权益,另一方面要通过教育和动员教职工,组织他们投身到学校的中心工作,推动学校的事业发展,因此工会必须紧紧围绕学校事业发展目标和教职工的合理诉求开展工作。

我们必须以这些基本准则为指引,形成工会工作的基本思路和具体方案,在组织教职工开展形式多样、内容丰富的活动中发挥工会在推进高校事业发展和建设教育强国中的作用。当然,从工会工作目标的把握到工会工作思路、方案的确定,需要一个转化的中间环节,将工作的基本准则与合适的工作载体和有效的活动安排结合起来。要完成这种结合,就需要我们进行思考和研究。只有通过思考和研究,我们才能准确把握高校工会工作的政治方向和任务要求,充分了解广大教职工的基本状况和合理诉求,深入探寻各项工作的内在规律和有效方法。当然,这种研究不能停留在基础理论的层面,而是要面向高校工会实践中的具体问题,在深入调查和认真分析中找到破解难题、推进工作的良策。

基于对工会工作研究重要性的认识,上海师范大学工会于 2013 年 6 月成立了工会理论研究会,组织工会干部、专家学者开展课题研究,并组织申报和开展市教育系统工会理论研究会课题研究,取得了许多研究成果,部分成果已运用于学校的工会工作并获得了良好效果。为便于总结和交流,我们选取了 2013 年至 2016 年的部分研究成果编辑成书,主要涉及师德师风建设、高校民主管理、教职工职业发展和工会自身建设四个方面。从这些成果的内容看,既有对高校工会理论问题的研究,也有对高校工会实践问题的探索,由此我们将书名定为《工会理论与实践研究》。本书是《工会理论与实践研究》的首卷,汇集的仅是以往四年的研究成果,随着我校工会研究工作的持续开展,更多、更好的研究成果将不断涌现。

柯勤飞

2017 年 10 月

第一专题

师德师风建设研究

尊重教师：教育伦理的一项重要原则

王正平[*]

教育伦理原则，通常是指社会教育职业活动所追求的根本价值目标、评价善恶的基本标准和最重要的道德规范。纵观目前我国实践中倡导的各项教育伦理原则，包括要求各级各类学校教师遵循的一些重要道德规范，都没有把"尊重教师"当做教育伦理的一项重要原则加以倡导和践行。教师是社会教育职业活动的主体，也是教育伦理道德的最重要的实践主体。合理的教育伦理原则，不仅要代表社会教育事业的利益要求，用以规范、约束教师的教育态度和行为，而且要代表教师职业群体和教师个体的正当利益，用以引导、督促社会和公众对待教师的道德态度和行为。如果我们倡导和推行的各种教育伦理原则，仅仅是把教师当做教育、管束、惩戒或引导的对象，而不是首先把教师当作是道德上尊重、利益上保护、舆论上鼓励、社会上敬重的对象，那就不可能充分调动教师的道德主体积极性，任何空洞的师德说教，或貌似强硬的由政府教育领导部门下达的种种"师德规范""师德戒令"不会真正有效。

今天，在我国的教育职业劳动和全社会生活中，大力倡导和践行"尊重教师"这一教育伦理的重要原则，既是社会主义教育职业劳动追求的价值目标之一，又是当前培育和践行社会主义核心价值观，扎实推进教师职业道德建设，促进现代教育事业迅速发展的一个关键所在。

一、问题的提出：尊重教师是在道德上要求教师的前提

我们中华民族在自己几千年的文明发展史上，一直有尊师重教的优良传统。

＊ 王正平，中国伦理学会教育伦理专业委员会会长，上海师范大学跨学科研究中心主任、教授、博导。

在我国传统文化中，一方面赋予教师"传道、授业、解惑"，教书育人，培养青少年一代的神圣职责；另一方面历来倡导"天、地、君、亲、师"，"一日为师，终身为父"，给予教师崇高的社会地位和道德尊荣。这两方面是相辅相成的，不可偏废。但是，当我们冷静审视当下教育职业生活的道德现状时，就会发现，一方面，社会从培养现代化建设人才和全面发展社会新人的需要，对教师职业群体提出了更高的要求；另一方面，某些社会道德舆论又片面地把教师仅仅当作是"春蚕""蜡烛""园丁"，任意夸大教师的责任，缺乏把每个教师当作"人"的尊重。

我国改革开放以来，为提高广大教师的社会和经济地位作出了可贵的努力。但是，由于受到市场经济条件下拜金主义、工具理性、道德独断论思想等复杂因素的影响，损害普通教师道德尊严的现象在一定程度上普遍存在。比如：

1. 在教育职业活动的价值目标层面，存在把教师仅仅当作是实现某种教育目的的纯粹工具倾向，忽视教师不论是作为个体还是群体的目的价值。在教育职业活动一味追求急功近利的目标之下，许多学校把学生的考试成绩、升学率、就业率看作是衡量教师一切教育和教学活动好坏或成败的唯一尺度。在不少高校，为追求学校排名，制定不切实际的科研成果要求，并以论文发表、项目科研为主要准绳，将教师分为三六九等。在此风盛行之下，教师不再是教育、科研活动的主人，而是沦为考试成绩、升学率、就业率、论文数量的奴婢，职业道德尊严受到深层的损害。

2. 在教育职业活动的行政管理层面，存在把教师仅仅当作是服从和监督的对象倾向，忽视教师学校管理和开展教育活动的自由和民主权利。最近两年，教育部针对教师职业道德存在的突出问题，先后发布了《关于建立健全中小学师德建设长效机制的意见》和《关于建立健全高校师德建设长效机制的意见》，分别提出了"十条师德红线"和"八条师德戒律"。这些行政命令尽管本意是好的，但在一些学校的师德建设实践中往往容易抬高行政管理人员的地位，把教师片面放在"严加管束"对象的地位，忽视了尊重教师师德进取的主体积极性，引起许多教师的反感与不满。

3. 在社会舆论道德评价层面，存在过分拔高教师承担的道德责任的倾向，忽视教师作为社会职业人员的正当利益诉求。人们常常把教师比作"燃烧自己，照亮别人"的"蜡烛"、培育青少年成长的"园丁"、辅助学生进步的"人梯"，这在强调教师的重要社会责任上有一定积极意义。但是，如果在复杂的教育利益冲突中，社会道德舆论仅仅强调教师的"蜡烛""园丁""人梯"的道德责任，无视教师个人和教师集体应有的正当权益,就会造成道德认知的片面和混乱,教师的职业道德是非难以正确定位,找不到职业道德自我进取的恰当起点。

4. 在当前师德建设中,明确强调教师要"尊重学生""尊重家长",恰恰没有倡导学生、家长和全社会同样应当"尊重教师""尊师重教",造成教师的道德义务和道德权利失衡,使教师常常在教育事件的道德冲突中成为无辜的道德受害者。近年来,如同一些地方的"医闹"借故围攻医院、伤害医生等不道德现象相类似,教育职业领域也出现了各种"道德怪状",不久以前,我国相继发生令人心寒的暴力袭师事件。上海某高校一名大四女生因上课迟到 40 分钟受到教师的批评,竟然在课堂上当众将一杯热水泼向任课男教师,造成教师面部、颈部、肩部创伤。吉林市船营区某小学任课女教师因批评了一位被称为"我们家少爷"的学生,竟在教室内遭到该男孩"七大姑八大姨"的群体谩骂、殴打。如果教师在教育职业活动中连起码的道德人格尊严都没有,何来教师师德建设的积极性?

从教育伦理的视角看,加强教师职业道德建设,提高每个教师的师德水准,必须是自律与他律的辩证统一。毫无疑问,每一社会对教师提出符合社会教育事业发展需要的职业道德规范或行为准则、戒律,有利于广大教师明辨教育行为的是非善恶标准。这些师德规范或行为准则,借助社会舆论、制度管理、奖惩引导的方式形成对教师行为的他律,有益于保障师德底线,提高师德水准。但是,从根本上说,由于教育劳动自身的特殊性和复杂性,师德建设首先要重视教师的自律。自律是他律的基础,而要促进教师的道德自律,必须依靠教师的师德建设主体积极性。道德心理机制表明,"每一个人都有一种在他人看来是重要的倾向。"(杜威语)从道德上要求一个人,首先要从道德上尊重一个人。世界各国教育伦理道德建设的实践经验表明:尊重教师是激励教师遵守师德的推动力。具有重要国际影响的全美教育协会职业伦理规范(NEA Code)在其最新一次修订中明确提出:"教育工作者意识到在教学过程中坚持固有责任的重要性,获得同事、学生、家长和社区成员尊重和信任的愿望,为教育工作者达到和保持最高道德品质提供了源动力。"[①]一个社会或学校,要求教师遵守职业道德,首先必须尊重教师。优良的师德师风,不可能在轻视教师、使役教师、损害教师的社会条件下形成。师德建设实践表明,尊重教师,提高教师的师德建设主体积极性是师德

---

① 王正平. 美国教育职业伦理的理论研究、行为规范与实践[J]. 上海师范大学学报(哲学社会科学版),
2013(06).

建设的基础和前提。应当把"尊重教师"作为社会主义教育伦理的一项重要原则。

二、"尊重教师"的教育伦理价值

在整个社会教育活动领域和教师职业劳动过程中，倡导和践行"尊重教师"这一重要原则具有重要的教育伦理价值。

首先，"尊重教师"之所以应当成为教育伦理的一项重要原则，从根本上说，是"尊重人"这一普遍的社会道德原则在教育活动领域中的重要体现和要求。

"尊重人"是一种显见的德性和义务。孔子说："己所不欲，勿施于人。"（《论语·颜渊》）又说："夫仁者，己欲立而立人，己欲达而达人。"（《论语·雍也》）孔子这些话都包含着尊重人，即尊重自己和他人的重要思想。"尊重人"也是西方社会的传统美德。在西方社会伦理生活中占有重要地位的"黄金律"强调："你希望被人怎样对待你，那你就怎么样对待别人。"其核心思想也是尊重自己和他人。康德是把"尊重人"作为最重要的道德义务的杰出思想家。康德认为，对人的尊重，包括始终把人作为目的本身对待的承认性尊重，给予一个人应得赞许的评价性尊重，以及作为道德准则和义务的尊重。由此，康德将一种以人为对象的规范性尊重推向了道德原则的位置，从而构成了一种对现代社会生活产生普遍影响的"尊重（人）之伦理（ethics of respect）"。他明确提出："你必须这样行为，把每一个人当作目的并且决不把他人当作手段来对待。"康德的这个"绝对命令"坚决主张：一个人必须把他人当作能自律地确立自己的目的的人来对待，而且决不能把他人纯粹作为达到你自己利益的目的的手段。他的这一"尊重人"的最基本的、最重要的准则，要求我们以每一个人在任何时候都应该享有的全部道德尊敬和道德尊严来对待，包括把他们用作达到他人目的的手段时也应当这样。[①] 如果我们在社会生活中只利用他人，而不尊重他人的人格，只使用他人而不考虑他人的思想、利益的需要，仅仅把他人当作手段，就违背了"尊重人"的道德义务。

"尊重人"是人类道德进步的重要尺度。1993 年 9 月，有德国前总理施密特、新加坡前总理李光耀等全球著名政治家、学者参加的一次国际性会议，经过长期讨论和反复修改，通过了《走向全球伦理宣言》。《宣言》指出："没有新的全

---

① 汤姆·L·彼彻姆. 哲学的伦理学［M］. 中国社会科学出版社 1990 年版，第 183—184 页.

球伦理，便没有新的全球秩序。"整个《宣言》特别强调"尊重人""敬重人"的重要。《宣言》指出："我们承诺敬重生命与尊严、敬重独特性与多样性，以使每一个人都得到符合人性的对待，毫无例外。""每一个人，不论其年龄、性别、种族、肤色、生理或心理能力、语言、宗教、政治观点、民族或社会背景如何，都拥有不可让渡的和不可侵犯的尊严。因此每一个人以及每一个国家都有义务尊重这种尊严并保护这种尊严。"①在社会教育活动和教师职业劳动中，尊重教师，就是把教师看作是有绝对价值的行为者，从而承认不应该把他们当作只具有有条件的价值物、仅仅是为实现某种社会、集团或个人目的服务的工具。在现代文明社会中，教师是工具价值和目的价值的统一。一方面，教师承担着传承、创造、传播人类文明，培养青少年一代在德、智、体、美、劳诸方面全面发展的神圣社会责任，他们是"蜡烛""园丁""人梯"，是实现社会、集团或个人目的的工具或手段；另一方面，教师本身是"人"，是具有完全责任、权利和义务的社会成员之一，有在教育职业劳动中追求和实现正当的自我利益、自我价值、自我目标，享有合理的个人权益、道德尊严和个人生活幸福的权利，可以并且应当通过自己的辛勤劳动和创造，实现自我的目的或目标。社会教育事业的利益，应当包括教师个人的正当利益。因此，一个文明社会绝不能仅仅把教师看作是"蜡烛""园丁""人梯"。在整体的道德考量上，在赋予教师重要社会责任，对教师提出各种道德准则、戒律和要求，应当"同时把教师当作目的"。"尊重教师"，乃是"尊重人"这一普遍的道德义务或道德原则在教育伦理领域中的一项根本要求。

其次，"尊重教师"之所以应当成为教育伦理的一项重要原则，是因为只有尊重教师，才能充分调动教师的主体积极性，实现教育事业利益的最大化。

教师的主体积极性，是指教师在从事教育职业劳动的整个过程中所具有的能动积极性和自主创造性，体现为教师个体在教育活动中对真、善、美的价值目标的自觉追求。在教师创造教育价值活动中自身既是教育认识和实践活动的主体，又是自我意识和价值实现的对象。影响教师主体积极性的因素，来自主观和客观两个方面的影响。一方面，教师的主体积极性受到外在物质生活条件和精神文化条件的制约，在外在社会道德规范、行为律令的作用下，自发或被动地调整自己的行为，以使自己的教育行为适应社会或客观环境的需求；另一方面，教师在自身从事的教书育人活动中获得社会、他人和自我的价值认同，通过得到道

----

① 《世界伦理宣言》，孔汉思. 世界伦理手册[M]. 上海：三联书店 2012 年版，第 130—156 页.

德人格尊重,从而受到深层的自我道德教育和内在道德信念的启示,把教育劳动本身作为一种至善的伦理追求,最大限度地发挥自己的能动性和创造性,达到自我完善和职业完善的完美统一。

应当看到,与其他社会职业劳动比较,教育劳动有着自己显著的特点。能否尊重教师,充分调动教师的主体积极性,是能否实现教育事业利益最大化的一个关键所在。

1. 从教育劳动的目的看,教师劳动的目的,在于培育新人。"教育者不是造神,不是造石像,不是造爱人。他们所要创造的是真善美的活人。"①教师通过自己的教育劳动向下一代传递着人类世世代代积累和创造的文明成果,代表着人类的良知,向下一代播种着人类理想的种子,使成长中的一代人继往开来,为人类开辟更有希望的未来。正如乌申斯基所说:"在教育中,一切都应该基于教师的人格,因为教育力量是只有活动的人格源泉中产生出来的。无论什么章程和计划,无论什么巧妙的设施,哪怕想的怎么巧妙,都不能代表教育事业中的人格。"②教师要履行为社会培养新人的神圣使命,首先要使自身具备健全向上的独立人格。在教育工作中,智慧要靠智慧来培育,良心要靠良心来熏陶,理想的人格要靠健全的人格来塑造。获得尊重和尊重他人是教师形成健全人格的前提。只有尊重教师,才能培养教师完美的道德人格,才能激发教师教育劳动的主体积极性和无限创造力。

2. 从教育劳动的对象看,教师劳动的对象,既不是死的自然物,也不是一般的动物或植物,而是活生生的、有思想、有感情、有理性、有个性、作为社会整体一员的活生生的人。教育劳动的这个特点使教育劳动本身复杂化了。苏霍姆林斯基说:"可以把教学与教育的所有规律性都机械地运用到他身上的那种抽象的学生是不存在的。也不存在什么对所有学生都一律适用的在学习上取得成就的先决条件。"③教育的本质要求教师在教育劳动中因材施教,从学生不同的天赋条件和个性特点出发,挖掘每个学生的内在潜能,把青少年学生培养成为全面发展的人。在这里,教育的每一个环节都需要教师发挥主体能动性和自觉性。而只有全社会尊重教师,关心教师,爱护教师,才能调动教师的主体积极性,因材施

---

① 陶行知教育文选. 教育科学出版社[M]. 1981年版,第298页.
② 引自彼得洛夫. 论人民教师的威信[M]. 作家书屋1951年版,第46页.
③ 苏霍姆林斯基. 给教师的建议[M]. 教育科学出版社1984年版,第1页.

教、个性化教育才会成为可能。

3. 从教育劳动的工具看,教师劳动中的各种手段或工具,恰如马克思所说的,是"劳动者置于自己和劳动对象之间,用来把自己的活动传导到劳动对象上去的物和物的综合体"①。在教育劳动中,劳动的执行者(教师自身)是和劳动手段融为一体的。教师通过自己的活动对学生施加影响,把知识、品德、才能传导给学生所使用的工具,除了教材、教学设备这些教育劳动的辅助工具之外,主要是教师的个性,即教师的知识水平、思维能力、思想觉悟、道德品质和情感意志。教师的劳动效果,不仅取决于他具有的知识水平和思维能力,而且取决于他的个性、人格和道德面貌。教师是否具有良好的个性、人格和道德面貌,与教师自身是否获得社会和集体的道德上的尊重息息相关。试想一下,为什么一些获得"优秀教师""特级教师"称号的教师常常比其他教师取得更好的教育和教学效果?从根本上说,是这些"优秀教师""特级教师"由于受到学生、学生家长和教师集体的尊重,得到社会舆论的敬重,从而在内心获得对自我教育劳动价值的深刻认同和肯定,因而更充分地调动了自己教书育人的主体积极性,也因此获得了更好的教育效果。

4. 从教育劳动的形式看,教育劳动是建立在集体协作基础上的个体脑力劳动。一方面,教育劳动作为一种集体协作劳动,需要教师集体成员之间具有互相尊重的道德氛围。爱因斯坦在《论教育》一文中曾把雄心看作是学校教育的基础推动力。他指出:"雄心,说的委婉点就是以被承认和被尊敬为目标,牢固地存在于人的本性之中。没有这种精神刺激,人类合作就完全不可能;取得伙伴赞同的愿望肯定是社会最重要的束缚力之一。"②显然,教师在教育劳动中成为"被承认和被尊敬为目标",是开展教育劳动极其重要的激励因素和道德条件。另一方面,教育劳动的脑力性质,决定了教师劳动的个体形式。教育劳动的大部分工作是依靠教师独立完成的。教师是否全心全意地搞好教学工作,尽心尽力提高教育质量,很大程度上依靠教师的个人自觉性和责任心,外界难以直接监督检查。教育劳动时空上的灵活性,使外界难以对教师劳动的干与不干、干多干少、努力与应付,直接加以督促。教师只有在社会上和学校集体中受到必不可少的尊重,成为爱因斯坦所说的"被承认和被尊敬为目标",才会养成自觉的劳动态度,全面

---

① 马克思恩格斯全集[M].第23卷,人民出版社1972年版,第203页.
② 爱因斯坦.爱因斯坦晚年文集[M].海南出版社2014年版,第29—30页.

提高教育劳动的效益。

5. 从教育劳动的创造性看,真正的教育劳动既是一种科学性的创造,又是一种艺术性的创造。任何一种创造,都是主体的一种自由自觉的心理和行为实践活动。一个人有尊严、有自由才会有创造。在教育劳动中,教师只有在获得包括学生、学生家长、教师集体和社会其他成员充分地尊重的情况下,才会体认自身的价值和社会教育责任,张扬生命的激情和潜能,创造性地投入自己的劳动。尊重教师是促进教师发挥教育劳动主体积极性,创造性地工作的道德保障。

三、"尊重教师"教育伦理原则的内在规定性及其实践机制

教育伦理道德问题通常涉及宏观、中观、微观三个层面。教育伦理的宏观层面,包括整个社会教育活动的根本价值追求、教育制度和教育公共政策的伦理导向及道德基础;教育伦理的中观层面,包括学校具体教育管理运作过程中的道德规范、教师处理与各方面利益关系中的职业道德规范;教育伦理的微观层面,包括教师、学校校长及各级教育行政管理人员个人的职业品格、道德修为等。"尊重教师"这一重要教育伦理原则涉及到教育伦理道德的各个层面。为了倡导和践行"尊重教师"这一原则,我们有必要探讨其内在规定性和基本实践机制。

(一)"尊重教师"教育伦理原则的内在规定性

尊重教师作为教育伦理的一项重要原则,在道德实践中有其基本的内在规定性。尊重教师原则要求社会、集体和相关的个人尊重教师的道德人格;尊重教师的正当利益诉求;尊重教师的教育民主和教育自由权利;尊重教师的生命财产安全。

1. 尊重教师的道德人格。尊重教师的道德人格,是指尊重教师作为职业劳动群体和职业劳动个体的名誉、尊严、威信等。教师的名誉、尊严和威信是教师的智慧、才能和贡献的结晶,既是教师顺利开展教育劳动的健康道德心理基础,又是取得良好的教学和教育劳动效果的重要条件。苏霍姆林斯基说:"教师的人格是进行教育的基石。"[①]实践表明,在一个可以任意诋毁教师职业的价值、毁坏教师的名誉、损害教师的尊严和威信的社会环境里,不可能有教师正常的教育职

---

① 苏霍姆林斯基. 和青年校长的谈话[M]. 上海教育出版社 1983 年版,第 170 页.

业劳动,更不可能充分发挥教师的主体积极性。尊重教师的道德人格,既是对教师作为"人"的尊重,又是对教育劳动、教育利益本身的尊重。

2. 尊重教师的正当利益诉求。尊重教师的正当利益诉求,是指尊重和尽量满足教师与自己的职业劳动贡献相一致的工资待遇、职称晋升、专业发展等个人的物质利益要求。马克思说:"人们奋斗所争取的一切都和他们的利益有关。"①教师作为社会职业人员之一,自然有着自己正当的物质利益需求。社会没有任何理由,因为教师职业"神圣",就把教师关注自己的物质利益看作是"低俗";因为教师是"人类灵魂的工程师",就要求教师无条件地"无私奉献";因为教师要讲"师德",就要求教师不讲"报酬"。斯宾诺莎曾说过:"遵循德行,不是别的,即是以理性为指导而行动、生活、保持自己的存在,而且是建立在寻求自己的利益基础上的。"②社会或学校单位应当依据教师的职业劳动贡献,充分尊重教师的正当利益诉求,不断改善教师的物质生活条件和工作待遇。这既是教师精神饱满地投入教育工作的物质基础,又是教师信奉和遵循教师职业道德的"支持性资源"。

3. 尊重教师的教育民主、教育自由权利。尊重教师的教育民主、教育自由权利,是指社会、学校领导应当充分尊重教师在教育职业活动中个人所享有的民主管理权、监督评议权,以及遵循宪法、法律和教育规律基础上的教育理念、教学方式的自由选择权。我们知道,"民主""自由"是社会主义核心价值理念,也是社会主义教育活动的核心价值理念,尊重教师的教育民主、教育自由权利是教育伦理应有的题中之义。应当看到,一方面,当今中国的教育事业发展,正面临教育实力竞争,教育体制改革,教育观念转型,教育方式多样的巨大挑战,需要广大教师最充分地发挥自己的聪明才智;另一方面,广大教师在实际教育、教学和科研工作中的主体积极性,又面临着由市场经济泛化和集权思想残余造成的"教育官僚主义""教育拜金主义""教育工具主义"等种种不合理因素的束缚和压抑,个人的工作积极性和创造性没有得到充分发挥。当一个教师在教育活动中能够感受到自己享有充分的民主权利时,才会像主人一样去工作;能够享受到自己拥有充分的自由选择权利时,才会像工程师、艺术家那样去教学。只有尊重教师的教育民主和教育自由权利,每个教师的工作潜能和创造活力才会像涌泉一样奔流。

4. 尊重教师的生命财产安全。尊重教师的生命财产安全,是指全社会和教

① 马克思恩格斯全集[M].第1卷.人民出版社1965年版,第82页。
② 斯宾诺莎.伦理学[M].商务印书馆1958年版,第173页。

育职业活动的全体利益相关者，应当尊重并保护教师作为一个公民的个人生命安全、私人财产安全。像社会的其他成员一样，教师个人的生命和财产神圣不可侵犯。尊重并保护教师的生命财产安全，既是文明社会的基本法律要求，也是教育伦理的基本道德要求。前面提到的"开水门""少爷门"事件，仅是当前伤害教师的媒体曝光案例。令人惊讶的是，各种网络和微信平台就这些事件表达的所谓"公众舆论"，在这样基本的道德是非面前，竟然有许多人以各种奇谈怪论为学生和家长的不道德的、违法的行为辩护和张目。正如一篇敢于声张正义的微信评论所说的"羞辱教师不是时代的光荣"！尊重和保护教师个人的一切合法权益，是文明社会的基本道德尺度。

（二）倡导和践行"尊重教师"教育伦理原则的实践保障机制

在当前我国的教育伦理道德建设中，理直气壮地把"尊重教师"作为一项重要的伦理原则提出来，是教育事业现代发展的历史需要，也是社会道德文明进步的需要。目前，倡导和践行"尊重教师"的教育伦理原则，需要创设实践保障机制。

1. 创设践行"尊重教师"教育伦理原则的精神文化机制。要贯彻"尊重教师"伦理原则，首先要创造新的历史条件和文化环境下的尊师重教氛围，让社会公众和教育利益相关者明辨对待教师行为的是非、善恶、美丑，认识尊重教师的合理性与必要性。特别是在网络新媒体日益兴盛，以微信为代表的自媒体崛起的情势下，政府教育行政部门、学校和广大民众要自觉把尊重教师作为一项基本的道德责任和义务。在大力倡导教师要"尊重学生""尊重家长""尊重领导"的同时，也要大力倡导学生、学生家长和各级领导干部"尊重每个教师"。这是平等地对待，文明地应答。毫无疑问，社会公众对个别教师违背师德的现象进行揭露、抨击，是维护教育正义和教师道德的合理行为，应予重视和肯定。但是，对于少数人出于狭隘的私利而表现出来的严重损害教师权益的偏激言行，应予澄清与匡正。

2. 创设践行"尊重教师"教育伦理原则的公共政策和教育管理机制。社会教育公共政策和教育管理制度、教育管理规范等，是社会教育伦理价值取向的固化表达，对人们的教育伦理价值观念和行为选择起基本的导向作用。美国著名行政学家戴维·K·哈特认为："公共行政并非一项专业技能，而是一种社会实践道德的形式。"[1]在我国当前的教育伦理道德建设中,应当把"尊重教师"这一教育伦理原则及其上述合理的具体要求,融入到社会教育政策、各级各类学校的教育管理制度和教育管理规范的设计之中。"百年大计教育为本,教育大计教师为本。"中华民族教育事业的伟大历史复兴,依赖于尊师重教的道德优良传统的伟大复兴。

---

① 丁煌. 西方行政学说史[M]. 武汉大学出版社 2007 年版,第 419 页.

培育高校青年教师师德建设
主体积极性的对策研究[*]

王正平等[**]

一、高校青年教师师德建设主体积极性的现状与问题

目前,培育和建立高校师德建设的长效机制,引导广大教师自尊自律、廉洁诚信,做有理想信念、有道德情操、有扎实学识、有仁爱之心的好老师,一个关键的问题是如何充分尊重教师的主体地位,充分发挥高校教师特别是青年教师师德建设的主体积极性。

高校青年教师是我国高等教育的生力军,是高校教学与科研工作的重要力量,是高等教育事业的未来和希望。当前高校青年教师的师德状况究竟如何?高校青年教师有没有师德建设的主体积极性?我们课题组在上海师范大学工会的支持和配合下,就此专门以组织青年教师座谈讨论的方式和书面问题调查的方式开展了调研。先后组织了小型交流研讨会3次,参加的青年教师25人;发出书面调查问卷200份,回收有效调查问卷152份。通过本市调查,使我们对当前青年教师师德建设主体积极性的现状和面临的问题有了一个大致的了解。

1. 高校青年教师队伍师德状况总体健康向善,蕴藏着很大的师德建设主体积极性。

高校教师的思想政治素质和道德情操直接影响着青年学生世界观、人生观、价值观的养成,决定着人才培养的质量,关系着国家和民族的未来。加强和改进

---

* 本文系2015年上海师范大学工会课题"高校青年教师师德建设主体积极性研究"的成果。

** 王正平,中国伦理学会教育伦理专业委员会会长,上海师范大学跨学科研究中心主任、教授、博导。

高校师德建设工作,对于全面提高高等教育质量、推进高等教育事业科学发展、培养中国特色社会主义事业的建设者和接班人、实现中华民族伟大复兴的中国梦,具有重大而深远的意义。

从调查中发现,高校青年教师大多集中在 31 岁至 35 岁,博士生居多,职称大多是讲师和副教授,从业期较短,选择此行业的目的是由于高校教师有稳定的工作环境、良好的学术氛围,希望来自学生的尊敬与肯定,还有自己对教师职业的理想追求。青年教师目前意识到高校师德建设当中面临一些问题,因此,这一青年教师群体自认为需要通过自主学习,自我改进,将师德规范转化为稳定的内在信念和行为品质。要将师德规范积极主动融入教育教学、科学研究和服务社会的实践中,提高师德践行能力。要弘扬重内省、重慎独的优良传统,在细微处见师德,在日常中守师德,养成师德自律习惯。所以,这一群体有必要开设师德教育专题的入职培训,进而培养优秀教师团队,培养骨干教师、学科带头人和学科领军人物。长期以来,广大高校教师自觉贯彻党的教育方针,学为人师、行为世范、默默耕耘、无私奉献,为我国教育事业发展和社会主义现代化建设做出了重要贡献,涌现出一大批优秀教师和先进模范人物,在他们身上集中体现了新时期人民教师的高尚师德,体现了教师职业的崇高和伟大,赢得了全社会广泛赞誉和普遍尊重。因此,青年教师需要高校师德重大典型、全国教书育人楷模、一线优秀教师等的引领作用。需要社会主义核心价值观教育、理想信念教育、法制教育和心理健康教育的全新培养,以新的教育理念、模式和手段建立师德建设专家库,诠释师德内涵。青年教师也需要结合教学科研、社会服务活动等参与调查研究、学习考察、挂职锻炼、志愿服务等实践活动,切实增强师德教育效果。

2. 少部分高校青年教师存在一些师德失范现象,对开展师德建设主体积极性不高。

从调查中发现,青年教师中存在少部分责任心不强,教书育人意识淡薄,敬业精神不足,职业认同感低,把自己从事的工作作为一种谋生手段的现象。工作敷衍塞责,备课不充分,只注重数量,无意对教育思想、教学内容、教学形式和方法进行探索和研究,将出国、获得荣誉作为职业目的。

调查中还发现,少部分教师的言行不够规范,不能为人师表,注重教学任务的完成,不关心学生的思想、心理发展情况,缺乏爱心和沟通能力,缺乏自尊、自重、自爱精神,难以起到表率作用,在与学生相处时出现语言暴力等行为失当的情况,影响学生的心理发展。同时,还有教学过程自由散漫、贬损同事、发泄不满,不注重教学影响的情况出现。

少部分高校青年教师还认为学校中存在科研工作中弄虚作假、抄袭剽窃、篡改侵吞他人学术成果的行为,违规使用科研经费以及滥用学术资源和学术影响在招生、考试、学生推优、保研等工作中徇私舞弊,索要或收受学生及家长的礼品、礼金、有价证券、支付凭证等财物这些问题,虽不是主流,但必须高度重视,采取切实措施加以解决。

少数教师不能妥善处理义利的关系,接受学校安排的工作不是以需要为原则,而是以是否对自己有利为原则,为追求个人利益,利用学校培养而获得的资本个人奋斗,只注重实现自我价值,不注重合作,同事间不但不相互尊重、取长补短、积极合作,反而相互诋毁,相互拆台,难以形成有效的教育合力。

3. 当前影响青年教师师德主体积极性发挥的一些主客观因素。

社会环境对教师职业道德的影响。教师职业道德的形成和发展离不开社会大环境。社会上的拜金主义、享乐主义和个人至上的利己主义等思想,使得许多传统的道德观念受到冲击,导致教师的职业道德观念淡化、职业行为失范。学校是社会的重要组成部分,教师作为社会成员,受社会大环境的影响,也可能会出现职业道德滑坡等问题。

学校管理不到位对教师良好职业道德的形成产生了负面影响。教师职业道德的形成和发展需要一个不断教育培养和监督引导的过程。有些教师走上工作岗位后,学校对其开展系统的职业道德教育几乎是空白,缺乏生动有效的教育引导。并且,由于学校的制度建设滞后,工作机制不完善,虽然有不少教师职业道德建设方面的法规出台,但贯彻落实很不够,缺乏具体的制度和措施,没有建立起严格的、行之有效的教师职业道德评价、考核和激励约束机制。相当多的学校在工作中存在重学生、轻教师的倾向;在教师的培训中,重业务素质和学历层次的提高,而忽视思想素质、职业道德的培训;在师德考核中,缺乏量化的指标,在岗位津贴的发放、职称评审、晋级、评先进等方面,大多是以科研成果、课时数量、技术职务等作为硬性条件,而对职业道德状往往采取模糊处理的方式。

教师自身因素对教师职业道德的影响。部分教师对加强自身职业道德修养的自觉性不足,没有体会到教师职业的神圣感、光荣感和责任感,意志力薄弱。目前大部分教师承担着较繁重的教学任务,面临着职称晋升、学历提高以及家务烦琐等多方面的压力,不可避免地影响了他们对事业的追求和对工作的投入。相对于教育工作的重要性和教师对社会的贡献而言,教师社会地位目前不高,物质待遇相对较差,这种种的状况带来教师的心理失衡,不同程度地影响了教师良好职业道德的形成。

教师是办学的主体,高校师德建设要注重宣传教育、示范引领、实践养成相统一,政策保障、制度规范、法律约束相衔接,通过建立教育、宣传、考核、监督与奖惩相结合的师德建设工作机制。高校师德建设要坚持价值引领、师德为上、以人为本的原则。学校要坚持价值引领,引导教师将社会主义核心价值观内化于心、外化于行,鼓励教师树立职业理想;要坚持师德为上,找准高校教师思想的共振点和情感的共鸣点,引导和激励教师做学问之师、品行之师;坚持以人为本,关注高校教师的发展诉求和价值愿望,激发其立德树人的积极性,培养其职业神圣感、责任感和使命感。高校要为师德自觉、自律、自强酿造良好的外部环境,积极改善教师的工作和生活条件,提高教师的社会地位,提升教师的职业尊严感、自豪感和荣誉感,为师德建设提供强大的内生动力。

二、加强师德教育,创新师德教育内容和方法

建立健全教师入职师德考察标准和把关机制,提高教师准入门槛。教师是人类灵魂的工程师,其自身必须具有健全的身心、高尚的灵魂和经得起考验的道德。建立规范合理的教师准入机制,在教师招聘录用和人才引进中,完善考察内容,提高入职条件,量化考核标准,加强思想道德素质和品行考察,要求入职者文凭人品俱佳、德才兼备、身心健康,切实把好入口关。

加强新入职教师的师德教育,明晰教师职业的法律责任和道德规范。组织新上岗的教师认真学习习近平总书记教师节重要讲话精神,深入宣讲《中华人民共和国高等教育法》《中华人民共和国教师法》和《高校教师职业道德规范》,使教师全面了解和掌握与教师职业相关的法律、法规和道德要求,做遵守宪法、法律和职业道德且能为人师表的合格教师。

实行教师入职宣誓和师德承诺制度,强化教师职业道德理念。高校要利用各种媒介和媒体加大"教师誓词"的宣传力度,让大学教师人人知晓并践履;组织新教师入职宣誓,由优秀的老教师领诵,组织老教师观看入职宣誓仪式、聆听誓词,并借助社会媒体对新教师入职仪式和教师誓词进行宣传报道,以引导社会关注和监督,在全社会形成浓厚的师德建设氛围;教师入职后要签订师德承诺书,对承诺内容要科学化、具体化,使其对教师行为真正起到约束和规范作用;在师

范类高校学生入学及毕业时,推广"教师誓词"宣誓仪式教育活动,为教师队伍后备人才培养奠定坚实的师德基础。

充实师德培训内容,将中华传统师德融入培训和履职的全过程。组织专家对中华传统师德进行整理和提炼,取其精华并配以生动故事汇编成册,作为师德培训教材,以师德故事感染人,以教师楷模引领人,以师德精神鼓舞人;在教师资格证考试培训、教师入职岗前培训中,重视教师礼仪培训,从语言谈吐、举止行为、仪表仪态上提升高校教师的气质风度,将为人师表的职业要求落在实处。培训过程要注重实效,力戒官僚主义和形式主义,不能让师德培训变为程序化的走过场。

明确教师职业道德底线,守护教师的职业良心。将《高等学校教师职业道德规范》作为教师培训的首要内容,勉励教师在守住职业道德底线的基础上,不断提升职业素养。新任教师岗前培训必须有不少于 6 小时的师德教育专题内容,在职教师的培训必须包含一定数量的师德教育学分,使职业道德规范深入每位教师心中。

设立青年教师"师德导师"制度,构建师德建设的"传帮带"机制。高校要为新入职的青年教师选配"师德导师",切实发挥优秀的老教师在师德建设方面的"传帮带"作用。

定期举办师德师风交流研讨会,形成师德建设的浓厚氛围。高校各二级学院每学期至少组织一场师德师风交流研讨会,为师德优秀的教师提供交流立德树人、教书育人经验的固定平台。

统一师德教育目标和内容,创新师德培训形式。制定全市统一的普通高等教育、高等职业技术教育、成人高等教育、高教自学考试、电大开放教育、远程网络教育等各类高校教师的师德教育目标和内容,探索和创新师德培训形式,推介高质量的培训教材和典型案例,提高师德教育的质量。

三、加强师德宣传,培育重德养德良好风尚

倡导尊师礼仪,形成尊师重教的社会风尚。尊师重教的社会氛围是师德建设的重要外生动力之一,只有获得充分尊重的教师才能有效地传播知识和真理、有力地影响学生和社会大众。上海市及各高校应大力弘扬尊师重教的传统,对中国古代的拜师礼、谢师礼等进行创造性转换,并在大学开学典礼、毕业典礼和

研究生、博士生入学和毕业时进行推广和尝试,使广大学生尊重教师和教师职业,通过"尊其师"进而"信其道"。

加大师德典型的挖掘、表彰和宣传力度,倡扬师德正能量。各高校应该加大对教育功臣、教书育人楷模、师德模范、师德标兵等典型人物的宣传,通过他们影响青年教师的成长。每年举行全市性的教师节主题活动,表彰师德典型,并利用传统媒体、新媒体、自媒体等多种形式,形成立体化的宣传态势。各高等学校要支持市教委建立全市性的师德典型人物和典型事迹数据库,为师德宣传提供丰富资源。

严格师德楷模的评选标准,充分发挥师德典型的示范引领作用。各高校师德楷模的评选要"去行政化",评选对象向一线教师倾斜。建立健全公平竞争的良好氛围,让教师群体和学生群体广泛参与投票,充分调动广大教师和学生对师德楷模评选的积极性和主动性,参选教师的事迹要网上公示,对当选教师要进行深入广泛地宣传报道。

利用新媒体,倡扬名师为人为学为师的大爱师魂。把培育良好师德师风作为大学校园文化建设的核心内容,挖掘和提炼名师献身教育、立德树人的大爱师魂,生动展现当代高校教师的精神风貌。充分利用教师节等重大节庆日、纪念日等契机,通过电视、广播、报纸等传统媒体和网络、微博、微信、微电影等新媒体形式,集中宣传高校优秀教师的典型事迹,努力营造崇尚师德、争做师德楷模的良好舆论环境和社会氛围。

四、健全师德考核机制,促进教师提高自身修养

以人为本,建立健全科学合理的师德评价体系。要以《高校教师职业道德规范》为基础,建立科学合理的高校教师道德评价标准。坚持公平、公正、公开原则,采取教师个人自评、家长和学生参与测评、考核工作小组综合评定等多种方式进行师德考评。

支持成立以教师为主体的第三方师德评价机构,建立科学的师德考核机制。为了提高教师在师德建设中的主体地位,强化行业自律,探索成立面向全市的民间师德评价机构,研究科学化的师德考核方法,制定合理的师德评价标准,以独立第三方的身份对全市高校的师德状况进行客观评价,每年发布一次师德建设年度报告。同时,要把全市师德建设状况作为教育科学研究和高校管理业绩考

核的重要内容,纳入教育督导范围和高校教育质量综合评价指标体系。

细化师德考核办法,完善师德考核规范。各高校要加强师德考核办法的制定工作,师德建设情况将作为学校发展性评价、学校工作考核的重要指标,作为学校评特色、上等级和年度社会责任报告的重要内容。各高校须制定相应的实施细则,对每个教师的师德状况形成客观公正的评价。考核结果一般分为优秀、合格、基本合格、不合格四个等次。考核结果公示后存入师德考核档案并报学校主管部门备案。师德考核不合格者,年度考核应评定为不合格,并在教师资格定期注册、职务(职称)评审、岗位聘用、评优奖励和特级教师评选等环节实行一票否决。

五、注重师德激励,引导广大青年教师提升精神境界

高校在师德建设中要高度重视挖掘、发现和褒扬广大普通教师身上的师德闪光点,形成以讲师德为荣,讲师德得益,不讲师德为耻,师德失范受损的师德激励机制。设立多等次的教师荣誉,完善教师表彰制度和体系。开展各层级师德荣誉的评选和激励,弘扬高尚师德,吸引更多的优秀人才投身教育事业。

确立师德至上原则,将师德激励机制制度化。完善师德激励机制,设立师德方面的专项考核。在职称评定、评优评奖、研究生导师遴选,以及骨干教师、学科带头人和学科领军人物等各类高层次人才的选培中,师德优秀教师予以优先考虑。

树立学校师德标杆,彰显师德的引领功能。高校在"校长奖"(教师类)评选中,对师德最为突出的教师给予"校长奖师德特别奖"的校级荣誉,并辅以较高的物质奖励,激励广大教职工努力成为全员育人、全过程育人、全方位育人的榜样。

六、强化师德监督,有效防止师德失范行为

构建学校、教师、学生、家长、校友和社会多方参与的师德监督体系。充分发挥各方面监督对师德行为的约束、警戒作用。全市设立统一的师德举报电话、电子邮箱等行之有效的师德投诉举报平台,并在全市主要的教育新闻网站上予以公布,各学校的网站首页上也应公布相应的师德举报平台。学校要及时掌握师德信息动态,及时纠正不良倾向和问题。对师德问题做到有诉必查,有查必果,

有果必复。

充分发挥高校相关机构作用,快速处理师德应急事宜。切实发挥教职工代表大会、工会、各级学术委员会、院系教授委员会等在师德建设中的作用。建立科学的学生评教机制,完善学校应急事件处理办法;建立师德重大问题报告和师德舆情快速反应制度,对引起公众和媒体关注的问题,要迅速调查,快速回应。

聘请师德师风监督员,使师德督查常态化。要将《教育部关于建立健全高校师德建设长效机制的意见》《高等学校教师职业道德规范》《严禁教师违规收受学生及家长礼品礼金等行为的规定》《教育部关于树立社会主义荣辱观,进一步加强学术道德建设的意见》等规定公示在学校醒目位置。通过师德师风监督员明查暗访等方式,加强对学校师德工作的监督。

七、严格师德惩处,发挥制度约束功能

确立师德底线规范,建立师德惩处机制。要加大师德方面的惩处力度,起到良好的惩戒和教育作用。为了发挥惩处案例的警示作用,所有的师德惩处案例,均要形成书面材料,在一定范围内予以公布。公布的范围以处置主体的管辖权为准。学校处理的,必须在全校公布;影响广泛,媒体高度关注的,在全市范围内公开。公布的方式可以会议传达、电子邮件群发、媒体刊登等多种形式进行。

遵循法律法规,惩处失德行为。凡违背教师职业道德规范、教师法、教育法等师德规范的个人,取消当事教师已经获得的所有政府性荣誉或先进称号。师德考核结果必须跟教师的绩效奖励、职务晋升等直接挂钩。师德考核不合格者,年度考核应评定为不合格,并在教师资格定期注册、职务(职称)评审、岗位聘用、评优奖励和专业技术岗位晋级评选等环节实行一票否决。

高校成立"教师职业伦理委员会",作为处理师德失范及违背教师法等行为的最高权力机关。其成员主要由德才兼备的知名专家、教授和教师代表、学生代表组成,对师德评议、考核、监督和失德行为惩处中有争议的问题进行调查、审核和评定。上海市教委应成立相应的"教师职业伦理委员会",处理各高校"教师职业伦理委员会"处理师德失范行为过程中遇到的各种疑难问题。

建立问责制度,确保高校领导师德监管到位。建立"一岗双责"的责任追究

机制,完善师德建设督导评估制度,不断加大督导检查力度。要严格按照有关法律法规,对教师严重违反师德的行为加以及时处理。监管不力、拒不处分、拖延处分或推诿隐瞒,造成不良影响或严重后果的,要追究高校分管负责人直至主要负责人的责任。

工会推进师德师风建设的现状与对策[*]

周治华[**]

教师是教育的根本。有好的教师,才有好的教育。正如习近平所指出的:"一个人遇到好老师是人生的幸运,一个学校拥有好老师是学校的光荣,一个民族源源不断涌现出一批又一批好老师则是民族的希望。"师德师风建设关系到每一个学生的健康成长,关系到国家的发展、民族的振兴。提升师德、改善师风,需要齐抓共管,综合治理。教育工会应当有所作为,也能够有所作为。近些年来,各级各类教育工会充分发挥其作为群团组织的特殊优势,在维护教师权益、造就高素质专业化教师队伍方面,在引导广大教师以德立身、以德立学、以德施教方面发挥了重要作用。然而,一方面,师德师风建设面临新挑战、新任务。教师严重违反师德的现象时有发生,引起社会广泛关注,影响到教师的职业信誉和道德形象;同时,师德规范难以落实、也缺乏落实的长效机制。另一方面,工会各级各类教育工会不同程度地存在基层基础薄弱、有效覆盖面不足、吸引力凝聚力不够的问题。在推进师德师风建设的过程中,一些教育工会组织工作和活动方式较为单一,进取意识和创新精神不强,甚至存在形式主义、脱离群众的现象,不能很好地适应师德师风建设的新形势与新任务。

有鉴于此,本文试图以发展的视角探讨新时期工会在师德师风建设的地位和作用。主要内容从三个方面依次展开:首先,以高校为例,调查和分析工会参与师德师风建设的现状以及存在的问题,表明加强工会在师德师风建设中的地位,是解决师德突出问题,建立健全师德建设长效机制、提升师德治理能力的必

---

[*] 本文系上海市教育系统工会理论研究会 2016 年度立项课题"工会在新时期加强师德师风建设中的地位和作用研究"的成果。

[**] 周治华,上海师范大学马克思主义学院副教授、研究生导师。

然选择；其次，以群团改革为背景，探讨工会增强师德师风建设职能的契机，表明加强工会强化优势、更加科学有效地推动师德师风建设不仅正当其时，而且是可行的；最后，基于工会的组织优势、职能优势和阵地优势，提出工会增强"存在感"和参与度、进一步推进师德师风师德建设的对策和建议。

一、工会参与师德师风建设的现状以及存在的问题：以高校为例

2016 年 7 月至 9 月，我们借助问卷网平台的技术手段就高校工会参与师德师风建设现状展开了一项小型的问卷调查，回收来自上海、沈阳、合肥等全国的答卷共计 231 份。其中高校教师答卷 171 份，高校工会专职工作人员答卷 32 份，其他人员答卷 28 份。调查结果分析如下：

（一）高校工会介入师德师风建设的程度令人乐观，但推进师德师风建设缺乏有效的制度安排。

党和国家一直重视工会推进师德师风建设中的地位和作用。1992 年开始颁布实施的《中华人民共和国工会法》规定，工会承担着"使职工成为有理想、有道德、有文化、有纪律的劳动者"的责任。2001 年修订的《工会法》更加明确地规定，工会"教育职工不断提高思想道德、技术业务和科学文化素质，建设有理想、有道德、有文化、有纪律的职工队伍。"实际上，教育工会参与或推进师德师风建设，不仅是它的法定职责与社会职能，也是国家教育行政主管部门一再强调和倡导的。近年来，教育部关于加强和改进师德建设的文件一再强调，要发挥教育工会的作用。可以说，工会参与或推进师德师风建设，既是其职责所在、使命所系，也是加强和改进师德建设的内在需要和强烈诉求。那么，这些年来，工会参与和推进师德师风建设究竟如何呢？

我们的调查发现，近八成的受访者认为其学校的工会在师德师风建设中有"很高"（26.84%）和"较高"（52.38%）的参与度，并且教职员工选择"很高"和"较高"的比例（78.95%）与工会工作人员的比例（81.25%）相差不大。这意味着，高校工会推动师德师风建设方面的行动和举措，确实从作为实施方的工会工作人员传递或影响到作为实施对象的广大教职员工，并且为他们所感知。调查还发现，只有一成的受访者认为"师德师风建设与工会无关，是党委和组织人事部门的事"。有趣的是，关于高校工会与师德师风建设的关系问题，工会工作人员与

教职员工之间有着较大的差异,前者中没有任何一位受访者持"无关论",但却有14.62％的教职员工选择了"无关论"。这一方面说明,高校工会应当在师德师风建设中有所作为,已逐步成为一种普遍的共识;另一方面也表明,工会在师德师风建设中的地位和作用仍然有待提升。毕竟,在我们的调查中,仍然有两成的受访者认为工会参与师德师风建设的程度"比较低"或"较低"。对于这部分受访者来说,他们所在学校的工会虽然实施了参与师德师风建设的举措和行动,但这些举措和行动很可能没有产生广泛和长效的影响。我们的调查也发现,关于高校师德建设存在的主要问题,受访者选择最多的是"师德建设未能形成长效机制",选择最少的是"教师自律意识不够强"。关于工会在建立健全师德建设长效机制中的特殊作用,我们提供的所有选项都有超过四成以上的受访者认同,从多到少依次是师德宣传、师德教育、师德保障、师德奖惩、师德监督、师德考核。因而,从新时期师德师风建设的要求来说,应当更加注重构建工会参与其中的长效机制。

(二) 高校工会推进师德师风建设取得了一定成效,但在结合师德师风建设与教师专业发展方面的特殊优势还未充分彰显。

工会推进师德师风建设有其特殊的地位和作用,"能够提供交流学习的平台","能够寓教于乐,施教于无形",等等。《公民道德实施纲要》指出:"工会、共青团、妇联等群众团体以及社会各界,都应在党委的统一领导下,各尽其责,相互配合,把道德建设与业务工作紧密结合起来,纳入目标管理责任制,制定规划,完善措施,扎实推进。"我们的调查发现,高校工会近年来发挥优势,在推动师德师风方面取得了一定的成效。比如,在教师提升职业素养与道德素养方面,高校工会"精神激励为主、物质激励为辅",发挥了独特的促进作用。有超过两成的受访者选择成效"非常显著",更有将近一半的受访者选择"比较显著"。然而,这并不意味着高校工会在师德师风建设中的优势作用得到了充分的展现。当被问及工会进行师德教育的特殊优势时,超过一半的受访者选择"能够提供交流平台"和"寓教于乐,施教于无形";选择"亲近教师,有广泛的群众基础"相对较少,选择"注重教师专业发展,有权威性和号召性"的更是不到三成。也正是因为高校工会未能很好地做到亲近教师,开展师德建设活动偏重理想性、与教育教学改革以及教师自身的成长与发展脱节,所以,高校工会在与师德师风建设中"无为"或"无能"论仍然大有市场。在接受调查的教师和工会工作人员中,选择"师德师风建设中工会处于配角位置,难以发挥作用"达到了75.32％;选择"师德师风建设中工会无从入手,没有能力发挥作用"占到 13.85%。显然,当前师德师风建设还存在内容片面、方法单一、与教师专业活动、专业发展相脱节的问题。如果只是注重呼唤教师的责任精神和奉献精神,而疏忽引导教师获得相关能力去践履责任和作出奉献,那么,这样的师德教育就是空泛无力的,也不可能有效推动师德师风建设。

（三）加强工会在师德师风建设中的地位和作用,尤其是在尊重和落实教师主体地位方面发挥作用,备受广大教职员工的期待。

当代中国正在经历深刻而广泛的社会转型,日益多样化的社会思潮和价值观念的影响,日益多样化的社会关切和利益诉求,成为师德师风建设的"新常态"。教育模式的转变和教育观念的嬗变,师德精神的断层和师德理想的迷失,导致师德外在制约力和内在约束力的相对脆弱,迫切要求改革创新师德师风建设的方式方法。在我们的调查中,将近一半的受访者认为,高校师德建设存在的一个主要问题是"教育价值观多元并存",将近四成的受访者选择"师德建设主体不明确",三成以上的受访者选择了"学校师德治理能力有待增强",最少选择的是"教师道德自律意识不够强"。这一方面表明,广大教师对自身的道德水平有着较为积极的评价;另一方面也表明,师德师风建设应当更加注重价值引领而不是规制约束,应当尊重教师的主体积极性而不是把教师仅仅视为对象,应当更多地依靠治理而不是管理。

那么,工会如何加强自身的地位和作用推动师德师风建设的转型升级呢?关于工会的定位,有七成以上的受访者认为,为了更加有效地参与或推进师德师风建设,高校工会最应该加强与其他职能部门的配合。关于高校工会推进师德师风建设的工作目标,有 28.7% 的受访者选择"提升职业幸福感",26.53% 选择"提升职业责任感",27.73% 选择"提升职业认同感",20.04% 选择"提升职业荣誉感"。尽管这些备选项几乎获得了同等程度的关注,但职业幸福感、职业责任感、职业认同感的提升更多依靠教师作为主体的作为,而职业荣誉感的提升则有赖于教师作为对象的塑造,因而表明广大教师更愿意借助工会的组织和力量获得更好的工作体验。关于工会帮助或引导教师的优势作用,"敬业爱生,诲人不倦""诚实守信,恪守学术规范""自尊自律,清廉从教""热心公益,服务大众"都获得了超过一半的受访者的认同,选择"爱国守法,拥护党的领导"的相对较少,但也有四成之多。关于工会推进师德师风建设的方式,受访者认同的选项依次是

"关心教师生活""维护教师权益""改善工作环境""选树师德典型""开展文体活动",选择最少的是"举办师德培训",但也占到了将近一半的比重。工会推进师德师风建设的目标和方式上,受访者对我们提供的选项表达了同等程度的认同,可能恰恰表明了工会推进师德师风建设的任重道远,也表明广大教职员工对于工会在新时期师德师风建设中的地位和作用有期待、也有信心。

二、群团改革背景下工会强化师德建设职能的新要求和新契机

工会是党直接领导的群团组织,既是团结群众跟党走的引领者,也是向党反映群众意愿的代言人,在建设中国特色社会主义事业中发挥着重要的桥梁与纽带作用。2015 年 7 月,中共中央召开了党的群团工作会议。习近平总书记在讲话中指出,党组织要鼓励和引导群团组织充分发挥作用,群团组织要积极作为、敢于作为。2015 年 12 月,中央全面深化改革领导小组第十八次会议审议通过全国总工会、上海市、重庆市的群团改革试点方案。会议指出,推进党的群团改革,必须紧紧围绕保持和增强政治性、先进性、群众性这条主线,强化问题意识、改革意识,着力解决突出问题,把群团组织建设得更加充满活力、更加坚强有力。群团改革再出发,提出了教育工会推进师德师风建设的新要求,也构成了工会增强师德建设职能的新契机。

（一）工会作为党的群团组织应当进一步增强参与师德师风建设的使命感和责任感,成为师德治理体系和治理能力现代化的重要力量。

《中共中央关于加强和改进党的群团工作的意见》（后文简称《意见》）指出,新形势下,党的群团工作只能加强,不能削弱;只能改进提高,不能停滞不前。这体现了党中央对新时期群团组织的殷切期望,同时也赋予群团组织以重大的使命和责任。具体来说,包括组织引导群众自觉培育和践行社会主义核心价值观,加强服务群众和维护群众合法权益工作,在实现社会主义民主中、参与创新社会治理和维护社会稳定等方面发挥作用。对于教育工会来说,改革新形势下,理应积极作为,充分认清自身所肩负的重要使命、所蕴含的巨大潜力。加强和推进师德师风建设是"群众所急、党政所需、群团所能的领域",是教育工会贯彻落实中央精神、与时俱进、自我革新的应有目标。同时,参与社会治理、促进社会和谐、更加科学有效地推动师德师风建设,也是工会组织焕发生机和活力、保持和增强

政治性的重要体现。因此,教育工会应以高度的使命感和强力的责任感,以师德治理体系和治理能力现代化为目标,引导和帮助广大教师自觉践行社会主义核心价值观,传承创新中华优秀传统价值理念和道德规范,努力成为有理想信念、有道德情操、有扎实学识、有仁爱之心的好老师。

(二)工会作为党的群团组织,应当注重以先进引领后进,教育引导广大教职员工不断提高思想觉悟和道德水平。

改革的不断纵深推进、政府职能的转型、社会的多元化,对群团组织提出了新的更高的要求。群团组织大胆履责、积极作为的同时,要防止娱乐化倾向和"内容空乏",必须把保持和增强先进性作为重要着力点,组织动员广大人民群众走在时代前列,以先进引领后进,以文明进步代替蒙昧落后,以真善美抑制假恶丑,最广泛地吸引和团结群众。保持和增进先进性,一方面是要传播正能量、传承优良传统,引导广大职工弘扬劳模精神、劳动精神、工人阶级伟大品格,增强主人翁意识;另一方面是采用先进的方式、先进的手段,打造健康文明、昂扬向上的职工文化,多做统一思想、凝聚人心、化解矛盾、增进感情、激发动力的工作。对于教育工会来说,就是要密切关注教职员工思想、工作、生活等方面的变化,发挥教育工会对广大教职员工的行为导引作用,导引教职员工正确理解和自觉支持党的理论和路线方针政策以及中央决策部署,导引教职员工自觉培育和践行社会主义核心价值观,以师德师风建设引领全社会崇德向善。

(三)工会作为党的群团组织,应当进一步发挥优势作用,以教职员工为中心,以更加科学有效的方式推进师德师风建设。

针对群团工作中脱离群众的问题,《意见》一再强调,群团组织是党直接领导的群众自己的组织,服务群众是群团组织的天职。依靠群众凝神聚力,脱离群众分崩离析。深入群众,倾听群众呼声、反映群众意愿,为群众办好事、解难事,维护和发展群众利益,群团组织才能不断增强自身的影响力和感召力。对于教育工会来说,坚持服务群众的工作生命线,解决脱离群众、作风漂浮的问题,就是要以教职员工为中心,让教职员工当主角,摒弃群团工作"机关化、行政化、形式化、少数化"的倾向。这就意味着,教育工会要改革和改进机关机构设置、管理模式、运行机制,强化群众观念和服务意识,改变用行政命令来下达任务、用简报文章来反映成绩的工作方式,把师德师风建设视为服务教职员工的工作来做,尊重和关注教职员工的发展诉求和价值愿望,有效落实教职员工在师德师风建设中的主体地位。因而,群团改革的逐步推进,有助于工会发挥优势作用,挖掘服务资源,以教职员工喜闻乐见、便于参加的形式和方法开展工作,把教师的专业发展与师德教育紧密结合起来,使教育工会成为广大教职员工自我教育、自我管理的师德建设平台。

三、加强工会在师德师风建设中地位和作用的对策建议

习近平总书记在全国高校思想政治工作会议上强调,要加强师德师风建设,坚持教书和育人相统一,坚持言传和身教相统一,坚持潜心问道和关注社会相统一,坚持学术自由和学术规范相统一,引导广大教师以德立身、以德立学、以德施教。新时期师德师风建设任重道远,工会不仅不能缺席,而且要以群团改革为契机进一步凸显其不可替代的地位,进一步发挥其不可削弱的作用。出于加强和改进师德师风建设的迫切需要,同时因循群团改革的要求和契机,工会至少应当在以下三个方面积极作为。

(一) 发挥其作为群团组织自我教育、自我管理的平台作用,引导广大教师自觉培育和践行社会主义核心价值观。

教师担负着知识传播、人才培养、文化传承创新的使命,是"塑造灵魂、塑造生命、塑造人"的职业。教师的社会角色、工作性质,决定了全社会对其价值立场、思想状况和道德水平有着特殊的要求,决定了任何时代的师德师风建设必须明确价值根据和价值标准,必须以一个一以贯之的"道"来引领,使"传道"成为培育教师的历史使命感、职业责任感和高尚道德品行的源动力。越是在价值观念多元繁杂的时期,越是迫切需要教师明辨真假、是非、善恶、美丑,坚守理想信念和高尚情操,努力维护社会价值观念和精神体系的最大公约数,做学生健康成长的引路人,做社会文明的传播者,做良好社会风尚的积极推动者。社会主义核心价值观是当代中国社会价值观的"最大公约数",是新时期加强和改进师德师风建设的根本指引。2014 年 9 月 9 日,习近平总书记在与北师大师生座谈时,明确提出"四有"好老师标准,对广大教师弘扬社会主义核心价值观、树立高尚师德寄予了殷切希望。教育工会作为群团组织从本质上说也是教师自我教育、自我管理的重要平台。引导和激励广大教师对社会主义核心价值观的自觉认同和身

体力行,是其保持和增强政治性和先进性的体现,也是其职责所在,优势所在。教育工会应当把服务教师同教育引导教师结合起来,把满足需求同提高素养结合起来,充分发挥其教育方式灵活、不带强制色彩、渗透性强、具有亲和力的优势,坚持广泛发动,把社会主义核心价值观教育做细做实、转变成为教师的自我教育和同侪的相互激励。同时,教育工会要从教师职业的性质和实际出发,设计务实管用的活动载体,使社会主义核心价值观润物细无声地浸润广大教师的教育教学活动,转化为坚定理想信念、传承优秀文化、规范情操品行的师德实践。

(二)发挥其作为群团组织的桥梁纽带作用,协同相关责任部门和组织建立健全师德建设长效机制。

当前,加强和改进师德师风建设的关键在于建立健全长效机制,使师德师风建设有章可循,科学有序、持之以恒地推进。师德建设长效机制是,要求既需要自上而下的顶层设计,也需要自下而上的组织动员和积极参与。教育部关于建立健全中小学师德建设长效机制的意见中提出,要发挥工会的积极作用;关于高校师德建设长效机制则更明确地提出,成立组织、宣传、纪检监察、人事、教务、科研、工会、学术委员会等相关责任部门和组织协同配合的师德建设委员会。师德建设长效机制是落实师德规范、激励师德修养的制度安排,关系到教师的职业认同和切身利益,关系到整个教师队伍的精神风貌和职业形象。教育工会作为广大教师自己的群团组织,切实担负起组织动员、教育引导、联系服务、维护权益的法定职责,充当教育行政管理部门联系广大教师的桥梁和纽带,搞好调查研究,倾听教师的呼声,反映教师的意愿,以制度建设促进师德评价和考核的公开、公平和公正。推进师德建设长效机制的构建和实施,教育工会不仅要积极参与,而且在参与的过程中要克服"机关化"和"行政化"的倾向,强化自己的群团身份意识,立足广大教师的视角和立场,表达一线教师的利益诉求和价值意愿,激发教师的使命感和责任感,使他们获得更多的信任和尊重,成为师德师风建设的受益者。也只有这样,师德师风建设才具有内生动力,才是真正长效的。

(三)发挥其作为行业性、专业性群团组织的优势,科学有效地把推动师德建设与教师专业发展结合起来。

教师道德首先是体现于教育教学专业活动中的道德规范和道德实践。"教育是一种文化或者精神的事业,教师没有与此性质相匹配的追求、气质与修养就不合乎专业的需要,也无法获得职业生活的意义"。① 一个好老师不仅是一个"认真教"的老师,也是一个"教得好"的老师。也只有"教得好"的老师才能感受职业活动的成就感和幸福感,从而不断提升职业道德境界。伴随社会转型的推进和教育观念的嬗变,教师道德发展与教师专业发展的一体化成为一种越来越显著的趋势。师德水平的提升意味着教师专业发展,教师专业发展必然伴随着师德水平的提升。教育工会不同于一般的群团组织,具有毋庸置疑的行业性和专业性特点。保持教育工会的群众性,就是要保持它的行业性和专业性,并使之在推动师德师风建设中凸显出来。这首先意味着,教育工会要改变师德观念,避免形式化、规限式、"师德"与"师能"相分离的师德建设方式,把推动教师专业能力成长作为师德师风建设的重要目标,为教师完善知识结构、提升教育技能、提高教学质量创造便利和条件,鼓励教师大胆探索,创新教育思想、模式和方法,不断获得专业成长。其次,教育工会要引导教师确立"教育是一种道德实践"的理念,关注教育教学过程每一个环节和手段的道德影响,强化教育教学的分寸感,在教育教学改革中发挥创造精神,使教育专业活动与教师道德的感悟、实践和提升结合起来。其三,教育工会要立足教育行业的健康发展,维护和提升教师作为专业工作者的社会形象,不但要宣传教师的奉献精神,更要宣传教师的专业精神,使全社会更加理解教育劳动的特殊性,给予教师更多的尊重和支持。

参 考 文 献

[1] 杜时忠,岳伟.师德建设"三题"[J].中小学德育,2014(01):23—27.

[2] 王正平.尊重教师:教育伦理的一项重要原则[J].道德与文明,2015(04):17—22.

[3] 檀传宝.中学师德建设调查十大发现[J].中国德育,2010(13):5—10.

[4] 彭恒军.社会治理主体建设与群团组织的改革与创新——解读中共中央《关于加强和改进党的群团工作的意见》[J].工会理论研究,2015(06):4—8.

[5] 闫蕾.高校工会在加强师德师风建设中的作用[J].中国劳动关系学院学报,2011,25(01):67—69.

① 檀传宝.论教师"职业道德"向"专业道德"的观念转移[J].教育研究,2005(1):48—51.

第二专题

高校民主管理研究

大学治理与教代会制度建设

胡志民[*]

屈指算来,我国大学[①]建立教代会制度已有三十余载,但其运行中至少有两个基本问题一直困扰着人们:大学建立教代会有什么意义? 大学应当建立什么样的教代会? 这些问题归结到一点,就是教职工能不能参与大学的管理,有多大权力参与管理。如果我们从大学治理的格局中去思考,这些问题就不难解决了。

一、大学治理:教代会建立的重要基础

大学建立教代会的意义,不仅在于彰显教职工当家作主的地位,更重要的在于让教职工真正参与到学校的管理中。因此,获得这种意义的基础在于大学建立起多元主体共同治理的管理模式。

1. 大学办学自主权的取得为教代会建立提供了可能

在我国,长期以来政府基于国家全面控制社会的基本格局,按照国家目标对大学实行全面、直接的行政管理,大学没有按照社会发展要求和自身发展条件进行自主办学的权力,成为按照国家目标和政府要求进行教育产品生产的单位,教职工自然也没有自身的发展权利和独立利益。为了实现国家目标,大学对其事务和运行采用的是单一行政部门实施的行政管理模式,这种模式的特点是学校行政部门完全按照政府的要求,运用命令——服从方式对学校教学、科研等各类事务进行单向度的管理,这种管理既不会顾及自身学科专业发展的条件和要求,

* 胡志民,中国教育工会上海市第九届委员会委员,上海师范大学商学院党委书记、副教授、研究生导师。
① 本文所说的大学,是指国家出资举办的大学,即公立大学.

也不会吸收包括教职工在内的利益主体参与其中。在这种状况下,作为教职工参与学校管理形式的教代会没有生存的空间。

改革开放之后,国家与社会之间的关系开始重构,国家从社会逐渐退回到应有位置,国家社会二元关系逐步建立起来。在这一背景下,高等教育办学体制和管理体制改革渐次推出并不断深化,政府对高校的管理从直接管理逐步转变为间接管理,大学的主体地位和办学独立性日益显现,已经成为完成国家目标、实现自身发展和服务社会需要的公共机构。此时,大学在其运行中不能仅仅听从于政府的命令,还要根据自身条件不断回应经济社会发展的要求,实现教职工的整体利益。可见,政府对高校管理关系的改变,引起了大学的主体地位、运行目标和事务内容的明显变化。这种变化使得大学在管理中开始关注经济社会的发展状况和教职工的基本利益,并考虑改变单一的、单向度的行政管理模式,让广大教职工参与到学校事务的管理中,这为建立教代会提供了可能。

2. 大学治理模式构建给教代会提供了生存空间

大学取得独立地位和办学自主权仅仅为教代会的建立提供了可能,当大学内部运行的管理完成从单一主体实施的单向度行政管理模式转向多元主体参与的分权协作型的共同治理模式时,教代会才获得了生存空间。

在国家统摄、目标单一的大学运行中,采用单一、单向度的行政管理模式进行管理是合理的,也是有效的,但是在国家间接管理、大学自主办学的情况下,这种管理模式的缺陷暴露无遗,主要表现在以下四个方面:

其一,无法保障决策的科学性。在国家直接管理的体制下,大学完全受制于政府,没有自身的发展要求,管理者的决策只是将政府的指令转化为学校的工作任务。但是,大学取得独立地位和办学自主权后,管理者不仅要实现政府的办学目标,更多地要考虑学校自身的生存和发展,因而作决策必须基于对复杂多变的社会发展态势、专业学科状况、学校自身条件、教师利益诉求有深入准确的把握,对内容庞杂的教育、科研、社会服务工作的发展方向有正确的判断,这就需要决策者掌握大量信息,熟悉各种专业,具备超强智慧,显然仅有管理者进行决策是很难摆脱来自信息、专业和智慧三方面的限制。因此,在这种情况下,大学仍然采用行政管理模式则无法保障决策的科学性。

其二,无法开展充分有效的监督。在大学自主办学的情况下,行政部门、学术机构一方面需要管理的事务越来越多,另一方面掌握的权力越来越大,这就需要通过监督来确保其管理行为符合办学目标、学校章程和教职工利益。在行政管理模式下,这种监督是由上级行政部门和纪监部门来担负。应当说,这些部门的监督发挥了很好的作用,但是不够充分有效,具体表现在:一是监督力量有限,它很难保证对所有管理行为实施监督;二是监督范围有限,它只是对管理行为的合法合规性进行监督,很难对管理不到位、滥用学术权力等行为开展有效监督;三是监督层面有限,它只是对下级行政部门的管理行为进行监督,很难对学校层面和上级部门自身的管理行为进行监督。

其三,无法调动教师的积极性。大学是知识传播和知识创造的社会机构,而教师是完成这些任务的主要力量。有学者指出:"迄今为止,无论是经济学家还是管理学家对大学这种组织所进行的研究,其结论都表明,大学是一个典型的利益相关者组织,因而不是一种'单一化组织'。"[1]在张维迎教授看来,公立大学的利益相关者包括出资人、教师、校长、院长、学生、校友以及所有纳税人等。[2] 也就是说,大学并非作为举办者的政府一人就能办起来的,其运作需要许多利益相关者的共同投入,其中教师的积极投入至关重要。在行政管理模式下,教师被排除在学校事务管理之外,只是充当管理者管理的对象,这样做的结果是不能很好地调动教师的积极性,激发他们的创造力,从而形成对学校的向心力和凝聚力,大学的办学目标也就难以实现。

其四,无法维护好教职工的合法权益。在大学的管理活动中,必然涉及教职工权益问题,包括权益分配、权益争议。从权益分配来说,那些涉及教职工切身利益的制度,如岗位津贴标准、绩效考核办法、奖励惩罚措施、岗位聘任规则等,如果仅有学校行政部门制定而没有教职工的深度参与,那么很难做到利益切割、权义分配的合理性,无法充分满足教职工的利益诉求。从权益争议来说,教职工与学校产生的部分权益争议,如岗位聘任、岗位调动、津贴标准、考核奖励等争议,基于现行法律规定,教职工无法通过行政和司法途径得到救济,而在行政管理模式下又没有其他与学校行政部门抗衡的机构来帮助教职工维权,使教职工与学校之间因争议无法解决而矛盾激化。

可见,在大学取得独立地位和办学自主权之后,如果继续采取行政管理模式将影响学校的科学决策、事务执行、教师投入和教工权益,从而制约大学事业发展和目标实现。为了解决这些问题,大学必须放弃行政管理模式,采用多元主体

---

① 龚怡祖. 现代大学治理结构:真实命题及中国语境[J]. 公共管理学报,2008(04).
② 张维迎. 大学的逻辑[M]. 北京大学出版社 2004 年版,第 19 页.

共同治理的模式。这种模式的特点是管理者与教职工、教授、学生等多种利益主体分权协作、共同管理学校事务,在管理中引入民主协商的方式。采用这种管理模式,能够有效克服行政管理模式带来的种种弊端,如决策者信息、知识和智慧的不足,监督者对管理行为监督的局限,教师积极性调动的困难,对教职工合法权益维护的不力。构建大学治理模式就是要建立起包括教代会在内的多种管理机构及其运行机制,这就为教代会的建立提供了生存空间。

二、教代会在大学治理中的功能定位

大学治理包括治理过程和治理结构两个方面。从治理过程来说,它是大学内部多元主体按照各自权限,围绕学校发展目标对学校事务进行共同治理,因而它表征的是多元主体共同治理的行为。就治理结构而言,它是大学内部多元主体在管理中形成的组织结构和运行机制,其实质是"大学内部利益相关者之间权力分配、制约和利益实现的制度设计,集中体现了大学管理的结构、运行及其规章制度的主要特征"。[①] 显然,它表现的是多元主体共同治理的制度安排。

治理过程与治理结构是紧密联系、相互依存的,这可以从系统论以及结构功能主义的视角得到解释。系统论的创立者贝塔朗菲强调:"任何系统都是一个有机的整体,它不是各个部分的机械组合或简单相加,系统的整体功能是各要素在孤立状态下所没有的性质,每个要素在系统中都处于一定的位置上,起着特定的作用。要素之间相互关联,构成了一个不可分割的整体。"结构功能主义是由系统论发展而来的社会理论流派,它"从结构与功能以及二者的相互联系出发,深入分析和广泛探讨了有关社会系统的一系列重要理论问题"[②]。该理论的代表人物帕森斯在《社会体系》一书中指出,所谓社会结构,是由具有不同基本功能的、多层面的次系统所形成的一种总体社会系统,包含执行"目的达成""适应""整合"和"模式维护"四项基本功能的完整体系。这个完整体系被划分为四个子系统,分别对应四项基本功能:"经济系统"执行适应环境的功能;"政治系统"执

---

① 杨红霞.完善大学内部治理结构建设现代大学制度———中国高教学会高教管理研究会 2013 年学术年会综述[J].国家教育行政学院学报,2013(09).

② 刘润忠.试析结构功能主义及其社会理论[M].天津社会科学,2005(05).

行目标达成功能;"社会系统"执行整合功能;"文化系统"执行模式维护功能。他认为,这是一个整体的、均衡的、自我调解和相互支持的系统,结构内的各部分都对整体发挥作用;同时,通过不断的分化与整合,维持整体的动态的均衡秩序。在这里,结构表现为一种功能。① 与系统论一样,结构功能主义逐渐成为社会研究的方法。从方法角度看,有学者分析道:"在结构—功能分析(structural-functional analysis)这个术语中,结构大体上与制度同义,功能大体上与活动同义,结构或制度完成功能或活动。"②如果将这种方法用来观察大学治理这个系统的话,我们可以清楚地看到,作为制度安排的治理结构决定了治理过程所实现的功能目标,而治理过程所追求的功能目标又为治理结构的安排提供了基本依据。

从世界各国的情况看,大学治理结构的本质都是相同的,但因举办者、体制机制、文化传统等因素的不同,参与管理的主体及其权限则不完全相同。在我国,按照现代大学制度的本质要求、政府与学校的基本关系和大学运行的实践状况,逐步形成了以"党委领导、校长负责、教授治学、民主管理"为核心内容的具有中国特色的大学治理结构,并在 1998 年通过的《高等教育法》中明确加以规定。首先,它规定了党委、校长、教授和教职工在大学治理中的主体地位。《高等教育法》第 39 条规定:"国家举办的高等学校实行中国共产党高等学校基层委员会领导下的校长负责制。"第 42 条规定:"高等学校设立学术委员会,审议学科、专业的设置,教学、科学研究计划方案,评定教学、科学研究成果等有关学术事项。"第43 条规定:"高等学校通过以教师为主体的教职工代表大会等组织形式,依法保障教职工参与民主管理和监督,维护教职工合法权益。"其次,它规定了这些主体分别行使领导权、行政权、学术权和民主管理权,以及这些权力的基本内容。《高等教育法》第 39 条规定了党委的领导权和具体的领导职责③,第 41 条规定了校

---

① 周怡. 社会结构:由"形构"到"解构"——结构功能主义、结构主义和后结构主义理论之走向[J]. 社会学研究,2000(03).

② 张阿阳. 从系统论与结构功能主义的视角看中美公务员培训制度[J]. 理论界,2012(06).

③ 《高等教育法》第 39 条规定:"中国共产党高等学校基层委员会按照中国共产党章程和有关规定,统一领导学校工作,支持校长独立负责地行使职权,其领导职责主要是:执行中国共产党的路线、方针、政策,坚持社会主义办学方向,领导学校的思想政治工作和德育工作,讨论决定学校内部组织机构的设置和内部组织机构负责人的人选,讨论决定学校的改革、发展和基本管理制度等重大事项,保证以培养人才为中心的各项任务的完成。"

长的行政权及其内容①,第42条和第43条分别规定了学术委员会、教代会行使的学术权、民主管理权及其范围。这些规定意义重大,它不仅表明了大学实行多元主体共同治理的管理模式,而且明确了每个主体在大学治理中的权力分配和角色定位。

上述分析表明,教代会是大学治理系统中不可缺少的要素,它通过行使民主管理权发挥其在大学治理中的功能。按照《上海市职工代表大会条例》和《学校教职工代表大会规定》,教代会行使的民主管理权包括审议建议权、审议通过权、审查监督权和民主评议权,以此形成民主管理和民主监督两大功能。就民主管理功能来说,教代会不可能是"对学校管理体制的替代或掌控,而应当成为一种促进学校决策正当性与有效性的过程性补充",它通过协商民主方式参与学校决策,作出相关决议,即教代会代表"以自由及平等的对话、讨论、审议等柔性方式来参与与自身利益相关的学校决策,旨在通过这种协商过程来保障管理决策的正当性与科学性"。② 从民主监督功能来说,教代会不可能是对学校全部机构、人员的所有行为进行监督,而是通过对职能部门执行学校章程和规章制度、落实教代会决议、办理教代会提案进行审查监督,对学术委员会行使学术权力进行相应监督,对学校领导班子和领导干部进行监督评议,来督促学校领导、职能部门和学术机构依章办事,为民办事,认真做事,做好事情,从而推动学校事业的健康发展,保障教职工的合法权益。由此,我们可以将教代会在大学治理的角色定位大致概括为:参与决策,作出决议,督促执行,评议领导。

三、教代会质量与大学治理水平

大学治理的目的是为了推进自身健康、持续的发展,要做到这一点就需要建立起良好的内部治理结构。也就是说,大学不仅要建立由党委、行政机构、学术委员会和教代会构成的参与学校共同治理的组织机构体系,而且更为重要的是

---

① 《高等教育法》第41条规定:"校长全面负责本学校的教学、科学研究和其他行政管理工作,行使下列职权:(一)拟订发展规划,制定具体规章制度和年度工作计划并组织实施;(二)组织教学活动、科学研究和思想品德教育;(三)拟订内部组织机构的设置方案,推荐副校长人选,任免内部组织机构的负责人;(四)聘任与解聘教师以及内部其他工作人员,对学生进行学籍管理并实施奖励或者处分;(五)拟订和执行年度经费预算方案,保护和管理校产,维护学校的合法权益;(六)章程规定的其他职权。"

② 陈久奎、阮李全、张亮.学校教代会制度的过程性功能分析——基于协商民主理念与规范文本的双重维度[J].教育研究,2012(07).

要形成这些机构之间的良好运行机制。这种机制的形成,取决于两个基本因素:一是各机构之间管理权力的合理配置;二是各机构管理功能的充分发挥。在法律对各机构管理权力分配作出明确制度安排的情况下,各机构管理功能的充分发挥就显得重要起来。对教代会来说,如何发挥其功能可以归结为质量的问题。教代会是参与大学治理的重要主体,因而教代会的质量关系到大学治理的水平。

1. 教代会质量的内涵分析

教代会质量,或称教代会制度运行质量、教代会工作质量。对于这个概念,不同群体站在不同的立场上会作出不同的定义。从高校教职工的立场出发,教代会质量可以被定义为教代会工作满足教职工民主管理和民主监督需要的程度。从高校上级组织的立场出发,教代会质量可以被定义为教代会工作符合国家法律法规要求的程度。如果站在客观中立的立场上,笔者认为,教代会质量是指教代会工作符合法律法规要求和满足教职工民主管理与民主监督需要的程度。可见,教代会质量是按照法律法规的要求和教职工的需要作出规定的,而这种要求和需要则是通过教代会工作应具备的一系列的特性反映出来的。从这个意义上说,教代会质量实际上是反映教代会工作满足明确或隐含需要的特性总和。

揭示构成教代会质量的这些特性,对于认识教代会功能发挥以及教代会制度建设有着重要意义。笔者认为,这些特性大体包括以下几种:第一,规范性,即教代会能按照法律法规的要求运行,教代会代表产生、机构组成、职权行使、议事程序等环节均合乎规定,教代会能够完成规定的民主管理和民主监督的功能。第二,可靠性,即教代会能在规定的条件下、在规定的时间内行使职权,完成规定的民主管理和民主监督的功能,不受各种人为因素的影响。第三,充分性,即教代会能确保代表充分行使知情权、参与权、表达权和监督权,充分发挥教代会民主管理和民主监督的功能。第四,有效性,即教代会能促使其决议、提案得到落实,代表意见和建议得以采纳,有效发挥教代会民主管理和民主监督的功能。第五,经济性,即教代会能采用有效手段,以最少投入保证代表能最大程度地参与民主管理和民主监督。需要注意的是,这些特性不是固定不变的,而是随着法律法规的修改和教职工需要的提升不断变化的,因此教代会质量要求会随着这种变化不断提高。

2. 影响教代会质量的主要因素

影响教代会质量的因素很多,有内在运行的因素,也有外部环境的因素;有客观条件的因素,也有人的主观因素。本文主要从实施依据层面、组织领导层面、职权落实层面,分析影响教代会质量的因素。

首先,从实施依据层面来说,教代会法律制度及其配套实施办法的制定状况是影响教代会质量的客观因素。这是因为,如果教代会法律法规不健全,法律规定的内容不明确、不具体,或者配套的实施办法没有跟进,规定不够细化、不具操作性,就会影响教代会组织者、参与者对法律制度的理解和运用,这就很难保证教代会工作的规范性和充分性,从而降低教代会工作的质量。反之,如果教代会法律法规及其实施办法齐全,制度规定比较完善,就有利于教代会工作的开展,确保教代会工作的质量。

其次,从组织领导层面来说,党组织的领导能力、教代会机构的工作水平和教代会代表的履职情况是影响教代会质量的关键因素。大学教代会工作是在党组织领导下开展的,这种领导提供了教代会工作的方向和原则,它贯穿于教代会工作的始终,体现在教代会工作的所有环节,因此党组织的领导能力对于教代会质量的影响重大。为了保证教代会的正常运行,教代会会议准备期间、会议期间和闭会期间的大量组织工作和需要开展的工作,要靠工会、教代会主席团、教代会专门委员会等教代会机构去承担,因而教代会机构的工作水平直接关系到教代会质量的高低。从根本意义上说,代表是教代会的主体,教代会功能的输出就是代表履职的结果,因此代表的履职情况与教代会质量密切相关。

最后,从职权落实层面来说,教代会四项职权的落实情况是影响教代会质量的核心因素。《上海市职工代表大会条例》和《学校教职工代表大会规定》等法律文件,将审议建议权、审议通过权、审查监督权和民主评议权这四项权利作为核心内容加以规定,教代会会议期间和闭会期间的重要工作就是围绕这四项权利的实现而设计。因此,这些权利的落实是教代会功能实现的重要保证,也成为衡量教代会质量的核心指标。

四、加强教代会制度建设以实现大学的良好治理

近年来,随着大学治理结构的建立和完善,教代会质量不断提升,在学校运行中发挥了越来越大的作用。但是我们应当清醒地看到,教代会仍然存在着三大突出的质量问题:一是规范性不够,表现在有的大学教代会不能严格按照法律规定的要求运行,一些涉及学校发展、教职工切身利益的重要事项没有提交教

代会审议或者审议通过;二是充分性不够,表现在有的大学教代会不能保障代表充分行使知情、参与和监督的权力;三是有效性不够,表现在有的大学教代会决议、提案不能得到完全落实,代表合理意见未被充分吸收。出现这些问题的原因是多方面的,但思想认识不深、领导能力不足、组织工作不强和代表履职不够是主要原因。因此,大学要实现良好治理,就必须围绕提升质量的目标加强教代会制度建设。

1. 加强教代会的文化建设

从大学治理的角度来看,教代会是一个机构,也是一种制度安排。作为制度的教代会,其运行需要精神文化的支撑。从本质上说,教代会制度属于民主制度的范畴,因而其实施离不开民主文化[①]的支持和推动。首先,民主文化为实施教代会制度提供了基本前提。教代会制度的实施需要广大教职工的政治参与,这种政治参与是以大家接受民主文化、认同这种民主形式为前提。如果教职工没有形成民主文化,不认同这种民主形式,那么即使有教代会的各种文件、各方代表、齐全机构、会议安排,也不可能真正发挥其民主管理和民主监督的功能。其次,民主文化为实施教代会制度提供了行为基础。教代会制度的实施要求相关主体的行为符合这种民主制度的规定,而这些主体的行为必定受自己内心的民主观念所支配,因此主体行为离不开民主文化的推动。最后,民主文化为实施教代会制度提供动力源泉。与其他文化一样,民主文化一旦为教职工所认同,就会被内化和积淀于他们的内心深处,成为他们的自觉意识和行为习惯,产生实施教代会制度的动力源泉。

在教代会制度建设中,我们需要培育哪些民主观念呢?笔者认为,我们应当培育以下六种民主观念:

第一,人人平等观念。教代会是高校民主管理和民主监督的形式,也是高校协商民主的平台,它必须建立在平等的基础之上,包括教代会代表政治人格的平等、参与权利的平等、表达意见的平等。因此,为了保证教代会制度的有效实施,大学必须在教职工中确立平等观念,摆脱等级观念的束缚,让教代会代表以平等的自信参与学校事务的决策、管理和监督。

第二,理性参与观念。教代会的运行需要教代会代表的参与,也离不开广大教职工的参与。我们所需要的参与是理性参与,即积极而有序的参与。因此,为

---

① 这里所说的民主文化,仅指精神层面的文化,其核心是存在于人们内心的民主观念.

了保证教代会制度的有效实施,大学必须培育教职工理性参与的观念,使广大教职工积极关心学校的改革发展和管理事务,通过教代会代表依法参与学校的决策,监督学校的管理。

第三,尊崇权利观念。教代会功能的发挥,实质上是教代会充分行使职权、教代会代表有效运用权利的结果。从这种意义上说,教代会制度是建立在对权利的尊重和保障的基础上。因此,为了保证教代会制度的有效实施,大学必须培育教职工尊崇权利的观念,使学校的各种机构、教职工都能尊重教代会及其代表的权利,自觉履行教代会作出的决议,认真对待教代会代表提出的意见。

第四,权力制约观念。教代会制度的建立本身就是形成民主管理权对行政权和学术权的一定约束,而教代会行使监督权就是对学校的行政权和学术权直接产生制约。因此,为了保证教代会制度的有效实施,大学必须培育教职工权力约束的观念,使学校及其职能部门支持教代会并接受教代会的监督,使教代会代表能够依法参与民主监督活动。

第五,包容妥协观念。在教代会运作中,代表通过发表意见、提交提案、作出评议等形式参与学校的管理和监督。要发挥教代会的民主管理功能,代表既要表达自己的意愿,又要听取和尊重其他代表的不同意见,在妥协中达成共识,作出决议和决定;要发挥教代会的民主监督功能,领导干部必须要对代表作出的各种评价结果和提出的各种批评意见持包容态度,从批评监督中找到问题、吸纳意见,不断提高工作水平。因此,为了保证教代会制度的有效实施,大学必须培育教职工包容妥协的观念,使民主管理和民主监督发挥出应有的作用。

第六,遵守法律观念。民主靠法律保障,民主又受法律限制。作为基层民主制度的教代会制度早已为法律所确认,其性质、领导关系、组织制度、运行规则等法律都作出了明确规定,高校在实施教代会制度时必须严格遵守相关法律的规定。因此,为了保证教代会制度的有效实施,大学必须培育教职工遵守法律的观念,使教代会能按照法律规定的要求运行,教代会代表能按照法律规定的要求履行职责。

2. 加强教代会的功能建设

民主管理和民主监督是高校教代会的两大功能,它们是通过教代会各项职权的落实得以实现的。因此,为了实现良好的治理,大学应当围绕教代会职权的落实,加强教代会的功能建设。

（1）加强民主管理功能建设

教代会的民主管理功能集中在教代会参与学校重大事项的决策和学校重要事务的管理上，它主要通过落实教代会的审议建议权、审议通过权以及推进教代会提案工作得以体现。

首先，进一步落实审议建议权和审议通过权。具体包括：一是党委要加强对教代会审议事项的领导，将涉及学校发展、教职工切身利益的重要事项提交教代会审议或者审议通过；二是工会要安排代表充分进行审议，做好教代会审议后的工作，确保代表提出的合理意见落实到学校文件的修改上，以推进学校的科学决策。

其次，进一步推进教代会提案工作。具体包括：一是提高提案的质量。工会要通过代表分组、建立代表与领导沟通机制、组织代表调研、开展代表专题学习研讨等方式，提高提案的质量；教代会提案工作机构要把好审核关，对不符合条件的提案不予立案。二是推进提案的落实。工会应当通过日常督促、召开工作推进会、搭建联系平台、表彰奖励等方式，促进职能部门迅速、有效办理提案。

（2）加强民主监督功能建设

民主监督功能集中在教代会对学校管理工作的合规性和执行力进行监督，对学校领导干部进行民主评议上，它通过落实教代会的审查监督权和民主评议权得以实现。

首先，进一步落实教代会的审查监督权。具体包括：一是教代会开会期间，要向代表报告学校职能部门落实教代会决议的情况，并组织代表进行审查监督；二是教代会闭会期间，工会应组织由领导与代表参加的恳谈会、沟通会等活动，代表对职能部门落实学校章程、规章制度和教代会决议情况进行监督。

其次，进一步落实民主评议权。具体包括：一是教代会要完善民主评议的制度，明确民主评议的基本原则、评议范围、评议标准、实施机构、评议结果及其公开等事项，提高民主评议工作的规范化、科学化和民主化水平；二是工会要通过经常组织恳谈会、互动会等交流活动，推进学校信息公开工作，让代表充分了解学校领导干部的工作状况，以加强民主评议的客观性。

3. 加强教代会的组织建设

良好大学治理的形成取决于教代会功能的发挥，而教代会功能的发挥与党组织的领导以及教代会机构（包括主席团、工作机构、专门机构）和全体代表的作用密切相关。因此，组织建设在大学教代会制度建设中显得十分重要。

(1) 加强工会的能力建设

工会是教代会的工作机构,法律赋予它在教代会筹备、召开和闭会期间许多重要的工作职责。从这些职责来看,工会扮演了教代会组织者的角色,它既要贯彻党组织的指示,协助、组织教代会其他机构和教代会代表履行职责,又要做好教代会开会、闭会期间的组织工作和交办任务。因此,工会的工作状况直接决定了教代会的质量。

为加强工会的能力建设,我们可以从以下两方面下功夫:首先,抓思想建设。要通过理论学习,让工会干部充分认识教代会在大学治理中的重要地位和重要作用,从而确立做好教代会工作的自觉性和主动性。其次,抓能力建设。要通过业务培训和实践锻炼,提高工会干部有关教代会工作的政策理论水平和业务工作能力。从政策理论水平来说,工会干部应当熟练掌握相关的法律、法规和政策,以及政治学、法学、工会学、管理学、心理学等学科知识。从业务工作能力来说,工会干部应当具备很强的组织动员能力、协调商谈能力、汇集民意能力、语言表达能力等能力。

(2) 加强代表的能力建设

代表是高校教代会的主体,教代会民主管理和民主监督的功能要靠代表的努力工作来实现,从这个意义上说,代表的参与管理能力直接决定了教代会的水平和成效。

为加强代表的能力建设,我们可以从以下两方面下功夫:首先,强化代表的主体意识。具体来说,一是组织代表学习活动,提升代表对教代会性质、职能、职权、程序、作用的认识,提升对自身地位、作用、权利、义务的认识;二是通过严格执行教代会制度,让代表在教代会运行的各个环节中发挥主导作用;三是形成代表约束机制,明确代表具体任务,使代表担负起应有的职责;四是开展代表向教职工通报履职情况的活动,使代表在接受监督中强化主体意识。其次,提升代表的业务能力。具体来说,一是通过召开恳谈会、互动会,组织校内调研,评选"金点子"奖等措施,提升代表的审议能力;二是通过提案实务培训、代表分组研讨、优秀提案奖励等措施,提升代表的提案能力;三是通过组织代表巡视、干部评议培训等措施,提升代表的监督能力。

高校工会在大学治理中的地位和作用研究[*]

任　荣　孔妮妮　王月琴[**]

大学治理是中外学者共同关注的研究热点,在中国有特定的内涵,目前已取得了丰硕的研究成果。但囿于长期存在片面化的认识误区,高校工会在大学治理中的地位和作用一直没有得到应有的重视。为了完善高校工会职能研究,进一步探索高校工会在新时期的发展方向,课题研究者在充分调查取证的基础上,从三个层面深入阐释了高校工会在大学治理中的责任与作用。首先是从学术上探讨大学治理的内涵,阐释实现大学治理的各种条件,对工会在大学治理中承担的责任进行阐述。然后以具体事例解说当代高校工会所从事的各项工作与大学治理之间的密切关系。最后从上海的部属院校、地方高校与民办高校中选取具有代表性的工会,实证分析高校工会在大学治理中的重要作用。

一、大学治理与高校工会

要分析高校工会在大学治理中的地位和作用,首先需要在理论上对大学治理的内涵、条件以及高校工会的角色定位等问题有清晰的认识。

(一) 大学治理概述

1. 大学治理的定义

对于大学治理的定义,目前尚没有形成统一的表述。1973 年,美国卡耐基

---

* 本文系 2014 年上海师范大学工会课题"高校工会在大学治理中的地位和作用研究"的成果。

* 任荣,上海师范大学人文与传播学院工会副主席;孔妮妮,上海师范大学人文与传播学院副教授,院工会委员;王月琴,上海师范大学人文与传播学院讲师,院工会委员。

教育委员会将大学治理定义为"作决策的结构和过程,从而区别于行政和管理"。① 此外,美国著名学者罗伯特·伯恩鲍姆进一步揭示了大学治理的内涵,即"平衡两种不同的但都具有合法性的组织控制力和影响力的结构和过程,一种是董事会和行政机构拥有的基于法定的权力,另一种是教师拥有的权力,它以专业的权力为基础"。② 美国高等教育研究协会(ASHE)系列丛书关于 21 世纪大学治理的讨论文集中提出了一个比较简洁的定义:"大学内外利益相关者参与大学重大事务决策的结构和过程"。③ 李福华在其著作《大学治理的理论基础与组织架构》中把大学治理定义为"大学利益主体多元化以及所有权与管理权分离的情况下,协调大学各利益相关者的相互关系,降低代理成本,提高办学效益的一系列制度安排"④。韩春虎在《大学治理:一种科学发展视域下的制度安排》一书中将大学治理定义为"通过校务会与学术会的内部制衡方式,对大学校长代表的群体进行监督和激励的一种制度安排,亦是使所有利益相关者获得自身最大价值的一种管理机制"⑤。

从上述定义中可以看到两种观点:一种认为大学治理是一种决策的结构和过程,另一种认为大学治理是一种制度安排。本文倾向于采用前者的观点,因为大学治理既包括静态的一面即相对稳定的治理结构,又包括动态的一面即治理过程。一旦进入具体事务决策过程中,各种人为的因素、文化的因素就会对治理结构的运行产生影响,直至影响最后的决策。因此,大学治理不只是一套静态的组织结构和制度安排,还是居于不同利益层次的多方利益主体之间权责利关系的互动和博弈过程,是在权责配置基础上的决策机制与监督机制的塑造与发挥作用的过程。在这样动态的过程中,结构安排固然是重要的,但是在这样的结构上做什么和如何做,这才是大学治理的主旨。因此,把大学治理定义为一种决策的结构和过程,既尊重了制度的规范性的一面,又充分考虑了在实际决策活动中各种复杂因素的影响。

---

① The Carnegie Foundation for the Advancement of Teaching. *Governance of Higher Education:Six Priority Problems* [M]. NewYork:McGraw-Hill,1973.

② Robert Birnbaum. *The End of Shared Governance:Looking Ahead or Looking Back* [J]. New Directions for Higher Education,2004(127):5-22.

③ Gayle D J, Tewarie B. *Governance in the 21st-century University:Approaches to Effective Leadership and Strategic Management*[M]. ERIC Digest,482560.

④ 李福华. 大学治理的理论基础与组织架构[M]. 教育科学出版社 2008 年版.

⑤ 韩春虎. 大学治理:一种科学发展视域下的制度安排[M]. 沈阳:辽宁大学出版社 2008 年版.

大学治理包括两个基本方面：一是大学的外部治理，涉及大学与政府、大学与社会、大学与大学之间的关系，表现为大学的管理体制、投资体制和办学体制等；二是大学的内部治理，即一所大学内部的组织结构和运行机制，包括组织结构的分层、内部权力体系的构成等，反映大学的办学意志和学术特点。本文讨论的是高校工会在大学治理中的地位和作用，高校工会主要是在大学内部治理中起作用，因而本文所说的大学治理是指大学的内部治理。

严格意义上说，大学治理与大学治理结构是两个不同层次的概念，大学治理结构是大学治理的作用方式，是大学制度中的重要制度内容。但是，与公司治理中并不严格区分公司治理与公司治理结构的做法相似，大学治理与大学治理结构在国内外很多的理论和政策中也没有作严格区分，本报告也将沿用这一习惯。

2. 实现大学治理的条件

大学治理是大学管理发展到一定阶段，受教育发展内外部规律支配所产生的一种与社会大系统相适应的管理模式。要实现真正的大学治理必须满足四个条件：以民主社会为前提，以公民精神为基础，以绩效为导向，以大学的理念为核心。

（1）必须以民主社会为前提

治理作为摆脱"非政府即市场"的二元选择模式的第三种理性选择，其基础是坚持多元对话。[①] 多元对话实现的前提条件是民主社会。杜威曾提出，民主社会是一个社会成员共同参与事业的范围不断扩大和个人各种能力不断解放的社会。[②] 因此，大学治理也离不开民主社会这个大环境。大学首先必须作为一个独立的社会组织、独立的法人主体，只有在民主社会中才能实现真正的自由与平等，治理才可能实现。1989 年联合国教科文组织在世界高等教育大会上指出：高等教育本身正面临巨大的挑战，而且必须进行最彻底的变革。为了适应这一变革和解决所面临的问题，高等教育不仅需要各国政府和高等院校的积极参与，而且需要所有有关人士，包括大学生及其家庭、教师、商业界和企业界、公共和私营的经济部门、议会、传播媒介、社区、专业协会和社会的积极参与。[③] 由此可见，实现大学治理需要各相关主体的积极参与，但并不是说各主体有参与的积

---

① 傅根生、赵泽虎.大学社会公信力与大学治理[J].教育发展研究,2009.

② 朱映雪.民主教育与民主社会公民的塑造[J].社会科学论坛,2009.

③ 世界银行,联合国教科文组织.发展中国家的高等教育：危机与出路[M].教育科学出版社 2001 年版.

极性就可以了,更关键的是要有这种制度设计与建构,才能保证可以让这些主体平等、有效地参与到大学的管理之中,而这种制度设计正是现代大学治理的核心任务。

(2)必须以公民精神为基础

实现大学治理,仅有合适的制度设计是不够的,还需要参与治理的主体拥有公民精神。公民精神的内涵十分丰富,与民主政治关系紧密的主要有三要素:公民的权利意识、规则意识和责任意识。[1] 其中自觉而理性的权利意识是指通过参与政治有效建构和维系民主制度以选择和监督国家的管理者,又可履行与权利对应的政治义务,服从自己选择的权力信托者的合法管理,同时宽容地对待政治上的少数派与异端,承认并保护其应有的基本权利。规则意识是指对维系民主政治的规则的尊重和遵守。责任意识是指对自己政治行为的责任和对行为所体现的特定价值坚守的责任。因此,拥有公民精神,意味着积极投身社会公共事物,迈克尔·沃尔泽指出:对公共事务的关注和对公共事业的投入是公民美德的关键标志。[2] 公民精神同时也意味着随时准备节制个人或集团的特殊利益,而将共同利益置于首位,"领导人必须是,以及必须把自己看作是对他们同胞公民负责的。绝对权力和毫无权力都导致堕落,因为二者都向人心注入了一种不负责任的情感。政治生活越接近互惠原则基础上的政治平等,政治生活越采取自治的形态,就可以说这个共同体越有公民精神"。[3] 实现大学治理就要求各参与主体都要具备公民精神:平等、权利、责任、守规则、合作,如若无法拥有这种精神,那么大学的管理过程将会是无数的冲突与争斗,或者就步入独裁的一元控制时期,治理将会是遥不可及的梦想。

(3)必须以绩效为导向

治理,作为管理的一种形式,第一个要素就是目标,也就是绩效,因为任何组织都存在特定的目标与稀缺的资源,这才保证了管理存在的必要。而组织的绩效并不在于内部的承认,而在于外部,按彼得·德鲁克的话说,即"在组织的内部,不会有成果出现,一切成果都存在于组织之外"。[4] 大学治理实际是为实现大学目标而设计的一套制度安排,它给出大学各利益相关者的关系框架,为大学

---

① 董敏志.论公民精神与民主政治[J].探索与争鸣,2007.

② 马晓燕.公民社会的核心——公民精神[J].甘肃理论学刊,2005.

③ 罗伯特·帕特南.使民主运转起来[M].江西人民出版社2001年版.

④ 彼得·德鲁克.卓有成效的管理者[M].机械工业出版社2010年版.

的目标、原则、决策方式、权力的分配确定规则,主要内容是设计效率实现的机制,通过大学各利益相关方追求自身目标的活动而实现整体的效率。[①] 可见大学治理是为了使大学能更有效地实现自己的使命,即在大学组织中的各种关系及制度安排应该能更有效地让大学履行自己的职能及社会责任。因此,我们可以看到在不同时期、不同地区,因为社会对大学的要求不同,大学治理呈现出一种动态的、多样化的演进过程。钟云华等学者在《中外大学治理结构变迁方式比较》一文中从制度经济学的角度指出,大学治理结构变迁是大学治理主体为实现一定的目标而重新安排制度或制度结构的重新调整,是大学治理制度替代、转换、交易与创新的过程,它的核心与实质是制度变迁。[②] 不管是大学治理的强制性制度变迁,还是大学治理的诱致性制度变迁,其实质都与大学治理利益主体的理性计算分不开,只有大学治理制度创新可能获取潜在利润大于为获取这种利润而支付的成本时,大学治理结构变迁才可能发生。也可以说,大学治理结构变迁是指用一种高效益的大学治理结构安排替代另一种大学治理结构安排的过程。从制度经济学角度看,这种绩效表现为利润,而从管理学的角度看,则是追求绩效的表现。

(4)必须以大学理念为核心

一所大学的理念是这所大学的思想、精神和灵魂,它决定着这所大学的思维方式和发展方向。[③] 从亨利·纽曼到布鲁贝克,再到克拉克·科尔,都在追寻着大学存在的价值,探寻着大学的理念。"大学确立它的地位的主要途径有两种,即存在着两种主要的高等教育哲学,一种哲学主要是以认识论为基础,另一种哲学则以政治论为基础。"[④]大学理念决定了大学的价值选择,制约着大学的文化建设,更影响着大学的管理方式和行为。张应强教授曾指出,西方国家普遍把大学定位于社会的学术与文化组织,不论大学的外部社会环境发生什么样的变化,也不论社会对大学的要求发生什么样的变化,大学的应对与变化都是以此为基础的。经过长期的历史积淀,西方国家已经形成了一种维护这种现代大学制度的社会文化认同和社会保障机制,不只是大学要这样做,而是整个社会和文化要

① 傅根生、赵泽虎. 大学社会公信力与大学治理[J]. 教育发展研究 2009 年版.
② 钟云华、向林峰. 中外大学治理结构变迁方式比较[J]. 现代教育管理 2010 年版.
③ 纪宝成. 对大学理念和大学精神的几点认识[J]. 中国高等教育 2004 年版.
④ 约翰·布鲁贝克. 高等教育哲学[M]. 浙江教育出版社 2002 年版.

求大学必须这样做。① 有什么样的大学理念就会有什么样的管理方式，在这个基础上，我们可以很好地理解大学的治理模式，正是通过多元利益相关权利主体的参与，将权力在不同主体之间进行合理配置，使它们之间产生权力依赖与相互的制约关系，最终通过协商合作甚至是斗争的机制来抑制单一的内部控制或外部控制的倾向。

（二）我国大学治理的现状

1999 年 1 月 1 日，《中华人民共和国高等教育法》的颁布和实施，确立了大学的法人主体地位。在第十六次全国高校党的建设工作会议上，李源潮同志在强调着力提高高校领导班子办学治校能力时指出：要坚持和完善高校党委领导下的校长负责制，积极探索党委领导、校长负责、教授治学、民主管理的有效途径和办法。这是对现代大学制度实践的概括和总结。

1. 大学治理的主体现状

大学治理的主体是指在大学中从事决策、管理等活动的人或组织机构，它包括中国共产党基层组织、行政组织、群众组织、学术组织和师生。

（1）中国共产党基层组织

《中华人民共和国高等教育法》明确规定，国家举办的高等学校实行中国共产党高等学校基层委员会领导下的校长负责制。大学中的各级党组织必然是治理大学的重要主体。目前，我国的公办高校，都设有党委（包括党的常务委员会）、总支和基层支部。学校中不同层次、单位的党组织，在学校党组织的治理职能中分工负责，各负其责。党委在高等学校中处于领导核心党地位，对学校实行政治领导、组织领导和思想领导。学校党委下设党的纪律检查委员会，党的总支部委员会和支部委员会设纪律检查委员，依据《党章》赋予的权力，充分发挥保护、惩处、监督、教育的职能。

（2）行政组织

目前我国大学大多数实行两级（校、院）行政和三级（校、院、系）管理的体制。在两级行政体制中，学校行政层是全校行政的核心，学院行政层是学校行政的基础。校长是学校的行政负责人，也是学校的法人代表。学校行政组织的治理职能与校长权责相对应。学校职能部门协助校长实施管理，其功能是治理学校的

---

① 蔡文伯、蒋凯、董江华、罗俊：大学治理与制度创新的反思与探索[J]. 高等教育研究，2009.

教学、科研、社会服务,治理学校的人、财、物以及与此相关的事务、规章制度、计划实施等。学院职能是校长职权的层级性下放,承接校长某个方面的权力责任。大学中的学院作为办学实体,是大学人才培养、科学研究、学科建设、师资队伍建设、开展社会服务的具体实施单位,大学的功能基本上是用学院来承担和实施。

（3）学术组织

我国高校普遍建立了学术委员会作为学校的学术领导机构,在校长或校务委员会领导下工作。一般设立学术委员会办公室,负责处理学术委员会的日常工作事务。目前,我国大多数高校建立了教学指导委员会(教学工作监督、评估和决策咨询机构)、学校聘任委员会(专业技术人员选拔、聘任工作机构)、教授委员会(学校的顾问、咨询机构)、校务委员会(学校咨询、审议机构)、学位评定委员会(履行《中华人民共和国学位条例暂行实施办法》职责的工作机构)等学术性综合机构。

（4）群团组织

大学内部群团组织主要包括共青团、工会等群众组织。我国高校普遍设立了团组织,包括高校共青团委员会、学院或其他组织中的团总支、班级或其他组织中的团支部。我国高校普遍设立工会。高校工会内部分为几个层次的组织:会员之上是工会小组、分工会委员会(二级工会委员会)和校工会委员会(校工会)。各级工会委员会(包括主席、副主席)都由相应代表大会选举产生。校工会下设组织、宣传、青年工作、妇女工作、文体工作、提案工作、生活、财务等专门工作委员会。学校工会在学校党委和上级工会的领导下工作。

（5）教职员工和学生

教职员工是高校中的教师、专业技术人员、管理干部、工勤人员等的统称。狭义的教职员工与管理干部相对应,是学校基本的管理对象。事实上,无论是广义的教职员工还是狭义的教职员工,都是学校的治理主体之一,对学校治理具有重要责任和基本权力。

《高等教育法》明确规定,高等学校的教师及其他教育工作者享有法律规定的权利,履行法律规定的义务。并且要求高等学校通过以教师为主体的教职工代表大会等组织形式,依法保障教职工参与民主管理和监督,维护教职工合法权益。目前高校均设有教职工代表大会,它是在学校党委领导下,教职工依法行使民主权利,实行民主管理、民主监督的基本制度和形式,是高校的一种制度化、组织化的治理主体。

学生是受教育的对象、管理的对象,又是自我教育的主体、学校治理的参与者。目前学生参与学校治理主要是通过学生会、研究生会等组织渠道。学生会是学校党委和行政联系学生的桥梁和纽带,是维护学生权益、开展学生自我管理的治理机构。高校学生会组织包括班委会、学院学生会、校学生会等层次。

2. 大学治理的客体现状

大学治理的客体是指在大学中被管理者或管理活动的作用对象。大学中组织与成员、目标与任务、活动与关系等,构成大学治理客体的主要成分。大学对不同人员、任务、事务的治理要求。

(1) 人是大学中最重要的因素,也是最主要的治理对象。大学中对人员的治理,主要是对教师、领导干部、学生的治理。教师是学校发展的根本力量,是学校完成教学科研任务,发挥服务社会和文化传承创新功能的重要保证。教师治理包括教师队伍结构、教师素质、教师成果评价与激励等,是大学治理中内容繁复、难题较多的大课题。学校的各级领导干部,作为学校的专兼职管理人员,是学校治理的重要对象。如何选拔干部、管好干部、用好干部是学校治理中的一个重要内容。对干部的素质、业务能力、品行的治理,是学校治理的重中之重。学生是学校的主要构成部分,也是学校治理的基本对象。学校要对学生成长负责,须对学生进行全方位的治理。促进学生人格完善、品德提升、知识积累、技能养成、遵章守纪等应该成为学生治理的重要内容。

(2) 大学需要完成大学的任务,才能实现大学的功能。不同的任务需要不同的治理。人才培养是大学的核心任务,其本质是育人,包括传授知识、培养技能、发展智力、增强体质、培养品德等。人才培养的治理,就是要把人才培养活动纳入治理体系中加以控制,从而实现培养目标。人才培养治理的内容是多方面的,包括人才培养目标的设定;拟定教学计划、组织与实施;课程的设置、建设与评价;教学质量的提高与监控;招生与分配等。科学研究工作在大学的地位和作用非常重要,它制约着学校的实力和综合声誉,事关师生的发展与进步。因此,对学校科研加以治理,提高产量,提升质量是高校治理的重要任务。大学的科研治理包括科研的计划、课题的开展、研究经费的使用、科研团队的建设、科研成果的推广和科研奖励等。大学的社会服务、文化创新功能的实现都需要有效治理。

(3) 学校事务治理主要包括学科专业、资产、校园文化、制度等方面的治理。办好学科和专业,是大学内部治理的基本内容和主要对象。治理好学科、专业,就是要治理好构成学科、专业系统中的人、财、物、课程、课题等要素。对于资产合理的计划、组织、指挥、监督、检查,是治理工作的重要内容。健康、先进的校园文化是培育出来的,培育过程需要治理。对于校园物化环境的建设、文化氛围的营造、学风的管理、校园环境的美化,都是校园文化治理的重要内容。对于制度的治理既包括改变不合适的制度,也包括对制度的创新和完善。

(三) 高校工会在大学治理中的角色定位

高校工会是现代大学内部治理结构的重要组成部分之一,它要在学校的日常管理中发挥作用,就应该积极改变传统工会在人们心中娱乐工会、福利工会的形象,向服务型、维护型和学习型工会转变,努力成为参与学校决策的重要力量,正确引导教职工参与校园民主政治建设,充分发挥职能。因此,高校工会应深刻认识现代大学治理对其工作的要求,在党委的领导下做好角色定位,围绕学校中心工作发挥职能作用。具体来说,在大学治理中,高校工会需将自己定位在以下几个角色。

1. 高校工会是独立的社会团体

高校内部治理机构是由所有权、经营权、监督权三方相互制约,依照国家政策法规和高校内部规章制度而运转的。工会作为监督的一方,是独立的社会团体法人。我国《工会法》第十四条规定,中华全国总工会、地方总工会、产业总工会具有社会团体独立法人资格。基层工会组织具备民法通则规定的法人条件,依法取得社会团体法人资格。从法人条件上分析,第一,高校工会依法成立;第二,高校工会拥有独立的财产经费;第三,高校工会拥有正式名称、组织机构和活动场所;第四,高校工会能够独立承担民事责任。可见,高校工会既从属于所在高校党政系统,又是独立于党政体系之外的正式的社会组织。

2. 高校工会是教职工合法权益的维护者

在大学治理过程中,核心问题在于保障全体教职工的合法权益。《工会法》第六条规定,维护职工合法权益是工会的基本职责,工会代表和维护职工的合法权益。因此,维权是工会的基本职责,这是由工会的性质决定的。高校工会作为学校党政联系教职工的桥梁和纽带,它具有广泛的群众性和基层性,能够最近距离听取广大教职工的意见和建议,了解教职工的真正需求,所以,高校工会可以成为教职工合法权益的表达主体,可以代表教职工参与学校的决策管理,以促进高校内部和谐稳定发展。

3. 高校工会是民主管理的参与者、监督者

现代大学具有开放性的特征,它不再是闭塞的象牙塔,不能封闭式地办学。我国《高等教育法》第十一条规定:"高等学校应当面向社会,依法自主办学,实行民主管理。"这是我国大学治理的最基本要求。现代大学治理强调大学自身建设应具备更多的自主权,这就必定要求大学内部建立起一套自我约束和自我监督的机制,保证各种权力的协调与运行。因此,完善校内民主管理、加强民主政治建设是现代大学制度体系下的必然要求,高校工会则是校内民主管理最有效的参与者与监督者。我国高校教职工实行民主管理和民主监督的主要形式为校务公开制度和教职工代表大会制度,它们已经成为现代大学治理体系的重要组成部分,是实现高校民主政治建设的重要途径。积极推行校务公开和教代会制度是工会工作的主要内容,它能扩大基层民主,使得广大教职工对学校事务享有知情权、参与权、表达权和监督权,从而促进决策的民主科学,保障法律和制度的切实执行,遏制腐败的滋生。

二、大学治理框架中的高校工会职能

2010 年颁布的《国家中长期教育改革和发展规划纲要》明确提出了完善大学治理结构、推进高校改革的发展规划。以现代化的理念、方式治理大学以促进大学的职能履行和科学发展,是党的十八届三中全会通过的《中共中央关于全面深化改革若干重大问题的决定》的主要内容之一。在大学治理理论的指导下,现代化的大学治理框架正逐步形成并日渐完善,为解决高校管理困境、创新高校管理模式提供了新的理论视角和实践路径。

大学治理框架是一种遵循大学内在逻辑并与现代社会相契合的外延性结构,旨在重建大学与政府、市场、社会的利益平衡,学术与政治、经济、法律的价值平衡以及大学内部各种力量的权力平衡,具有改良机构、制约权力、规范程序的时代价值。在大学治理框架中,工会在学校党委领导下,积极履行维护、建设、参与和教育职能,在维护教职工合法权益、开展民主管理和民主监督、协调劳动关系和解决劳动争议、参与制定修改和实施改革方案、搞好教职工教育等方面发挥着前所未有的重要作用。具体来说,大学治理框架下的高校工会职能建设主要体现在以下几方面:

（一）维护教职工权益，推进"以人为本"的大学治理

维护教职工权益、关心教职工生活是高校工会的基本职责。高校工会作为党联系教职工的桥梁和纽带，作为教职工合法权益的代表者和维护者，必须牢固树立群众观念，高度重视和维护教职工最关心、最现实、最直接的利益，把他们关注的难点、焦点和热点作为工会工作的重点。

1. 工会维权职能的实现和作用

随着高校教职工队伍分布状况的变化和维权工作的不断展开，区分维权对象、有针对性和有重点地维护教职员工的权益成为工会工作在新时期的特征。分类维权的关键在于搞清教职工队伍的主要层次和特点，工会要积极参与教师聘任合同的签订，使教师的合法权益在聘任合同中得到体现；对低收入高校职工要关注其与教师的收入差距问题，帮助解决其后顾之忧（缴纳四金、子女教育等）。同时，要特别关注教师中的优秀人才及人事代理制教师的权益维护问题。国家实施人才强国战略，学校实施人才强校战略，拔尖人才得到学校的重视，但也承受着高强度教学科研工作带来的高压力、面对着工作和生活中产生的各种问题。对于从事教书育人、科学研究和社会服务的高校教师，他们压力大、任务重，各种生活问题往往难以得到及时解决。校工会应积极发挥沟通协调的作用，主动联系学校相关职能部门，为教师分忧解难。在人事代理制教师占较大比例的高校中，较易出现人事纷争。对此，校工会应热情接待和走访每一位在聘用工作中有异议的教职工，耐心倾听他们的诉求，帮助他们找准个人的定位，同时及时将收集到的意见和情况向有关部门反映、沟通，使问题得以妥善解决，使他们以愉悦的心情、充沛的精力为构建和谐校园做出更大的贡献。

2. 对教职员工的关心和帮助

要想充分发挥教职工的主观能动性，工会需要在工作生活上给予他们更多关心，帮助他们解决实际困难。以上海师范大学为例，为解决中青年教工的现实问题，2014年校工会特邀请徐汇中学校长刘晓艳同志在会议大厅为家有学童的教职工作题为"中学校长谈小升初"的讲座，现场解答大家在小升初问题上的诸多疑惑。就中年教师中普遍存在的疾病，校工会邀请中医健康咨询师来校为教职工进行办公室亚健康人群咨询以及诊疗服务，针对颈椎病、腰椎病、肩周炎、高血压、肠胃病、关节炎、失眠等常见病进行治疗，受到了广大教职工的欢迎。2014年4月，校工会正式成立了教工健步协会，首批招募217名会员，开展"每天万步走,健康迎校庆"活动,帮助教职工有效改善身体亚健康状态。2014年10月,校工会举办教职工趣味运动会,广大教职工积极参与各类体育项目的比赛;校工会对教职工给予体育休闲健身项目部分补贴,鼓励教职工到健身中心积极健身,以健康的体魄投入到教学和工作中。为了方便在奉贤校区工作的教工、尤其是哺乳期的女教工,在校工会的关心和资助下,奉贤校区的妇女小家特添置了电冰箱,既为她们解决了当务之急,也解决了她们的后顾之忧。目前,高校工会都把关心教职工生活作为工会工作的重点内容,如做好假期教职工疗休养,配合做好教职工体检和体质测评,做好困难教职工的走访慰问。

(二) 参与高校民主管理和民主监督,实现大学治理的深化

大学治理的深化建立在高校民主管理机制完善的基础上。进入新时期后,高校在包括内部管理体制改革在内的各项改革和发展中拥有了更多的自主权,但权力滥用和腐败问题也随之滋生,产生了侵害教职工权益的问题。因此,在大学治理的框架下,高校工会必须强化其监督职能,加大参与力度,通过教代会充分发挥民主管理和民主监督的作用,保证教职工依法行使民主权力、有效参与大学治理和绩效测评。大学资源共享的公平程度、大学内部公正环境的社会感受程度、大学重要事务的透明度、大学对社会发展的贡献度等都是民主管理和监督的具体内容。在学校内部管理体制改革中,高校工会应参与各项改革政策和管理制度的讨论、论证过程,广泛深入地听取教职工的意见和建议,使学校出台的各项政策、制度能反映他们的意愿和利益。

1. 教代会与基层民主建设

教代会制度是高校教职工履行民主权利、参与民主管理、实施民主监督的基本制度和重要形式。教代会依法拥有审议通过权,只有通过教代会代表的广泛参与,改革方案和各项措施才更具有科学性和可操作性,更具权威性和广泛的群众基础,在实施过程中教代会才能实施有效的监督。工会是教代会的工作机构,特别是在涉及教职工切身利益的重大事项上,应广泛征求教职工意见,提交教代会审议通过。要积极探索教代会民主评议机制,不断扩大教职工民主监督的参与面。要不断拓展校务公开范围和内容,保障教职工对高校重大事务的知情权、参与权和监督权,促使高校民主政治建设进程。

在现代化高校建设进程中,高校工会应依照法律法规通过教职员工代表大会或者其他形式,组织教职工参与民主决策、民主管理和民主监督。教代会要围

绕学校改革发展稳定的大局,在落实教代会职权、与教职工沟通等方面做好工作,校园整体发展规划、收入分配办法、住房公积金调整方案、校务公开实施办法、教职工聘任方案等都要在教代会上认真审议,最后由所有与会成员表决通过。实施全员聘任是高校管理体制改革的核心,关系到教职工的劳动权利和切身经济利益,应当作为民主参与、民主监督的重点。工会、教代会要参加有关聘任制方案的讨论、制定,对应聘人员的竞争、考核、评议、录用等实施全程监督,保证聘任工作公开、公平、公正。工会还要积极参与聘任合同的签订,使教职工的合法权益在合同中得到体现。教代会执委还应积极参与学校处级干部考核测评和民主推荐校、处级领导干部,从而强化教代会参与民主管理、民主监督的职能,有效促进学校建设。

2. 参与学校的管理

参与高校民主管理和民主监督,是广大教职工参与民主管理、实现民主监督权力真正落到实处的制度保障。高校工会组织应当在校党委的领导下,同其他部门形成有效的共管机制。高校工会要参与人事分配制度改革方案的制定,加大从源头维权的力度;参与高校的改革与发展的政策调研,了解高校的财务收支状况,掌握教职工的合理权益的落实情况,以保证广大教职工的知情权、参与权、民主管理权和民主监督权。高校工会要协同有关部门共同制定依法治校、民主管理等具体的规章制度,并参与检查、评比、考核、奖惩等全过程。高校工会要加强劳动法律监督,建立劳动人事争议调解委员会,通过各种方式开展对广大教职工的法律知识教育,以提高他们的法制观念,从而真正实现依法治校、民主管理的目标。

(三) 建设高素质教职员工队伍,确保大学治理的可持续发展

随着我国高等教育事业的发展,培养高素质人才、创新知识、服务社会已成为高校面临的重要任务。因此,大学治理的目的在于建立与社会主义现代化发展相适应的管理体制和运行机制,提高教育质量、科研水平和办学效益。在这种背景下,高校工会要想在高校改革发展中肩负起历史责任,就必须改变工作边缘化、功能单一化状态,实现职能拓展,丰富工作内涵,努力向中心工作渗透拓展,加强教职工师德师风建设和业务技能提升,激发教职工的工作积极性,促进教师整体素质的提高和后备人才的培养,为大学的可持续发展作出贡献,实现从福利型、娱乐型工会向学习型、文化型工会转变。

1. 师德教育与校园精神文明建设

工会工作重心向提高教职工素质转移,其主要途径是开展切合实际的师德教育活动和服务教学科研的实践活动。高校工会组织要充分发挥在自身在高校建设中的作用,倡导学术平等与学术自由,培养广大师生崇尚科学、勇于创新的精神。用核心价值体系引领和谐校园建设要求高校工会要充分发挥在校园文化建设中的作用,必须进行共同理想教育,把中国特色社会主义共同理想作为校园文化建设的价值目标,用共同理想凝聚和鼓舞广大教职工。以山东师范大学和上海师范大学为例,新时期以来,山东师范大学工会一直坚持开展师德教育活动,通过组织广大教职员工参观红色教育基地、举办先进人物事迹报告会等形式大力倡导社会主义核心价值观,陶冶教职员工情操,培养教职工的集体主义精神,发挥教师在育人中的主导作用,用学术精神和人格魅力感召学生、教育学生,使校园成为精神文明建设和思想道德建设的基地。为倡导劳动最光荣、最崇高,使辛勤劳动、诚实劳动、创造性劳动成为影响和带动学校发展的正能量,上海师范大学工会联合党委宣传部、人事处举办了"劳动者之歌——上海师范大学劳模宣传展",展示了劳动模范们的主要事迹、人生格言和图片资料,大力弘扬"爱岗敬业、争创一流,艰苦奋斗、勇于创新,淡泊名利、甘于奉献"的劳模精神,使大批教职工深受感染,自觉将学习践行劳模精神作为自己的终身目标。

2. 打造高素质教职工队伍

坚持以师德为核心,青年教师为重点,努力促进教师思想道德和业务素质的提高。高校工会应该进一步解放思想,与时俱进,主动参与,开拓进取,为现代化高校建设贡献更大的力量。上海师范大学工会长期以来一直把培育适应现代化建设需要的高素质职工队伍作为工会工作的重要内容,积极协助有关职能部门组织广大教职工开展"教学评优赛""岗位技能赛""课件制作赛"以及听课评课等各种形式的活动,实施教育创新和创新教育基础工程,大力提高广大教师的教育理论创新能力、教育实践创新能力、获取和运用新知识新技能的创新能力。仅2014年一年,校工会为了更好地服务学校教学科研工作就开展了多项竞赛,包括青年教师教学竞赛、教职工文献检索比赛,举办"高考制度改革对教育的影响""健全社会主义协商民主制度研究""提升青年教师课堂教学能力"等为主题的学术沙龙活动。

三、高校工会参与大学治理的现状与改革方向

当前,中国高等教育正处于改革攻坚阶段,大学治理也日益受到重视,高校工会在其间究竟能发挥怎样的助推作用? 现阶段它们又处于怎样的发展水平? 这些问题无疑都是当前我们亟需解决的关键问题。上海高校涵盖了部属高校、市属高校和民办高校三种类型,其工会工作基本反映全国高校的情况,因此我们通过对上海部分高校进行调查,分析高校工会参与大学治理的现状,并在此基础上提出一些未来改革的建议。

(一) 高校工会参与大学治理的现状

高校工会既接受学校党委的领导,又肩负着全校教职工的重托。在这种情况下,三种类型下的高校工会究竟在大学治理中扮演怎样的角色? 它如何在党委和教职工利益诉求两者间寻求平衡,开展工作? 高校工会通过怎样的途径渗入到大学治理的过程之中? 高校工会通过何种机制、体制来保证其工作的独立、合法、公正、公开以及常态化运作? 我们特作抽样分析。

1. 部属高校工会工作的案例

在这里,我们选取了复旦大学、上海交通大学和华东师范大学,这三所高校分别以文科、理工科和师范类教育而闻名全国,其工会工作具体如下:

工作内容 学校	民主政治建设和管理	履行维权、保障职能	履行教育和建设职能,开展文体活动	加强工会的自身建设
复旦大学	1. 设立教代会组织,进一步完善教代会提案的办理和落实。 2. 举办校情通报会,进一步推进校务公开。 3. 出台《复旦大学教职工代表大会提案工作暂行办法》。	1. 出台《复旦大学工会人事争议调解处理办法》,开展人事争议调解。 2. 颁布《复旦大学工会法律咨询中心工作规则》 3. 进一步开展"一日捐"和	1. 开展师德师风建设。 2. 成立教职工社团,出台《复旦大学工会教职工社团章程》。 3. 开展"教学拜师结对"活动。 4. 组织各项联谊活动。	1. 加强工会干部的理论学习。 2. 做好各项专题调研。

续　表

学校 ＼ 工作内容	民主政治建设和管理	履行维权、保障职能	履行教育和建设职能,开展文体活动	加强工会的自身建设
		帮扶补助工作。 4. 开展"医疗互助保障"。 5. 保障教职工依法享有休养的权利。 6. 制定《复旦大学教职工体检实施细则》,做好教职工体检工作。	5. 举办群众性体育活动。 6. 举办各类义务咨询活动。 7. 开展节能减排倡议。	
上海交通大学	1. 制定《上海交通大学教职工代表大会实施细则》和《上海交通大学院(系)级单位教职工代表大会实施办法》。 2. 出台《上海交通大学关于全面推进校务公开工作的实施意见》。 3. 不断健全教代会闭会期间的长效机制。 4. 加强二级教代会的规范化、制度化建设。	1. 切实维护女教职工特殊权益,关注女教职工的成才、成长与身心健康,深化"妇女之家"的软件和硬件建设,建"妈咪小屋"。 2. 健全校院两级工会帮困工作网络。 3. 构筑多级医疗保障体系。 4. 做好人事争议协调的规范化工作,协调教职工与学校之间的人事争议。 5. 关注青年教职工的工作与生活状况。	1. 加强师德师风建设,制定《上海交通大学教书育人守则》和《上海交通大学教师职业道德规范》。 2. 大力弘扬崇高的师德风范,发挥劳模和先进教师的示范引领作用。 3. 成立各种教职工社团,制定《上海交通大学教职工社团(协会)管理暂行办法》。 4. 组织开展各级各类先进评选。 5. 开展青年教师的教学技能比武及竞赛活动。	1. 制定《上海交通大学工会工作实施细则》。 2. 积极创建学习型组织。 3. 加强工会组织建设。 4. 抓好工会理论研究工作。 5. 做好宣传与财务工作,办好《上海交大教工》期刊。

续　表

学校 ＼ 工作内容	民主政治建设和管理	履行维权、保障职能	履行教育和建设职能，开展文体活动	加强工会的自身建设
		6. 做好教职工疗休养工作。	6. 开展小型多样的群众性文化体育活动。 7. 办好各类文体培训班。	
华东师范大学	1. 探索和完善以教代会和校务公开为主要载体的学校民主管理模式。 2. 制定《华东师范大学教职工代表大会实施办法》。	1. 设立医疗保障基金、奖励基金和帮困基金，出台《华东师范大学教职工参加〈职工意外伤害安宁保障计划（试行）〉实施细则》《华东师范大学教职工重大疾病医疗互助基金章程》《华东师范大学工会特种帮困基金章程》和《华东师范大学教职工上下班交通意外补助基金章程》。 2. 做好保险理赔工作。 3. 做好教职工体检工作。 4. 做好教职工疗休养工作。	1. 加强师德师风建设，出台师德公约。 2. 大力弘扬劳模精神，树师德标兵。 3. 关注教师成长，组织各项联谊活动，出台《华东师范大学青年教师联谊会章程》和《华东师范大学青年教师发展基金章程》。 4. 成立形式多样的社团组织。 5. 开展校园文化系列活动。 6. 开展小型多样的群众性文化体育活动。	1. 加强校工会班子的理论学习。 2. 加强理论研究。

2. 市属高校工会工作的抽样案例

对于市属高等院校，我们选取了上海大学、上海师范大学和上海理工大学进行考察。

工作内容＼学校	民主政治建设和管理	履行维权、保障职能	履行教育和建设职能,开展文体活动	加强工会的自身建设
上海大学	1. 落实基层群众自治机制,制定《上海大学工会组织民主选举办法(试行)》。 2. 健全"以职工代表大会为基本形式"的企事业单位民主管理制度。 3. 推进二级教代会在学院民主管理、院务公开中的作用。 4. 进一步完善教代会提案的办理和落实,出台《上海大学教代会优秀提案评选办法》。 5. 发挥好教代会代表闭会期间的履职作用。 6. 推进校务公开,制定《上海大学关于全面推进校务公开工作的若干意见》。	1. 建立劳动关系矛盾预警和协调机制、调处机制、利益诉求表达机制、权益维护保障机制。 2. 建立以工会为主导的"教职工维权申诉援助委员会"。 3. 推进《关于我校院聘人员加入工会组织的暂行办法》的实施,关心非在编人员的工作生活。 4. 征集教职工"最困难、最操心、最忧虑"的实际问题,推动"实事工程"立项。 5. 进一步拓展职工保障的范围,继续做好教职工投保工作。 6. 进一步落实和完善的"重大疾病保障配套补助"制度。 7. 进一步做好教职工"个性化体检"。 8. 进一步开展"一日捐"和	1. 开展"当好主力军、建功十二五"师德建设系列活动,制定《上海大学教师职业道德规范》。 2. 开展"廉洁教育进校园",加强"廉洁从政、廉洁从业、廉洁从教"的廉洁文化建设。 3. 开展"青年教职工从教从业导航"活动。 4. 组织各项联谊活动。 5. 举办群众性体育活动。 6. 广泛开展高雅、健康、教职工喜闻乐见的校园文化活动。 7. 推进群众文体活动的开展。 8. 推进语言文字规范工作。	1. 加强工会干部和广大教职工的理论学习。 2. 扎实培养工会理论研究队伍。 3. 加强和发挥工会常委会、全委会、分工会主席会议的作用,健全工会制度,加强工作规范。 4. 制定《上海大学工会财务管理制度》。

工作 内容 学校	民主政治 建设和管理	履行维权、 保障职能	履行教育和建设 职能,开展文体 活动	加强工会的 自身建设
		帮扶补助工作,制定《上海大学教职工互助帮困基金下拨专项经费管理和使用的办法》和《上海大学教职工互助帮困基金实施细则》。 9. 保障教职工依法享有休养的权利。 10. 进一步做好教职工生日慰问活动。 11. 关心残疾教职工群体。		
上海师范大学	1. 加强民主管理制度建设,制定《上海师范大学教职工代表大会暂行条例》《上海师范大学二级单位教职工代表大会工作条例》和《上海师范大学教职工代表大会提案工作条例》。 2. 成立教代会民主管理、提案工作、教学科研等专门工作委员会。	1. 出台《上海师范大学人事分配制度改革争议协调委员会工作暂行办法》,协调教职工与学校之间的人事争议。 2. 开展"一日捐",进行"爱心基金"的募集和发放工作,推进扶贫帮困工作。 3. 做好补充医疗保险的投保和理赔工作。	1. 加强师德师风建设。 2. 大力弘扬劳模精神。 3. 关注青年教师的成长成才。 4. 组织各项联谊活动。 5. 开展校园文化系列活动。 6. 开展小型多样的群众性文化体育活动。 7. 规范现有教工社团,成立若干新社团。 8. 开展教学技能竞赛。	1. 加强校工会班子的理论学习。 2. 加强二级单位工会领导的理论学习。 3. 加强理论研究,组织校工会课题研究,鼓励申报市教育工会课题。 4. 加强基层调研。

工作内容 / 学校	民主政治建设和管理	履行维权、保障职能	履行教育和建设职能，开展文体活动	加强工会的自身建设
	3. 加强领导与代表的沟通，发挥教代会代表在闭会期间的经常性作用。 4. 制定《上海师范大学关于全面推进校务公开工作的实施意见》。	4. 做好教职工体检工作。 5. 做好教职工疗休养工作。	9. 开展文献检索比赛。 10. 开展学术研讨活动。	5. 加强工会干部培训。 6. 加强工会网页和微信、微博建设。 7. 推进"建家"工作。
上海理工大学	1. 加强民主管理制度建设，制定（修订）《上海理工大学教职工代表大会实施细则》，修订《上海理工大学学院工会工作考核指标体系》等文件。 2. 充分发挥二级教代会作用，贯彻落实《上海理工大学二级教职工代表大会实施细则》。 3. 发挥教代会专门委员会作用。 4. 推进校务公开，行使监督权。	1. 关注教职工在岗位聘任、职称评定、津贴分配、年终考核、绩效工资改革等方面的知情权、参与权、表达权、监督权。 2. 做好有关劳动争议的复查、调解和处理工作。 3. 制定、修改《上海理工大学一日捐经费管理使用办法》，制定《上海理工大学教职工爱心基章程》。 4. 进一步完善重点帮困对象档案，建立帮困制度，规范帮困救助工作程序。	1. 开展师德师风主题教育活动，提高教师职业素质，进一步形成优良育人环境。 2. 开展丰富多彩的校园文体活动。 3. 精心组织教工运动会。 4. 注重发挥各文体协会作用。 5. 深化建妇女之家建设，打造妇女工作品牌。 6. 进一步推进"建家"活动。	1. 加强工会干部的理论学习。 2. 加强工会干部队伍建设，提高工会干部履职能力、维权水平和服务大局本领，制定《上海理工大学工会工作条例》。 3. 制定《上海理工大学教工活动中心使用办法》。 4. 进一步改进工会理论研究会活动办法，提高理

工作内容 学校	民主政治建设和管理	履行维权、保障职能	履行教育和建设职能,开展文体活动	加强工会的自身建设
		5. 继续做好补充医疗保险工作。 6. 制定教职工疗休养实施细则,简化程序。 7. 关心非事业编制职工入会后的各项工作,指导"非事业编制职工联合工会"工作。 8. 做好教工帮困送温暖慰问等工作,出台《上海理工大学帮困救助工作委员会工作条例》《上海理工大学教职工临时困难补助实施细则》。 9. 加强妇女工作组织服务意识,维护女师生特殊权益。		论研究论文质量。 5. 进一步加强工会网页建设,扩大信息传播与交流。 6. 办好工会干部培训班。 7. 加强财务管理和经费审查。

3. 民办高校工会工作的抽样案例

关于民办高校,我们选取了上海建桥学院(本科)、中华职业技术学院(高职)、上海邦德职业技术学院(高职)三所涉猎本科和高职不同办学层次的院校。

学校 ＼ 工作内容	民主政治建设和管理	履行维权、保障职能	履行教育和建设职能，开展文体活动	加强工会的自身建设
上海建桥学院	1. 为有效规范和推进教代会工作，制定《上海建桥学院教职工代表大会实施细则》。 2. 积极进行校务信息公开，建立信息公开网网站。 3. 成立校务公开领导小组及工作机构。 4. 逐步建立二级教代会制度，探索建立二级教代会议事规则、二级教代会的年会制度、重大事项提交教代会讨论表决制度等一系列制度。	1. 做好教职工的困难补助工作，制定《上海建桥学院爱心基金管理办法》。 2. 切实保障教职工疗休养权益，出台《上海建桥学院工会关于教职工休息休养工作的若干意见》。 3. 建立劳动关系矛盾协调机制，成立《学校劳动人事争议调解委员会》。 4. 建立协商制度，会同行政贯彻执行有关劳动保护的法律、法规，切实维护教职工合法权益。 5. 协助组织教职工体检，定期进行教职工健康检查。 6. 做好每年教工的急诊、住院自负段的补贴工作。 7. 坚持实施教职工"送温暖工程"，开展生病、生育、丧事、献血、突发事等"五必访"活动。	1. 开展师德教育活动，深入"三育人"活动。 2. 组织青年教职工联谊活动。 3. 举办群众性体育活动。 4. 开展高雅、健康的校园文化活动。 5. 成立各种社团组织。	1. 为进一步推动工会队伍建设，制定《上海建桥学院工会工作实施细则》。 2. 加强工会干部和广大教职工的理论学习。 3. 进行"教工小家"的评比，推进建家工程。

续　表

学校＼工作内容	民主政治建设和管理	履行维权、保障职能	履行教育和建设职能，开展文体活动	加强工会的自身建设
中华职业技术学院	1. 承担教职工代表大会工作机构的任务，会同有关部门做好教代会的日常工作和提案工作。	1. 负责教职工的有关集体福利工作。 2. 维护女教职工的合法权益，开展"自尊、自信、自强、自立"教育。 3. 做好扶贫帮困工作，在全院教职工中开展"献爱心"和"送温暖"活动。 4. 参与协调劳动关系和调解劳动争议，参与涉及教职工切身利益的重大问题决策的监督，维护广大教职工的合法权益。	1. 开展"三育人"活动（教书育人、管理育人、服务育人）。 2. 深入做好"职工之家"建设工作。 3. 组织和开展各种文体活动。 4. 办好教工活动中心。 5. 组织教职工开展科学技术协作，科技扶贫和科技兴农活动。	1. 根据财务规章制度，做好工会经费的管理、使用工作，管理好工会的固定资产和物品。 2. 组织工会委员认真学习党和国家的有关方针和政策，定期对工会干部进行培训，努力提高工会干部的思想素质和业务素质。
上海邦德职业技术学院	召开教代会和职代会，开展提案活动。	1. 为教职工做好年度体检工作。 2. 做好教职工疗休养活动。 3. 做好扶贫帮困工作。 4. 为符合条件的教职工参加市总工会的三项保障。	组织和开展各种文体活动。	1. 加强工会干部的理论学习。 2. 推进"建家"活动，出台《教工之家活动室规章制度》。

上述表格，分别从不同的高校类型出发进行细分，涵盖了当下高校工会工作

的常规工作领域,概言之主要集中在四个方面,即(1)民主政治建设和管理;(2)履行维权和保障的职能;(3)履行教育和建设职能,开展文体活动;(4)工会自身建设的加强,其中前两项是工会参与大学治理的主要表现。在"民主政治建设和管理"这一栏目中又以教代会和校务公开为重点,这项工作在部属高校和市属高校中开展得非常扎实和卓有成效,上述高校纷纷出台了各项政策和细则,从制度上予以确认。相比而言,民办高校则稍微滞后,有一部分高校流于形式,未将教代会制度深入推进,而在校务公开方面则更为落后,部分学校的工会组织丧失了对学校行政工作的有效监督权,究其原因很大程度上与工会自身的独立性有关;维护职工的合法权益是工会的基本职责,在"履行维权和保障的职能"这一栏目中教职工的疗休养、扶贫帮困和体检等工作基本上是各高校工会的常规动作,然而其中对教职工医疗理赔的力度,民办高校较之于部属高校和市属高校力度稍逊,这可能由不同体系下高校工会所获政策和经济的倾斜度不同有关。此外,由于事业单位内部人事代理政策的执行,使铁板一块的事业编制产生了分化,使一部分教职工在高校中虽然从事相同的工作,但同工不同酬,侵犯了这部分教职工的利益,这也促使该问题逐渐成为高校工会关注的重点,当然这一问题在民办高校中可能并不突出;在"组织和推进各项文体活动的开展"这一栏目中,我们发现文体活动和师德师风建设是各所高校工会都积极开展的工作,特别是师德师风建设与高校结合比较紧密,成为了"三育人"的一个主要抓手。在"工会自身建设的加强"这一栏目中我们可以看到思想、文化、制度建设是各级各类工会的一种内在要求,也是工会组织进一步发展、壮大的客观要求。工会作为党领导下的工人阶级群众组织,是党联系群众的桥梁和纽带,只有通过自省、学习和制度规范才能有效开展工作已经成为了大家的共识。同时,工会理论创新也是新时期高校工会很重要的一项使命,在这一方面,民办高校明显存在不足,需要努力赶上,而部属、市属高校则应依托高校的科研优势和学科优势努力开创新局面、新气象;另外,近年来随着"教工小家""妇女小家"等建家活动的逐渐推广,高校工会依托这一阵地,在教工维权、妇女维权等方面做出了有价值的探索,为工会工作内涵和外延的进一步提炼和拓展做出了积极的尝试。

(二) 高校工会在参与大学治理中存在的问题

在初步梳理上海高校工会组织运作的基本现状和参与大学治理的情形后,我们意识到不管是在部属高校还是市属高校,抑或是民办高校在工会工作中还是存在着这样或那样的问题,有些甚至是急需解决的,这势必要求我们对现行的工会组织进行调整和改革,那么今后改革的方向在哪里呢? 工会组织如何在大学治理中发挥更为积极的作用? 其瓶颈又有哪些? 为了更好地了解高校教职工的诉求,倾听大家的想法,我们对部分高校(涵盖上述三种类型)进行了问卷式调查。此次调查合计发放问卷数为 500 份,收回有效问卷 456 份。在统计中,我们主要针对以下三类问题进行了分析:一是工会组织的地位,这关乎工会在高校治理中究竟有多大的发言权,这是工会的关键性问题;二是工会工作的作用,这表明工会在高校治理中所开展的各项具体活动以及教职工对此的反应;三是工会工作的不足,这点明了工会在当下高校治理中存在的问题和今后改革的方向。

1. 工会组织的地位

工会组织在高校中的地位问题是我们此次调研非常关注的问题之一,因为地位的高低与否、重要与否直接影响着学校工会作用的发挥,对高校工会组织的运作起着不可忽略的作用。然而,在调研中我们看到大家对于工会组织的认可度并不是特别高,大约只有 5% 被访者认为工会组织在学校里的地位非常重要,15% 被访者认为比较重要,50% 则认为一般重要,另有 30% 被访者认为是可有可无和不清楚的。这就造成了教职工在出现困难时最希望求助的对象为相关行政部门(约 70%),其次为党政领导(约 20%),而工会组织和工会干部的比例则不足 10%。这些现象的产生对我们工会工作提出了要求,如何提升工会组织的地位,提高教职工对工会组织的认知度和认可度,是我们在下阶段必须思考的问题。

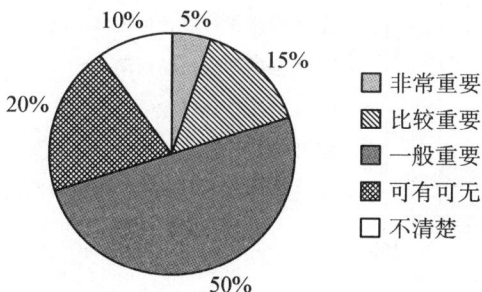

2. 工会工作的作用

工会工作作为高校党政系统的一部分,它对于高校的建设和发展究竟有什么作用? 我们如何因势利导地开展工会工作? 这一直以来是我们的困惑。在问卷中,我们发现大家对当下工会工作内容的希望中,维护教职工合法权益首当其冲，所有参与调查的教职工都选择了这一选项（占100％），但大家对这一块的满意度大多集中在一般满意（占90％），这与大家的心理预期还有不小的差距，其次分别是为教职工办实事、好事（占98％）（包括帮困扶助活动，开展各项文体活动，教职工医疗体检、疗休养活动等等，对此大家的一般满意度达到了80％以上），维护教职工民主权利（占95％）（涵盖了重大事项须经教代会表决通过，对领导干部进行民主测评，对这项的一般满意度基本上在70％以上）。由此可见，对于工会的认识教职工首先还是从实用主义出发，希望工会组织成为自己利益的代言者，切实发挥其保障作用是大家一致的呼声。

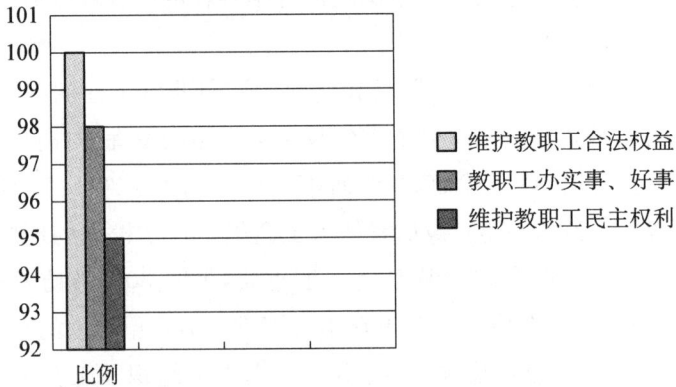

比例

维护教职工合法权益
教职工办实事、好事
维护教职工民主权利

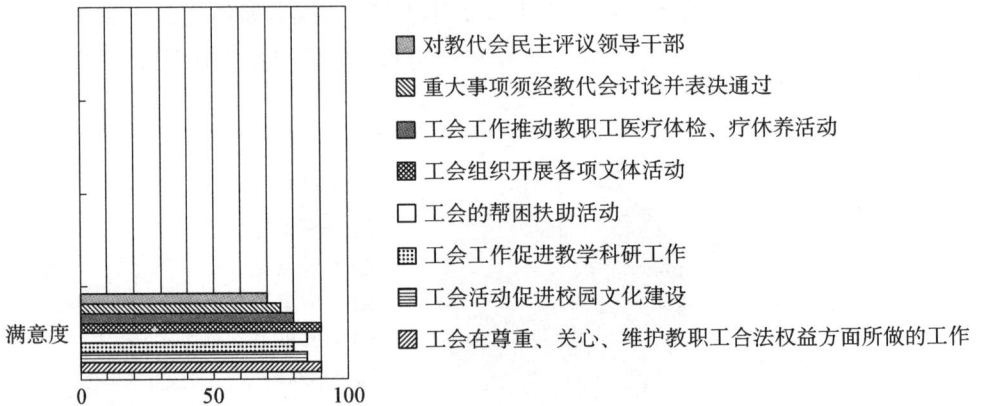

满意度

对教代会民主评议领导干部
重大事项须经教代会讨论并表决通过
工会工作推动教职工医疗体检、疗休养活动
工会组织开展各项文体活动
工会的帮困扶助活动
工会工作促进教学科研工作
工会活动促进校园文化建设
工会在尊重、关心、维护教职工合法权益方面所做的工作

3. 工会工作的不足

工会工作牵涉的面广、量大，与广大教职工的生活和学习息息相关，因此它的一举一动总会受到大家的关注。从调查中我们看到，首先对于近年来工会组织的工作状况，有70％被访者认为工作努力、关心教职工，20％被访者认为工作

一般,5%认为不适应形势发展,可以说这 5%被访者的意见恰恰折射了当前工会工作的短板,与时俱进,打破旧有、传统的工会工作思路是我们迫切要做的;其次,从组工关系看,5%被访者认为工会组织与教职工群众间的关系是密切的,80%被访者认为是关系一般,10%被访者认为联系很少,另外剩下的 5%被访者则抱着无所谓和不清楚的态度。在工会干部对待教职工群众的态度上,50%被访者认为平等、和气、耐心,40%被访者认为态度一般,只有不足 5%被访者认为是重视和关心的。工会组织作为群众性团体,理应植根于群众,对于这组数据我们不免担忧,工会工作的立足点究竟在哪里? 依靠的基础到底是谁? 只有厘清这个问题,工会组织的合法性、公正性以及监督性才会确立,才会真正成为广大教职工的知己和代言人;从工会组织目前存在的主要问题看,90%被访者认为是各方面重视、支持不够,80%被访者认为是经费不足、工作条件差,另外 40%被访者认为工作上办法不多,认为工会组织、规章制度不健全的不足 10%,这表明工会扶植力度需要进一步加大已成为大家的共识,只有充分重视,加大投入,才能使工会组织高效运作,更好地开展各项活动,为教职工的权益维护、实事工程、文体娱乐等提供切实的支持和保障。对于最应重视的工作内容中,90%以上认为要推动教代会制度和促进校务公开,85%以上被访者认为要为教职工办实事、好事和送温暖,另外 80%以上被访者则认为要加强工会的组织和制度建设,这在一定程度上反映出了当前工会工作的薄弱点,从制度和组织层面确保高校民主化进程的推进可以说是大家对高校工会工作的期待和愿景。

(三) 高校工会参与大学治理的改革途径

在了解了工会工作的基本状况、不足和教职工对其基本看法后,我们认为工会在下阶段应当从以下几方面入手推进各项工作的开展。

1. 强化组织建设,突出工会地位

高校工会是校党委领导下的以教职工为主体的群众组织,是密切党和知识分子的桥梁与纽带。当前,随着高校人事制度、分配制度和利益关系的不断调整,教职工的利益格局和内容都发生了重大变化,原有的工作思路、工作方法、组织结构都有了一定程度的脱节,这就需要我们做好各项准备,由内而外,切实提高工会地位:(1)加强思想认识,深刻认识工会工作重要性。工会作为高校系统中的群众性组织,应当积极发挥其职能。但是,目前仍有部分高校工会依然因循守旧,将其工作简单地视为福利性、娱乐性的,部分工会干部缺乏工作的积极性和主动性,部分党政领导将工会工作视为对学校工作的锦上添花,忽略了工会组织的独立性和工会工作的重要性,使其呈现出边缘化、弱化的倾向。(2)加强队伍建设,努力提高工会工作的水平。打铁还须自身硬,工会干部作为党的路线、方针和政策的实践者和执行者,干部队伍的能力和水平直接影响着工会工作的水准,这就需要我们:a.选拔和吸引优秀年轻干部进入工作一线,优化队伍结构,提高工资待遇,将工会组织打造成"留得住人心,培养出能力"的场所。b.进一步加强工会干部的培训,通过各项政策法规的学习,熟识各类情况的处置办法;不定期开展与兄弟院校的交流,了解高校工会动态,丰富工作手段;提高理论学习水平,为有效参政、议政以及维权做好知识储备。c.努力构建学习型组织,通过学习环境的不断培育和优化,引导工会干部立足本职,学以致用,全方位提升大家的综合素质。(3)创新工作机制,促使工作理念的全面发展。面对不断涌现的新情况、新问题,工会工作必须不断解放思想,与时俱进,克服各种压力,牢固树立"以人为本",以教职工满意与否作为检验工作成败的根本标准。

2. 丰富工作内涵,发挥工会作用

工会工作由于其群众属性,因此深深植根于广大的教职工群体中,大家在生活、学习中碰到的很多问题自然也就构成了工会工作需要解决的问题范畴。从目前来看,工会工作需要进一步丰富和发展的内容还有不少:(1)进一步确立民主制度。高校是知识分子高度集中的地方,他们往往具有较强的民主参与意识与热情,其良好的知识素养、道德水平使其具备了一定的民主管理和民主监督的能力。对此,我们应当以教代会、校务公开两项制度为抓手,努力做好相关配套制度建设,营造出"群众参与、共同监督"的良好局面:a.完善教代会相关条例,从制度层面予以落实教代会制度,确保"有章可循"。b.推进校务公开,完善内部监督机制。建立教职工代表质询机制,就与教职工利益相关的问题可以直接向分管校领导质询;健全党政工三方联席机制,使工会全面了解学校党政机关近期工作与远期规划;确立校领导年终述职制度,每年年终须向校教代会、校学术委员会汇报工作。(2)进一步强化维权、保障职能。强化这一职能的关键是如何做细、做实和出新。a.关注低收入教职工、生病住院教职工的学习、工作和生活,做好建档、跟进工作,及时提供各类补助。b.主动倾听教职工诉求,将反映各类问题分门别类,做足、做好预案工作,努力为其排忧解难。c.在各类评奖、竞赛、疗休养等活动中,各类信息及时公开,不走后门,不搞背后动作,确保公正、公平。d.文体活动、建家项目继续推进,在广泛听取教职工的意见和建议后,不断优化活动环节,形成强大凝聚力和向心力。e. 推动校园文化建设,积极培育新时期高校优良"校风、教风、学风"的三风工程;开展"立德树人",构建和谐、有序的校园环境。(3)进一步开展调研工作。高校工会如何更好地开展工作,如何更积极主动地贴近群众,走访、调研应该是不可缺少的环节。随着高校的不断发展,新问题、新矛盾不断涌现,迫切要求我们摸清情况、找准问题,使各项工作有的放矢,使校领导和相关职能部门在第一时间了解当前学校热点,为学校的长远规划,为学校各项决策提供支持和参谋。(4)进一步推动建家、建社团活动。通过类似活动的不断深入,满足教职工群体需求的多样性,并在此基础上逐步形成形式多样、内容丰富的文体活动项目,从而有效释放教师的工作压力,增强大家的体质,更好地投身于教学第一线。

3. 主动搭建平台,明确改革方向

改革需要倾听,需要"从群众中来到群众中去",这就要求我们:(1)设置专人专管。工会工作不能简单地流于形式,不能以各种借口削减或剥夺工会的编制,要努力做到每个方向有人管、有人带,使教职工倾诉有人,投诉有道,使之真正成为大家心目中的娘家,让大家在面对困难的第一时间就能想起、念叨和找到工会。(2)充分运用自媒体手段。为保证信息的通畅,工会可以建立起自己专用的网站、微博、微信、QQ等网络交流平台,与教职工进行有效互动,互通有无。(3)建立多渠道信息沟通机制。工会工作中遇到的很多矛盾和困难,有相当一部分是由于信息不对称引发的,因此这就要求工会成员主动进行定期或不定期的深入调查,亲临教职工第一线,及时了解和研究他们的生活、学习和工作状态,及时反馈他们的意见和建议;在颁布各项影响广大教职工切身利益的政策和制度前,须在不同场合、通过不同方法向全体教职工宣讲,征求大家的观点,尽最大可能顾及全体利益。

随着高等教育的发展和经济体制的不断深入,高校工会工作在大学治理进程中将面临更多的新问题、新挑战。如何有效地开展工会工作是我们共同思考的问题。我们必须在实践中秉承高度的政治自觉、强烈的服务意识,积极探索,迎难而上,充分发挥工会的各项职能,真正成为广大教职工的依靠和支撑,为新时期的高校体制建设、文化建设寻找到适合的路径。

高校教代会代表与学校行政对话机制研究[*]

宋　波[**]

2011年12月，教育部颁布的《学校教职工代表大会规定》（第32号令）明确指出：教代会代表有"就学校工作向学校领导和学校有关机构反映教职工的意见和要求"的权利。党的十八大指出，要完善基层民主制度，以扩大有序参与、推进信息公开、加强议事协商、强化权力监督为重点，拓宽范围和途径，丰富内容和形式，保障人民享有更多更切实的民主权利。健全以职工代表大会为基本形式的企事业单位民主管理制度，保障职工参与管理和监督的民主权利。党的十九大报告强调："要推动协商民主广泛、多层、制度化发展"，这些重要精神为进一步建设中国特色现代大学制度，尤其是高校民主管理工作指明了根本路径和努力方向。高校教代会代表与学校行政领导对话，则是高校民主管理的重要组成部分，代表通过对话，对学校改革发展、教学科研、行政管理等多方面工作提出意见和建议，是其依托教代会组织，依法参与学校民主管理和监督，维护教职工合法权益的一种实现形式。本课题依据党的十八大、十九大精神以及《教育法》《高等教育法》《教师法》《学校教职工代表大会规定》等法律法规，运用文献研究、实证调查等方法，对教代会代表与学校行政领导之间交互性沟通的有效性、规范化、制度化开展研究和探讨，包括对话机制内涵、机制现状、实现途径和政策措施保障等方面。

一、关于对话机制的定义

"对话"（dialogue）一词来源于希腊语"dia"和"logos"，分别含有"通过"和"含

＊　本文系2014年上海师范大学工会课题"高校教代会代表与学校行政对话机制研究"的成果。

＊＊　宋波，上海师范大学监察处副处长，助理研究员。

义"的意思。从词源学的角度看,在希腊语中"对话"就是一种"意图的流通"。学术界对"对话"有不同的理解与阐释。比如,德国学者加达默尔认为:"对话就是对话双方在一起相互参与以获得真理。"①苏联的巴赫金则认为:"对话是一种在各种价值平等、意义平等的意识之间相互作用的特殊形式。"②"对话意味着管理者和被管理者之间的真诚交谈和彼此欣赏,意味着管理事务的公正公开,意味着管理活动的参与协商,意味着管理各方的自我实现和进取创造,意味着管理氛围中的平等交往关系或状态,意味着管理追求上的'和而不同'而非'同而不和'。"③2012年版商务印书馆出版的《现代汉语词典》中有"两方或几方之间接触、商量或谈判"的解释。

"机制"(mechanism)这个词来源于古希腊语"mechane",原义为工具、机械,即人们为达到一定目的而设计的装置。它最先在工程学中使用,意思为工具或机器构造方式和工作原理。后来,生物学与医学运用类比方法,借机制喻指生物体尤其是人体的结构和功能,以探究它们内在运行、调节的方式和规律。"机制"一词在《现代汉语词典》中有"泛指一个工作系统的组织或部分之间相互作用的过程和方式,如市场机制、竞争机制"等解释。

综上所述,"对话机制"可理解为:为达到对话两方或几方能在相互尊重、信任、平等的基础上,以言语为主要中介进行话语、情感、思想等方面双向交流与沟通,而在活动的各个组成部分中,按一定的方式和规律运行的一种自动调节的机能。它强调系统化、组织化和综合化,本质上是一种反省性合作探究。对话机制具有某些特征:它的前提是互相尊重、互相信任、平等合作,且具有批判性和反思性;它是对话双方进行的一种交互性的实践活动,是一个双向沟通的过程。同时,它是有目的和主题的;对话机制是互利共赢、民主参与、积极有效的管理方式;它是一种对话者在口语交流历程中,透过信息的相互给予与回馈所衍生的一种省察、批判与认知重建的历程和行动。④ 联系到高校教代会代表与学校行政的对话,同样可以理解为:"对话参与者借助彼此信息点的相互给予、讨论与辩证,不断寻求协商与创发对问题或行为的新认知,以突破个人认知偏执,因此,其

① 【德】加达默尔:《赞美理论》,上海三联书店1988年版,第69页.
② 董小英:《再登巴比伦塔——巴赫金与对话理论》,上海三联书店1992年版,第18页.
③ 张新平:《教育管理学导论》,上海教育出版社2006年版,第60页.
④ 黄宗显:《学校行政对话研究》,台湾五南图书出版公司1999年版,第177页.

本质是一种合作探究的历程和行动，也是知识共建的历程和行动。"①

二、关于建立对话机制的意义

当前，我国高校正在深入贯彻落实《国家中长期教育改革和发展规划纲要（2010—2020 年）》关于"建设依法办学、自主管理、民主监督、社会参与的现代学校制度"的要求，推进现代大学制度建设。探索建立对话机制，把对话机制纳入制度化轨道，强化教代会的利益表达功能，有效反映教职员工的意见和要求，同样也是依法保障教职工参与学校民主管理和监督，完善现代学校制度的重要内容，具有十分重要的现实意义。

第一，有利于提高干群关系的和谐度。俗话说：人心齐，泰山移。和谐的干群关系，能使全校上下凝心聚力、共谋发展，形成"心往一块儿想，力往一块儿使"的氛围。通过面对面的、谈心式的、无拘束的直接对话，及时地、畅通地、准确地做到下情上达、上情下达。在形成共识的基础上，有助学校行政正确处理学校内部各种矛盾，提高校务公开透明度，拉近学校行政领导与教代会代表之间的距离，起到消除误会、化解矛盾的桥梁与纽带作用。

第二，有利于增强教职员工的责任感。教代会代表作为广大基层教职员工按照自己意愿推选出的人员，如果他们在学校的地位得不到保障和尊重，缺少关心学校发展的热情，那将势必影响学校的健康发展。对话机制为高校教代会代表参与学校管理，履行代表职责，得到尊重和认可提供了重要平台，能有效激发他们及广大教职员工爱校如家的主人翁意识与强烈的责任感、归属感。

第三，有利于提升行政决策的科学性。当今社会发展一日千里，新情况新问题层出不穷，决策往往会涉及到政治、经济、文化、社会等方方面面，这就对学校行政决策者提出了更高要求。此时，若借助对话机制征询教代会代表的意见和建议，共同探讨问题，寻求解决问题的合理方案，最大程度地避免决策的差错。

第四，有利于加强和完善教代会制度。建立对话机制作为高校教代会有效落实民主管理与监督的配套制度或措施，是坚持和完善教代会制度的一项重要举措，尤其是充分发挥好闭会期间教代会代表的作用，能够促使教代会各项职能更加有效地发挥，确保教代会各项决议得到有效实施与监督。

① 陈国民：《定义、模式、路径：学校对话管理初探》，载《江苏教育研究》2010 年第 11 期.

三、关于对话机制的现状

(一)高校目前主要做法

近年来,随着国家民主法治建设进程的深入推进,依法治校理念也不断深入人心。许多高校十分重视坚持和完善教代会制度,在实践中对对话机制的建立或运行进行了有益的探索。

为了掌握和了解高校教代会代表与学校行政对话的相关情况,本课题组遴选了本市 12 高校进行了问卷调查。问卷调查得到了相关高校党办、校工会的大力支持与帮助。课题组共发出调查问卷 300 份,回收有效问卷 289 份,有效率为 96.33%,所得数据具有完整性。受访对象所属学校类别情况:部属高校 45 人 (15.57%)、省部共建高校 46 人(15.92%)、一般地方高校 173 人(59.86%)、民办高校 25 人(8.65%)。受访对象身份类别情况:教师 127 人(43.94%)、管理干部 130 人(44.98%)、其他 32 人(11.07%)。其中受访对象专业技术职务情况:无职称 9 人 (3. 11%)、初级职称 21 人(7.27%)、中级职称 136 人 (47.06%)、高级职称 123 人(42.56%)。受访对象是否教代会代表情况:学校教代会代表 197 人(68.17%)、非代表 92 人(31.83%)。受访对象工作年限:5 年及以下 21 人(7.27%)、6 至 10 年 68 人(23.53%)、11 至 20 年 64 人 (22.15%)、20 年以上 136 人(47.06%)。

本次问卷调查涉及 16 个问题。其中,在关于"您所在学校是否有教代会代表与学校行政部门对话"的问题中,选择"有"占 66.78%、"没有""不清楚"分别占 12.80%、20.42%;在关于"您对当前高校教代会代表作用发挥情况的评价"中,选择"能充分发挥""能发挥"的占 81.66%、"不能发挥""不清楚"的分别仅占 11.76%、5.54%。透过上述数据可以看出,尽管部分高校教职员工认为当前对话机制开展情况还有需完善的空间,但从大部分人给予认可的状况来看,对话机制在促进学校事业发展,提升学校管理水平的作用是毋庸置疑的。从本次调查访谈我们了解到相关高校在探索对话机制实践中的主要做法和经验有:

第一,发挥对话机制的沟通交流与释疑解惑的作用。高校教代会的工作成效离不开各环节形成的合力,对话机制在其中就发挥了重要作用。比如在教代会会议召开期间,为使代表能在会议正式表决前充分了解相关工作报告,学校工会或教代会主席团往往就代表和广大教职工所关心的问题,安排代表与学校领导、相关职能部门负责人以座谈等方式进行对话。再如,由于教代会代表提案内容大多涉及到学校改革与发展的重要方面,为确保立案的科学性、可操作性,学校教代会通常会在正式立案环节安排提案代表与相关职能部门进行沟通交流、协调协商为主的对话,充分发挥对话机制在汇集民意、凝聚民心、协调沟通方面的独特优势。

第二,发挥对话机制推进民主管理与监督的作用。许多高校除了在教代会会议期间开展对话活动外,在闭会期间也注重发挥对话的重要作用。如召开提案推进会,参加会议人员主要由提案涉及的职能部门负责人、教代会代表团团长、工会主席、提案代表等人员构成。会上职能部门负责人就现阶段提案的办理情况进行通报与说明,包括教代会代表在内的其他与会者在听取情况后提出意见和建议,特别对于涉及教职员工切身利益的提案,往往通过讨论、协商等对话方式,推动提案工作按期保质保量地完成。再比如召开专题通报会,会议邀请行政职能部门负责人或者是学校领导,就学校改革与发展的重要事项或近期师生员工普遍关心的"热点"问题,向教代会代表、工会干部等作专题通报。会议不仅使教代会代表及时了解学校发展的最新情况,还可以让大家就通报中或者学校工作中的问题,坦诚地交换意见,探讨解决的合理方案,共同提升学校管理水平,群策群力建设校园。

(二) 存在的主要问题

近年来的实践证明,建立对话机制有利于调动广大教职工的积极性、发挥教职工主人翁作用,有利于集中教职工智慧、加强学校民主科学决策,有利于维护教职工合法权益、营造校园安定和谐氛围,也有利于加强对干部的监督、密切党群干群关系。由于对话机制尚处在初始阶段,还存在以下不足之处需要进一步完善。

第一,高校行政化倾向影响对话质量。由于受到高校行政化倾向影响,在大学治理结构以及行政管理活动中,教代会往往处于附属与边缘位置,成为学校行政管理体系的陪衬。随之就出现了所谓"热热闹闹一时、冷冷清清一年"的尴尬局面。比如从教职工代表的产生与构成看,教师代表虽表面数量上在教代会中占据多数,但话语权的权重太小。由于教代会和对话活动中许多事项最终要由学校相关的行政职能部门负责拍板,而这些职能部门领导在学校工作中处于强势主导位置,不可避免地影响了教代会及对话活动中民主管理和监督的质量。

第二,对话方式单一且缺乏制度安排。目前高校大多数对话方式主要集中于各类座谈会、交流会,对于组织者而言,这样的对话方式具有容易组织、方便的优势。但对话方式不应局限于此,它还有很大的创新空间。如组织开展听证质询会、咨询会、问责会、调研巡视等,不同对话方式具有不同的对话效果。高校教代会应当根据不同的对话内容、对话目标选择合适的对话方式。与此同时,高校教代会对于何时组织对话活动没有明确的制度安排,往往依据学校领导指示说要安排才安排,或者是等到某项重要事项需要安排时才安排。对此,理应将"被安排"转变为"主动安排"或"计划安排"。

第三,对话中专家学者型代表参与不够。高校在教代会工作中容易忽视发挥教授专家代表的重要作用,在组织开展的各类教代会活动中,受邀参加者往往过多集中于校工会委员、经审委员、教代会代表团团长、各部门工会主席和部门委员,一些在某方面学有所长、经验丰富的专家学者、教授难见身影。这样的结果,一方面造成参与对话的代表广泛性不够,另一方面由于代表专业素质不高,使学校改革与发展中的一些瓶颈问题错过了妥善解决的可能。为此,应该尽量多邀请一些与对话主题关联、具有一定学科背景的代表,凭借他们自身专业方面的学术优势与宝贵经验,可以为行政职能部门提供富有建设性、可行性的解决方案,从而提升行政效能。

(三) 存在问题的原因分析

第一,学校行政与教代会两者关系尚未摆正。在不少高校中普遍存在的现象是,多数行政领导都将工会、教代会这类组织看作下级部门。然而,教代会其实是独立于行政的机构,是学校民主管理的载体,教代会作为校党委领导下的群众组织,代表教职工对学校实行民主管理、民主监督。尽管我国有关法律和政策对教代会法律地位、民主管理和民主监督重要作用有所明确,但过于笼统而未具体规定教职工如何参与学校管理和监督,使得学校民主管理在实践中存在较大的随意性。其实,行政部门对于教代会没有领导权力,教代会更不是行政部门的下级部门,两者是同属于学校管理体制内相互制约、相互配合的关系。行政部门应当尊重和支持教代会依法行使民主管理的各项职权,教代会则要维护行政部门的领导权威,支持行政部门大胆行使职权。在两者对民主的共同追求之外,还存有不同的追求,即学校行政部门更讲究效率,教代会则更追求公平,在效率和公平发生碰撞、进行取舍时,效率往往居于主导。为此,在工作中不能二选一,而是要两者兼顾,并且应将教代会在高校管理体制中的法律地位及其权责进一步细化和具体化,使之有法可依、有章可循。

第二,教代会职权尚未有效落实。教代会职权如果不能有效落实,那么教代会制度就只能是流于形式。经过多年实践和努力,我国现在的绝大多数高校已经做到由教代会审议决定学校的有关重大决定和事项,这说明我国教代会职权的行使情况比以往有了很大的改善。但伴随着社会的发展,尤其是民主化进程的深化,教职工要求进一步参与民主管理的愿望日益增强,这就需要不断探索教代会职权的落实及其参与民主管理的新形式。在这个背景下,我们不能满足于现状,而应当使教代会的职权得到进一步落实。目前,教代会一些职权还没有行使,行使的职权也没有全面、深层次的推进,职权的落实情况也不甚理想,仅仅停留在维持日常运作的阶段。广大教职工对教代会的认识也比较肤浅,不知道教代会到底有什么职权,或者对其职权行使的实际效果缺乏信心。为此,必须不断完善教代会制度,充实教代会内容,使教代会的职权能够在真正意义上得到行使。

第三,工会组织职责转变尚未到位。《学校教职工代表大会规定》指出:"学校工会为教职工代表大会的工作机构,承担着与教职工代表大会相关的工作职责,学校应当为工会承担教职工代表大会工作机构的职责提供必要的工作条件和经费保障。"在计划经济时代,工会只通过负责发放福利、组织文体活动来服务教职工。而在市场经济新时代的高校里,工会不应当满足于原来的文体和福利工作,而应当主动转变职能,依法通过教代会或者其他形式,组织教职工参与学校的民主决策、民主管理和民主监督,通过创新包括对话机制在内的多种民主管理模式,推动民主管理发展,积极发挥桥梁作用,促进教代会与高校行政之间的沟通,既要达到使广大教职工理解和支持学校的重大决策,又要把教职工对学校建设的想法及意愿反馈到学校领导层,使学校的决策更深入人心。由于历史的原因,工会真正转变职责还需要较长的时间和很大的努力。

四、关于建立对话机制的举措与思考

党的十八大、十九大都指出,要完善基层民主制度。我国的相关法律法规则对保障教代会代表参与学校民主管理和监督的权利作出更为明确规定:《教师法》关于教师享有"对学校教育教学、管理工作和教育行政部门的工作提出意见和建议,通过教职工代表大会或者其他形式,参与学校的民主管理";《教育法》关于"学校及其他教育机构应当按照国家有关规定,通过以教师为主体的教职工代表大会等组织形式,保障教职工参与民主管理和监督";《高等教育法》关于"高等学校通过以教师为主体的教职工代表大会等组织形式,依法保障教职工参与民主管理和监督,维护教职工合法权益"等规定,这些法律法规对确保我们进一步探索对话机制的创新举措具有重要作用。

(一) 对话的主要内容

《学校教职工代表大会规定》第二章提出,教代会的职权应围绕八个方面的基本任务行使。同时,该法规要求学校应当建立健全沟通机制,全面听取教职工代表大会提出的意见和建议,并合理吸收采纳;不能吸收采纳的,应当做出说明。学校教代会要完成基本任务,必须在本校范围内依法行使建议权、讨论通过权、审议权、评议权、监督权等职权。参与学校民主管理和监督,完善现代学校制度,促进学校依法治校。

课题组认为对话内容应主要围绕教代会职权所涉及的相关内容,如对学校章程草案制定和修订情况的报告,对学校发展规划、教职工队伍建设、教育教学改革、校园建设以及其他重大改革和重大问题解决方案的报告,对学校年度工作、财务工作、工会工作报告以及其他专项工作报告,提出意见和建议;讨论通过学校提出的与教职工利益直接相关的福利、校内分配实施方案以及相应的教职工聘任、考核、奖惩办法;审议学校上一届(次)教职工代表大会提案的办理情况报告;按照有关工作规定和安排评议学校领导干部;通过多种方式对学校工作提出意见和建议,监督学校章程、规章制度和决策的落实,提出整改意见和建议;讨论法律法规、校规校章规定的以及学校与学校工会商定的其他事项等等。

在调查问卷有关"您认为教代会代表与行政部门对话内容主要有哪些"的多选题中,要求受访者从重要性角度对选项排序,也可另外写出自己观点作为其他选项(下同)。统计结果显示,依次位列前三的是"学校重大改革举措"(第一序列中选择最多,占 51.90%),"学校发展规划制定"(第二序列中选择最多,占51.21%),"涉及教职工利益事项"(第三序列中选择最多,占42.56%)。其余"教学与科研管理""干部选拔任用与管理""后勤服务管理"等选项也有部分受访者选择。可以看出,大多数受访者关注的对话内容基本符合相关法律法规的规定,且调查结果也显示出受访者关心学校事业发展的程度远甚于自身的利益,这充分体现了广大高校教职工强烈的全局意识和主人翁意识。

（二）对话的人员和频率

本次问卷调查为对话有效途径创新提供了重要依据。在调查问卷关于"您认为参与对话的教代会代表应由哪些人员组成"的多选题中，依次位列前三的选项是"教代会代表中一线教师和职工代表"（第一序列中选择最多，占71.97%）、"教代会主席团成员"（第二序列中选择最多，占46.37%）、"教代会代表团团长"（第三序列中选择最多，占38.41%），"教代会代表中民主党派成员或其他统战人士"则位列第四；在调查问卷关于"您认为每次参与对话的教代会代表人数多少比较合适"的单选题中，按选择人数多少从高到低排序依次是"视对话需要而定"（占44.98%）、"10人以内"（占27.34%）、"20人以内"（占23.88%）、"无所谓"（占3.81%）；在调查问卷"您认为多少时间开展一次对话活动较为适宜"的单选题中，选择"每学期一次"（占36.33%）、"不定期，视需要而定"（占29.41%）、"每两月一次"（占21.45%）、"每月一次"（占12.80%）。

根据上述调查，并结合当前高校实际情况，课题组认为："教代会代表人选"方面，既要考虑到邀请与对话内容有相关专业背景、经验丰富的一线教师代表，也应邀请一些教代会中乐于奉献、积极参政议政的民主党派成员；考虑确保每次对话的质量，教代会代表人数不宜太多太少，一般安排约15—20人；为确保对话活动的常态化、规范化，对话频率每学期一般开展2次为宜。

（三）对话的主要途径

在调查问卷关于"您认为教代会代表与行政部门对话途径主要有哪些"的多选题中，依次位列前三的选项是"民主恳谈会"（第一序列中选择最多，占53.63%）、"听证质询会"（第二序列中选择最多，占42.21%）、"问责会"（第三序列中选择最多，占29.07%），"调研或巡视活动"则位列第四。课题组根据调查问卷结果，并结合专家访谈、资料收集等分析后，认为民主恳谈会、听证质询会、巡视是目前较符合高校校情且操作性较强的三种主要对话途径。这几种对话途径均由学校教代会或校工会负责人主持，教代会代表、相关学校领导（视议题需要而定）和行政职能部门负责人共同参加，就教代会职权范围内的事项开展对话。为确保对话成效与加强监督，可将领导干部在对话中的表现作为干部年度考核的重要内容。

1. 民主恳谈会。在实施中要把握以下几个方面：（1）会议发起。情况一：学校党委和行政、教代会常设主席团、教代会执委会根据工作需要均可提出，并在相关准备工作完成后，可直接组织实施。情况二：可由 2 个代表团或 5 名及以上教代会代表联名向校工会提出会议申请。申请人应采用书面形式明确会议的动因、议题及对象。校工会应在收到申请后 5 个工作日内作出是否同意的决定，并书面告知申请者。若不同意申请，应写明原因。申请人若不同意校工会意见，可书面向教代会主席团或执委会提出复议，教代会主席团或执委会应在收到复议申请后 5 个工作日内做出仲裁，并书面告知申请人和校工会。申请人代表（不超过 3 人）可以列席会议，发表意见。（2）会议时长。会议一般不超过半天，若有特殊情况可延长至一天。（3）结果处理。对于教代会代表提出的意见和建议，会上必须确定由相关责任人承办和答复，必要时可通过相关校领导签发意见，一般在 10 个工作日内书面反馈给提出意见的代表，若有特殊情况须向代表说明情况后方可延长至 15 个工作日。最终结果报学校党委和行政。

2. 听证质询会。在实施中要把握以下几个方面：（1）会议发起。情况一：学校党委和行政、教代会常设主席团、教代会执委会根据工作需要均可提出，并在相关准备工作完成后，可直接组织实施。情况二：可由 3 个代表团或 10 名及以上教代会代表联名向校工会提出会议申请。提案人应采用书面形式明确质询对象、案由和案据。校工会应在收到书面申请后，要对质询案的案由、案据进行审查，在 5 个工作日内作出是否受理的决定，并书面告知申请者。若不同意申请，应写明原因。申请人若不同意校工会意见，可书面向教代会主席团或执委会提出复议，教代会主席团或执委会应在收到复议申请后 5 个工作日内做出仲裁，并书面告知申请人和校工会。（2）会议时长。会议一般不超过半天，若有特殊情况可延长至一天。（3）质询要求。受质询的行政职能部门负责人在会上当面回答提问后，于会后的 5 个工作日内作出书面答复。提案人代表（不超过 3 人）可以列席会议，发表意见。倘若所质询的问题比较复杂，受质询对象可以请求适当延期书面答复，但最长不应超过 1 个月。（4）结果处理。情况一：经表决，半数以上的提案人对答复表示认可的，质询程序即告终止；情况二：如表决后未被半数以上提案人认可的，则要求质询对象在 15 个工作日内再作答复；情况三：如半数以上提案人对再次答复表示认可，则质询程序也宣告终止；反之，如仍未获通过的，校工会应提交教代会主席团或执委会讨论。如果讨论认为问题严重，需进一步组织调查的，则应组织特别调查组进行调查，并根据调查结果作出裁定。

最终结果报学校党委和行政。

3. 巡视。在实施中要把握以下几个方面：(1)巡视发起。学校党委和行政、教代会常设主席团、教代会执委会根据工作需要均可提出，并在相关准备工作完成后，可直接组织实施。(2)巡视时长。一般不超过 3 个工作日。(3)巡视程序。首先是确定巡视课题。根据学校工作情况和教代会代表的要求，学校工会提出巡视课题。制定相应的巡视方案，经教代会执委会研究同意后组织实施。其次是成立巡视组。学校工会根据巡视课题内容，选定教代会代表组成巡视组后进行巡视前的培训。培训中应明确巡视的内容、重点、方法和应注意的事项等。再次是开展巡视。巡视组接受任务之后，校工会提前 5 个工作日书面通知被巡视的行政职能部门做好准备工作，以保证巡视效果。巡视组不能干扰行政职能部门的正常工作，巡视一般以听取汇报、现场考察、组织座谈、发放调查问卷等形式进行。巡视应事实求是地全面客观反映发现的问题，并提出合理意见和建议。巡视组和被巡视的行政职能部门应互相尊重、互相支持。最后，巡视情况汇总和意见反馈。巡视组应于巡视工作结束后的 10 个工作日内，写出巡视纪要或巡视报告。(4)结果处理。纪要或报告经教代会执委会审议后，报教代会常设主席团及学校党政领导，同时书面反馈被巡视单位。对于存有问题的被巡视行政职能部门，要求其 15 个工作日内提交整改方案，并报学校工作备案。

(四) 对话机制建立的基本原则

1. 宣传引导原则。在推进对话机制建立的过程中可能会出现两种错误认识：一是行政部门负责人害怕、排斥质询，认为对话会"添乱子""找茬儿""唱对台戏"；二是教代会代表自身不敢使用巡视权、质询权，甚至认为"提了也白搭"。应该看到，对话双方虽然是监督与被监督的关系，但双方的总体利益和目标是一致的，都是为了学校更好更快地发展，更好地维护好、实现好广大师生的共同利益，因此应加强宣传引导，为建立和完善对话机制创造良好环境。

2. 循序渐进原则。高校教代会建立对话机制是一种制度创新，是具有开拓性的工作。必须遵守循序渐进的原则。在建立初期，涉及面不宜太广，无论是对话对象的层级及对话内容、对话程序，都应在试点过程中逐步摸索，逐渐推广。可以把对话内容界定为教代会职权的落实和校务公开的相关事项，对话对象也应主要限定在职能部门层面。还要注意引导、营造良好的对话氛围，基本要求是"恳谈""质疑""询问"，而不是"质问""申斥"。对于重要的对话活动，应事先向学校党委做好请示。

3. 相互尊重原则。高校行政职能部处要充分尊重教代会代表的民主监督权利,自觉接受监督,强化责任意识,为学校民主管理创造良好环境。对于代表提出的意见建议,要及时核实情况并作出回应,需要整改的即知即改,需要向代表们说明、解释的问题,也要及时反馈。教代会代表则要端正思想、提高认识,防止以个人意见代替群众意见,以局部利益代替全局利益,要讲究工作方式和方法,尊重行政职能部处的行政指挥权,不纠缠细枝末节,不干扰正常工作秩序。总之,两者之间应该建立良好的和谐互动关系,互相尊重、理解、支持,各自摆正位置,各司其职,在维护大局稳定、推动学校科学发展方面形成合力。

法国著名政治学家孟德斯鸠在《论法的精神》中强调:"一切有权力的人都容易滥用权力。这是万古不易的经验。有权力的人们使用权力一直到遇有界限的地方才休止……从事物的性质来说,要防止滥用权力,就必须以权力约束权力。"这里的"界限"就是制度、规定和法律。为此,高校通过建立与完善对话机制从而防止行政权力的无限扩张,这对改进领导作风、克服官僚主义、落实教代会职权具有重大作用。与此同时,对话机制也无疑增强了高校教代会代表参政议政的积极性,进一步拓展了教职工代表参与学校民主管理和监督的空间,加强了代表与各职能部门之间的交流和沟通,从而不断促进学校各项事业的持续健康发展。

上海师范大学教代会提案质量研究[*]

黄福寿[**]

高校教代会提案是高校教职工通过自己的代表就事关学校发展和自己切身利益的重大问题向教代会正式提出的规范的书面意见和建议。教代会提案过程是教代会代表就学校事务行使民主管理和民主监督权力的重要渠道,是广大教职工参与学校改革、建设和发展的重要途径。如何从制度、机制、手段等方面做好高校教代会提案工作,不断增强代表的主人翁意识和参政议政能力,是事关高校改革发展的重要环节,也是建立现代大学制度的重要内容。本课题以我校 2012—2014 年的教代会提案为研究对象,对如何搞好教代会提案工作进行分析和思考。

一、优秀提案的主要标准

1. 选题具有全局性

选题围绕学校中长期发展规划和党政工作重点,内容事关学校改革发展重大决策,围绕学校发展面临的难点,及涉及众多教职工切身利益的问题。优秀提案一定是有利于促进学校建设与发展、有利于落实科学发展、构建和谐校园的提案。优秀提案选题要么关乎学校大局,要么涉及广大教职工的切身利益,能够引起广泛关注,能够代表和反映最广大的教职工的意见和建议。因此,优秀提案具有代表广泛、关注度高、意义重大等特点。

2. 内容具有客观性

搞好调查研究对于提案质量来讲是十分重要和必要的。教代会代表要有发

---

[*] 本文系 2014 年校工会课题"我校教代会提案质量研究"的成果。

[**] 黄福寿,上海师范大学马克思主义学院教授、博导。

言权,就必须深入实际,掌握并积累提案所需要的第一手资料,这是提出优秀提案的基础。在调查研究时,要听取不同意见和建议,了解教职工最关心的是什么,最想解决的是什么,只有通过深入调查研究,认真论证,才能使所提提案有情况、有分析、有建议、有措施,具有科学性和可行性,才能为学校科学决策提供准确的信息服务。

因此,教代会代表在参政议政过程中,应注重调查研究,努力做到"深、准、实"。深,就是调查研究要深入,真正深入到基层、深入到实际、深入到教职工当中去,以便掌握大量的第一手材料。准,就是调查情况要准确。在调查研究的工作中,既要了解好的一方面,又要看到存在问题的一方面;既要同领导交谈,又要听取群众的意见和呼声,使调研结果可靠、准确。实,就是调查研究要真实、翔实,对调查得来的材料要进行分析研究,做到去粗取精,去伪存真,以便找出规律性的东西,得出科学的结论,使调查得来的材料更加翔实、真实。教代会代表在调查研究过程中,只有做到"深、准、实",才能使调查研究收到成效,使提出的提案言之有物,言之有据,言之有理,言之有用,全面客观地反映事物的本来面目。

总之,教代会代表在提案提出之前,要尽可能多地深入调查研究和认真论证,书写提案要避免即兴之作,避免无感而发,力戒追求数量。这是能够提出优秀提案的必要前提和准备工作。

3. 表达合乎规范性

优秀提案关键在于"精"。要树立精品意识,实施"精品提案"战略,使提案结构从数量型向质量型转化。优秀提案应当在内容上坚持标准,符合规范。

一是提案主题导向正确。提案内容符合党和国家方针政策、法律法规,属于学校行政职权范围的和符合提案规范要求的。

二是提案内容表达详尽,格式规范。内容不仅表达正确、详细,而且格式书写规范,文字水平质量高。

三是提案内容分析准确,论证紧凑,逻辑严密。

此外,优秀提案在立案过程中要层层把关,遵守程序,符合规范。提案在立案过程中,有学校行政组织的参与(当然,参与的方式有待探讨),会提高立案的准确性和权威性,也为优秀提案的落实奠定基础。要通过反复论证把好立案审查关,要站在全局的高度,从提案的预见性、科学性、实用性、可行性来思考问题。论证不能只限于代表本身,也可请学校有关部门参与,或征求相关同志的意见,把大家的智慧集中起来,凝聚在提案之中。

4. 提案具有针对性

提案选题的针对性是提案实施过程具有针对性的前提。提案选择要围绕学校党政中心工作,围绕学校热点、难点、重点问题。选题有针对性,才能引起学校党政重视,提案才能取得明显效果。切忌把一些琐事、私事或偶然出现的并非反映事物发展趋势和本质的事作为提案,避免选题上的随意性和盲目性。在实施过程中,各部门根据职能的不同,有区别有针对性地承办和落实提案内容。

5. 提案具有典型性

教代会提案要依靠典型的事实去说服承办单位,使他们引起重视,认真办理。一个提案能否被采纳,与提案提出的问题有没有典型意义有密切的关系。如果代表提出的问题十分典型、突出,就有很强的感染力和说服力,让人感到非办不可,这样的提案就一定能落实,否则会降低承办人及其组织对这个提案的重视度。

6. 提案具有可行性

所提的意见和建议既要符合国家法律法规和政策的要求,又具有实施的条件和可能,可操作性强,观点和诉求都提到点子上。提出的问题快、狠、准。快,是指代表提案中反映的问题,学校在短期内有能力落实,不需要等待过于漫长的时间,实现的可能性较大。狠,是指代表提案呈现的问题一针见血,切中学校发展全局的要害,切实需要解决。准,是指选题准确,解决措施可行,发现了学校党政领导尚未发现的苗头性、倾向性问题,做到超前论证。

优秀提案能正向引导代表多提能促进学校发展的带有普遍意义的以及关系群众利益的提案,而非只反映某些单位及团体利益的提案;是既能把脉已有"病情病症",又能开出"药方"、有解决问题的办法,而非只讲"病情病症"、不开"药方",只提问题不拿对策的提案;多是雪中送炭、解困救急的提案,绝非锦上添花、贴金抹粉的提案;多是如何生财聚财,把"蛋糕"做大的提案,绝非只想向学校党政要钱要物、多切"蛋糕"的提案;多是想点子、出主意、有实招、可操作的提案,绝非笼统空泛的提案。

二、影响提案质量和效果的基本因素

1. 教代会代表参政议政的积极性和素养

教代会代表的履职积极性是影响提案质量的重要因素,但履职的积极性又受到众多因素的影响,既有自身的主观因素,又受其他各种因素影响,其中提案、立案和办理过程中的种种不顺畅和不到位,是最直接地影响着代表提案积极性的因素。从立案来看,代表们往往不知道或无人告知自己的提案为什么不被立案,代表也往往缺少与立案人的沟通渠道。这种立案中存在的不透明和随意性,是损害代表提案积极性的第一因素。从办理来看,代表们对提案办理情况还只能停留于对有关部处和学院书面答复的了解和评判上。即使这样,由于缺乏科学评判指标体系作为参考,评判也往往是粗线条的。由于无法充分实时跟踪整个办理过程,代表对办理情况的评判实际上就只能停留在对办理单位工作态度工作作风层面,而无法深入到实质层面。代表对办理单位不满意的评判与办理单位及其负责人考评的内在挂钩关系不透明、不直接、不刚性,进一步削弱了提案实效性,损害了提案者积极性。

此外,代表自身素养至关重要,教代会代表是教代会制度落实的主体,是制约教代会提案质量的软条件,提高教代会代表的基本素质和参政议政的能力,发挥好教代会代表的积极作用,是保证教代会工作不断完善和发展的关键因素。因此,选举代表应当考虑多重素养,要选举具有参政议政能力、民主意识强、组织协调能力突出,并且政治素质高的教职工作为代表,由教代会资格审查小组依法对代表的资格进行严格审查,以保证教代会的代表性,以确保代表的高素养。

2. 提案办理人的政治素质和业务素养

提案质量和效果的好坏不仅体现在提案内容本身,还体现在提案办理过程中。落实一个好的提案需要提案人与提案办理人以及相关部门三方达成共识,共同协商落实。但由于部分提案办理人政治素质和业务素养的欠缺,在办理过程中表现出拖拉、推诿现象,严重影响了提案办理进度,进而挫伤提案人的积极性,降低提案的实效性。此外,相关部门领导不重视提案工作,群众意识不强,未能做到及时引导提案办理方向,未给提案办理提供条件,没有起到监督提案办理人的作用,没有协调好提案人与办理人之间的关系,使提案办理遭遇各种障碍,这些也是影响提案质量和效果的重要因素。

3. 提案工作机构人员的服务质量

主要指教代会提案委员会的服务质量。教代会提案委员会应当正确定位,增强自身的服务意识。在征集提案期间,提案委员会工作人员应当耐心引导代表提案,而非强硬态度迫使代表提案。每逢教代会召开,至少提前一个月发文告知代表,合理布置提案征集工作,正确宣传教代会主题,引导代表开展调研活动。

同时,指导代表正确撰写提案内容和申请表等。在教代会召开期间,提案委员会可以通过校报、宣传栏、工会网站等媒介,加大教代会的宣传力度,激发广大教职工关心学校建设的热情。提案委员会工作人员届时为代表提供方便,提早准备好大会所需物资,满足代表的合理需要,进而提高代表提案工作的积极性。在提案落实期间,提案委员会工作人员应当将提案分配情况及时告知提案人,为提案人与办理人之间的沟通交流牵线搭桥,同时时刻关注提案办理进度,反馈给提案人。通过多方协商,不断提高提案工作机构人员的服务质量。

4. 教代会代表产生机制的科学性

教代会代表的产生应当严格按照规章制度选举产生。选举过程应当遵循公正公开透明的原则,由教职工选举产生教代会代表,代表自身的利益诉求和立场,对教职工负责。但是目前教代会代表的产生仍存在不少问题:一是教职工对代表选举参与度不高。有很多教职工不愿参加选举,不愿行使自身的合法权利。二是部分选举人责任心不够。部分选举人随意草率做出选择,并未考虑代表的积极性、责任心和能力问题,或因个人原因选举不具备代表素养的教职工。三是选举代表的标准不明确。这也是导致部分选举人随意投票的因素之一。教代会应当制定合理规范的代表标准,全面考虑代表的综合因素,选举产生综合素质好、责任心强、积极性高、有协调能力的教职工作为代表,从源头上把好代表关。

5. 教代会自身运行机制的协调性

随着我国高等教育体制改革的不断深入,教代会更加显现出了它的生命力和重要性。教代会作为参与学校民主管理和民主监督的机构,在校领导与教职工之间起到沟通与桥梁作用。但是,目前教代会自身的运行机制还存在明显的问题:首先,信息反馈存在脱节现象。教代会没能很好地发挥桥梁作用,致使教代会代表、提案办理人与校领导三者之间信息反馈有脱节现象。其次,教代会提案征集、立案、落实过程中协调不够。提案的征集、立案、落实没有严格按照规范标准执行,导致提案的产生和实施途径不合理、不规范。此外,教代会还存在组织松散、凝聚力不够等问题,这都是影响提案质量的重要因素。

6. 提案人和承办人激励机制的具体安排

许多高校工会未建立优秀提案奖、提案工作组织奖、优秀承办部门奖等激励机制,或者激励机制不够完善。对提案人提出重大提案被采纳给予应有的肯定和鼓励,会更好地增强代表的自信心和积极性。对于及时办理提案、快速反馈办理进度的承办单位给予适当的激励,可以对提案办理起到正向的引导作用。由于激励机制的欠缺或不完善,既未能充分激发代表、提案工作组织、提案承办部门的积极性,又影响了提案工作的顺利开展和提案工作实效。

三、2012—2014 年我校提案工作的基本状况[①]

(一) 基本情况

1. 提案类型的基本分布

近三年我校教代会提案总数为 300 个,提案类型的基本分布整体上呈现下面的情况。主要关注的问题有以下几个:后勤保障与生活福利占据提案数量最多,为 84 个提案;其次是校园建设与环境治理,为 64 个提案;接下来是学校管理工作和教学的提案,分别为 52 个和 35 个。对学校总体建设的关注度明显不够,提案数仅为 22 个。对学生培养、人事管理、学科建设以及教师队伍建设的关注度也较低,提案数量分别为 13 个、12 个、11 个和 5 个。关注科研问题的提案最少,仅为 2 个,并且近三年没有关于廉政建设方面的提案。具体如下表。

年份＼类型	教学	科研	学科建设	学生培养	学校管理工作	人事管理	教师队伍建设	校园建设与环境治理	后勤保障与生活福利	总体
2012 年	12	0	3	6	19	3	2	27	30	11
2013 年	11	1	2	6	18	5	1	19	33	8
2014 年	11	1	6	1	15	4	2	18	21	3
总数	34	2	11	13	52	12	5	64	84	22

2. 提案人提案基本情况

从 2012 年到 2014 年,提出提案的代表人数为 142 名,大概占代表总人数的 38％。从总体上来讲,提案人的积极性还是比较高的。其中积极性最高的是李建中代表,三年内提出了 14 个提案,其次是金国忠、迟洪钦、张毅、王慧敏、庄雷这几位代表,提交的提案数量分别是 12 个、6 个、6 个、5 个、5 个。部分代表能够做到在三年内提出 2 到 4 个提案。但是值得注意的是,有很大一部分代表三年

---

① 提案数据由李晓娟收集整理.

内只提出 1 个提案,或者没有提出任何提案和建议。因此,如何调动全体代表的参政议政的积极性,是需要在实践中探索的课题。

3. 提案办理的基本情况

由于提案数量较大,我们采取抽样分析法来量化提案办理的基本情况,以提案人的反馈意见为主要视角。透过对提案人满意度的调查来剖析我校教代会提案工作完成的基本情况。这里选取了教学、学科建设与学生培养方面的提案,共59 个。其中待办的提案 12 个,由于没有提案人反馈意见,不作为研究对象。已经完结、已经落实或暂缓落实的提案 47 个,从这 47 个提案来分析提案人的满意度,可窥一斑而知全豹。

提案人反馈意见	满意	基本满意	理解	不满意	无反馈意见
不同反馈意见数	19	10	10	2	6
比例	40.4%	21.3%	21.3%	4.2%	12.8%

从上表分析可得,提案办理人的满意度比较理想,满意和基本满意占提案人反馈意见的 61.7%。提案人反馈意见表示理解的占 21.3%,这部分提案是由于各种原因无法落实的,但经过努力争取到提案人的理解。提案人反馈意见表示不满意的占 4.2%,最值得我们注意的是提案办理中无提案人反馈意见的占12.8%,个中原因需要教代会提案委员会进行具体分析。

(二) 存在的主要问题

通过对近三年我校教代会提案类型分布情况、提案人提案基本情况、提案办理情况的分析,笔者发现我校教代会提案工作还存在以下几方面的问题。

首先,关注学校整体发展的提案数量明显不够。大部分提案聚焦后勤工作和教职工自身的福利问题,着眼点和立足点不高,缺乏对学校未来发展的把握,缺乏全局性和前瞻性。

其次,对科研的关注程度较低。科学研究应当是高校主要职能之一,然而我校近三年教代会提案中涉及科研方面的提案仅有两个,对科研的关注程度远远没有到达应有的热度。

再次,提案承办部门对提案的落实不够及时,其效率有待提高。仔细查看提案内容,提案办理时间,我们不难发现,有些提案并不难办,但其审核时间与办理时间之间的时间跨度过长,最长的甚至超过半年之久,反映出提案承办人及相关部门效率不高,有拖拉、推诿现象。

最后,代表的积极性和参政议政能力差距较大。无提案代表和"应付提案"代表比例不低。

四、改进提案工作发挥好教代会作用的若干思考

1. 完善教代会代表学习培训制

要完善代表学习培训制度。我校教代会新代表产生之后,正式就任之前,也举办短期培训班,安排专家和提案工作先进个人做辅导报告,并介绍提案工作经验,但频度和深度还不够。要对提案知识进行专题辅导,包括对提案的书写及办理等方面内容,提高代表撰写提案的基本能力,在提案书写上能做到文笔流畅,议题清晰。在代表任职期间,可以定期举办培训,不断提高代表对学校和国家发展方向的认知度,提高参政议政的素养。也可以举办代表履职基本知识和技能考试制度,对优秀者进行表彰。

2. 建立代表巡视制、监督制

建立教代会代表巡视制度。在预申报的基础上,工会可以联络安排部分代表围绕预申报的提案议题到有关单位视察或调研,使代表能够近距离地接触到具体信息,进而修改完善提案,提高提案的针对性实效性。建立教代会提案办理代表监督制。让承办单位在提案系统中提出承办时间表和关键时间节点。代表们可以在各个关键节点上随时要求承办单位做出答复,了解承办提案的进展情况,这样可以改变提案办理情况的一次性评判为全程评判。

3. 探索和建立代表届中调整机制

探索代表召回制。一旦代表连续两年没有提案,就可启动代表召回制度,进行质询直至更换。

建立代表届中调整机制。对于任期未满,但表现不佳的个别代表可以进行及时调整,合理优化代表结构。

4. 建立年度提案预申报制度

每年教代会开始前,统计可能申报的提案,提前对提案数量有一个全局性的把握,提早预计本次大会的工作量,防患于未然。并且对预申报的提案进行分层分类、遴选合并,告知可能涉及的部门,让该部门提早做好接受提案工作的准备。

这样做为教代会重大提案的预测、培育和办理打好基础,为提案工作顺利落实做好铺垫。

5. 改进和完善奖惩制度

为调动教代会代表和提案承办部门的工作积极性,要改进优秀提案奖、提案工作组织奖、优秀承办单位奖等奖励制度。对被正式立案的优秀提案的作者或团队,进行重奖,把代表的注意力更多地吸引和聚焦到学校及所属单位发展改革重大问题上来,在攻克学校及所属单位重大、急难和突出问题上最大限度地集聚和发挥代表的智慧和力量。校工会可在每届评选提案工作组织奖、优秀承办单位奖的基础上,建立每年一次的评奖制度,并对不积极参与提案工作的代表,不按时办理提案的单位及其负责人,予以公开通报或提醒谈话,使之引以为戒。奖惩结合,从而提高提案人、办理人及其组织的积极性。

6. 进一步推进教代会提案工作网络化

应结束教代会提案工作"纸时代",利用学校校园网络的优势,在现有教代会提案系统基础上,使教职工和代表都能浏览所有的提案内容,并且建立可以相互交流讨论、多向沟通的提案平台,优化提案征集环节,以最终可能形成高质量的提案。同时,网络平台应该把每一个提案的内容、受理时间、受理部门、承办情况及代表的满意度等详细情况都及时在这个系统上公布于众。该系统应能实现起草提案、征询意见、修改定稿、征求复议、提交提案、提案立案、签发承办单位、提案办理时间要求、提案解决情况及满意度指标、处理、回复全过程的网络化、电子化。进一步推进网络化,不但有利于教代会代表提案质量的提高,而且有利于职能部门提案的办理,更有利于提案工作的透明公开及教职工的监督检查,从而极大地提高提案工作"制度化、规范化、程序化"水平。

7. 完善专门委员会运行机制

在现有基础上,进一步探索和完善教代会专门委员会运行机制。重点建立校领导或职能部门负责人与专门委员会的对话机制,既可以是校情通报,民意收集,也可以是协商对话。通过对话机制,还可以从一对一的信访、上访等,转变为一对多的沟通、协商,使学校工作从被动转为主动。

总之,根据学校章程和教代会现有制度安排,如何进一步科学定位教代会的职能和作用,构建教代会有效运行机制,是推进学校治理现代化的重要课题,不仅需要理论上思考,而且更需要在实践中探索。

上海师范大学二级单位
教代会工作质量研究*

徐志欣　李萧萧　鲍炳中　曹　鹏　张红英**

上海师范大学二级单位教代会(下文简称"二级教代会")是学校教代会制度的延伸和拓展,是广大教职工参与本单位管理,行使民主权利的主要渠道,是学校民主管理和民主监督工作的重要组成部分。当前,学校正处在深入推进现代大学制度建设和全面实施"十三五"规划的新的发展阶段,同时,学校治理面临师生权利意识增强、维权意识高涨带来的挑战和完善学校内部治理结构,推进校院二级管理体制改革带来的挑战。如何应对上述机遇和挑战,抓住建设中国特色现代大学制度建设的有利时机,依照大学章程建立良好治理体系,提高二级教代会工作质量,提升办学治校能力,是学校改革发展的重大课题。为此,我们课题组对上海师范大学二级教代会工作质量现状进行了调研,梳理和分析了当前二级教代会工作面临的一些新情况新问题,并围绕如何进一步提高二级教代会工作质量提出若干对策与思考。

一、问题的提出

1. 开展二级教代会工作质量研究是推进现代大学制度建设的要求

建设现代大学制度是《国家中长期教育改革和发展规划纲要(2010—2020年)》确立的一项战略任务,是当前高等教育改革的重要内容。现代大学制度的

* 本文系 2015 年校工会课题"我校二级单位教代会工作质量研究"的成果。

** 徐志欣,上海师范大学工会副主席;李萧萧,上海师范大学工会宣传教研部部长;鲍炳中,上海师范大学副教授;曹鹏,上海师范大学党委组织部副部长;张红英,上海师范大学后勤服务中心副主任、工会主席。

核心是在国家的宏观调控政策指导下，大学面向社会，依法自主办学，实行科学管理。现代大学制度的构架包括两个层面，一是处理学校与外部关系的宏观层面，二是学校内部治理的微观层面，从微观层面来说，就是要在大学内部真正建立起"党委领导，校长负责，教授治学，民主管理"的内部组织结构、管理体制与运行机制。而完善高校内部二级单位的教代会制度，提高二级教代会的工作质量，是推进高校民主管理的重要组成部分，也是推进中国特色现代大学制度的题中应有之义。2015年初，我校章程通过市教委核准正式实施，开启了我校现代大学制度建设的新阶段，标志着学校在完善中国特色现代大学制度的道路上迈出了坚实一步。如何抓住建设中国特色现代大学制度的契机，提升办学治校能力，这就要求学校进一步优化内部治理结构，加强民主管理，不断健全完善学校和二级教代会制度，从而使二级教代会的优势和作用得到更好地发挥，二级教代会工作的水平和质量进一步得到提升。

2. 开展二级教代会工作质量研究是加强基层民主建设的要求

高校作为首善之地，与其他基层单位相比，治理应该更为民主，走在基层民主建设的前列。这首先是由高校立德树人的根本任务决定的，要培养社会所需要的创新能力强的高素质人才，需要一个民主、自由、开放的人文环境。其次，高校是知识分子荟萃、意见观点云集之地，高校教师的一个重要特点就是思想更为独立、自由和多元，崇尚民主和科学。再次，随着高校管理权的普遍下移，二级院系日益发展成为重要的办学实体，利用教代会平台集中教职工智慧、进行民主决策的需要也日益迫切。可以说，高校既要推动改革发展，又要构建和谐校园，就必须要加强民主管理和民主监督，做到治理行为的公正、公平和公开。由于二级教代会是高校教代会的有机组成部分，是院系、单位教职工广泛和直接参与学校民主管理、民主监督的有效手段和实现自己民主权利的组织保证。相对于校级层面的教代会，二级教代会更加贴近广大教职工的实际，更为直接地体现了高校民主管理的本质，是社会主义民主政治建设在基层的具体体现，也是教职工实现有序政治参与的有效途径。从当前高校民主管理的实践来看，教代会作为基本形式和基本制度，在学校层面基本上都能得到较好的落实，自上世纪80年代中期以来，经过30年的实践，至少已经具有比较完备的制度、比较成熟的运行机制和较强的工作力量，但是对于院系等二级单位来说，由于起步相对较晚，或因为制度不够健全，或因为作用发挥空间有限，常常导致教代会制度得不到应有的重视，有的单位教代会难以正常召开，有的单位教代会能够如期进行，但是流于"空转",形同虚设,二级教代会工作能力和水平与新形势下加强基层民主建设的要求还存在一定的差距。

3. 开展二级教代会工作质量研究是维护教职工合法权益的要求

高校工会要落实维护教职工合法权益的基本职责,主要有以下三个途径:一是教代会制度,二是平等协商和集体合同制度,三是校务公开制度。其中,最权威、最有效的是教代会制度。说它最权威,因为教代会制度源自宪法、教育法、劳动法、工会法等法律规定。说它最有效,是因为教代会制度不仅群众基础扎实,保障法律赋予教职工的知情权、参与权、监督权、决策权和审议权等广泛权利,更是平等协商、集体合同制度、校务公开制度的有效载体。因此,高校要维护好教职工的合法权益,首要任务就是进一步完善校院两级教代会制度,提高校院两级教代会工作质量。从实际情况来看,全国和上海正在深入推进新一轮的高等教育综合改革,这一轮改革更加注重由单项改革转向综合配套改革,既有政府对高等教育的治理改革、更有高校内部的改革问题,既有结构布局问题、更有运行机制的构建问题,伴随这一改革进程,教师之间的利益关系呈现出较大的差异性和需求的多元化趋势,每位教师由于职位、角色的不同,为自己争取和表达利益的能力和渠道也不相同。因此,一方面,我们需要保障教职工的政治权益和民主管理权力,通过二级教代会途径让广大教职工认同和参与改革;另一方面,在利益关系深刻调整、工作机制不断变革的条件下,要注重发挥二级教代会保障教职工合法权益的功能,这同时对二级教代会工作质量也赋予了新的更高要求。

二、现状与分析

为深入了解我校二级单位教代会建设和运行情况,2015 年 11 月至 12 月,课题组针对学校二级单位教代会代表、非二级单位教代会代表两类群体分别设计了调查问卷,对学院和机关、直属单位的 232 名二级单位教代会代表、82 名非二级单位教代会代表进行了问卷调查。同时,课题组成员还深入到各二级单位,召开了十余场座谈会,对部分教代会代表和非代表教职工进行了访谈。被访的二级单位中,73.28%是教学单位,26.72%是学校直属和附属单位;被访的二级单位教代会代表中,17.24%是二级单位党政班子成员,40.09%是一线教师,37.07%是行政及教辅人员。被访的非代表教职工中,党政班子成员占2.44%,一线教师占 18.29%,行政或教辅人员占 70.73%。通过问卷调查和集中访谈后的数据整理与分析,课题组认为,我校二级教代会制度基本得到落实,各单位教代会能够正常开展工作,但在教代会工作质量上还存在较大的提升空间。

1. 二级教代会工作运行基本良好,但整体功能的发挥有待增强

目前全校 24 个学院、单位(包括直属单位和附属单位)都建立了二级教代会,基本实现全覆盖。对照教育部 32 号令《学校教职工代表大会规定》《上海市职工代表大会条例》等法规,从问卷调查统计的结果来看,我校二级教代会工作在制度建设、机构设置、职权落实、代表构成等基本要求方面,均符合法规的规定,运作上也比较规范。

比如,《学校教职工代表大会规定》第十七条规定:"教职工代表大会每学年至少召开一次。"根据问卷统计结果,我校二级单位教代会一般每年开会次数为1—2 次。第二十条规定:"教职工代表大会的议题,应当根据学校的中心工作、教职工的普遍要求,由学校工会提交学校研究确定,并提请教职工代表大会表决通过。"而对于我校二级教代会召开前是否就会议议题在广大教职工中广泛征求了意见,95.69%的被访代表的回答绝大部分都是肯定的。

再如,《学校教职工代表大会规定》第十一条规定:"教职工代表大会代表以教师为主体,教师代表不得低于代表总数的 60%,并应当根据学校实际,保证一定比例的青年教师和女教师代表。"我校二级单位被访者在回答"您所在二级单位召开教代会代表构成情况是否符合要求(一线教师占多数,中层以上管理人员不超过 20%)"这个问题时,显示绝大多数二级单位教代会代表的构成情况是合乎法规规范的。

① 符合	89.66%
② 不符合	1.72%
③ 不清楚	8.62%

但是,调研结果也反映出二级教代会整体功能的发挥还不尽如人意,有待进一步加强,主要体现在:在提交教代会审议的事项中,对本单位发展规划等重大事项的关注度还有待加大。

我校被访二级单位教代会代表对于教代会听取和审议的事项选择如下图所示:

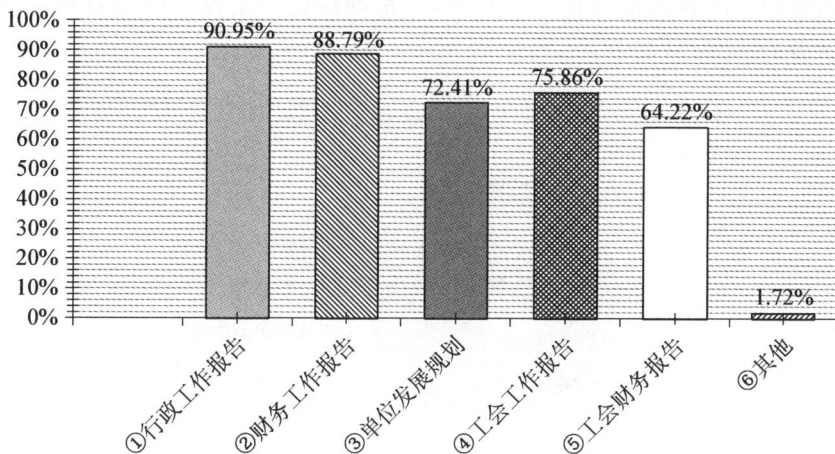

没有听取和审议的事项如下图所示：

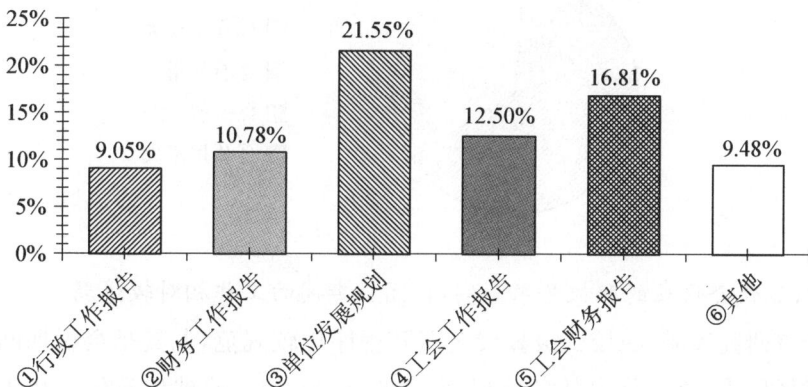

从两张图的对比可以看出，二级教代会听取和审议较多的是单位的年度工作、财务工作、工会工作报告以及其他专项工作报告，而对于单位的发展规划、教职工队伍建设、教育教学改革以及其他重大改革和重大问题解决方案等事项审议相对较少，而教职工代表对本单位发展规划等重大问题参与讨论不足，不仅直接影响二级教代会职权的落实，也在很大程度上削弱了教代会的功能和作用。

从教职工的反馈来看，也佐证了教代会对于本单位工作和事业发展的促进作用尚有提高空间。关于提案制度和提案工作，有 33.33％的代表认为提案制度对于改进工作作用很大，61.02％的代表认为有些作用，5.65％的代表认为仅是形式，没有作用。关于教代会在推动本单位事业发展中的作用，教代会代表和

非代表教职工的看法虽然有一定差异,但是都存在一定比例的持有否定性态度的受访者,具体数据如下:

二级教代会是否推动本单位各项事业发展(教代会代表回答占比)

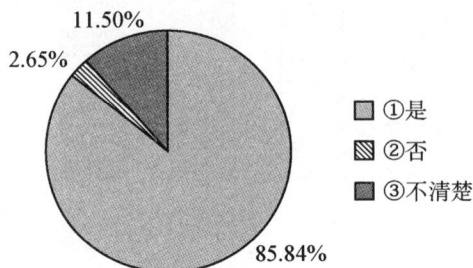

11.50%
2.65%
85.84%

①是
②否
③不清楚

关于二级教代会对本单位事业发展的作用(非教代会代表回答占比)

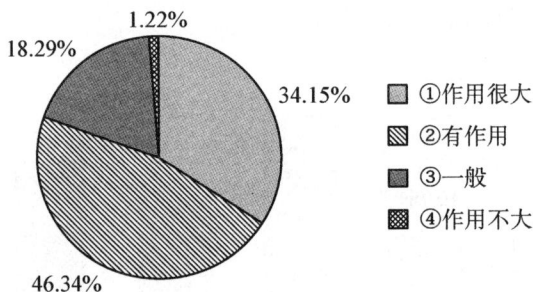

1.22%
18.29%
34.15%
46.34%

①作用很大
②有作用
③一般
④作用不大

2. 二级教代会代表的职权基本落实,但闭会期间的工作相对较薄弱

调查研究表明,我校二级教代会召开程序比较规范,尤其是会议期间,能够充分发扬民主,尊重代表的各项权利。如,有90.52%的被访教代会代表认为,在二级教代会中能够充分发表自己的意见。又如,对于涉及到教职工切身利益的经济、制度等方案,大多都在会上进行了表决,具体数据详见下表。

涉及到教职工切身利益的制度	教代会代表选择比例
① 岗位津贴和绩效奖励等经济分配方案	90.95%
② 考核奖惩办法	78.88%
③ 岗位聘任实施方案	68.10%
④ 其他涉及教职工切身利益的重要制度	78.02%

关于表决方式,72.84%的被访教代会代表表示其所在单位采取无记名投票

表决的方式,举手表决的占 25.43%,不表决的仅占 1.72%。

但是,从调研和访谈的情况看,我校二级教代会闭会期间的工作相对还比较薄弱。

主要表现为:一是教代会闭会期间组织开展巡视检查等日常民主管理活动不够,目前二级单位基本没有开展此项工作。二是对代表提案的督促办理力度不够。在我校已实施了提案制度的二级单位中,有 78.09% 的被访教代会代表表示提案经过了认真处理,但有高达 21.35% 的代表表示并不清楚提案的受理情况。其原因主要是:相比教代会大会期间的工作,党组织对教代会闭会期间工作的领导相对较弱;工会主席和委员一般都是兼职人员,没有精力组织闭会期间的工作;二级单位人员之间很熟悉,有着直接的利益关系,工会组织开展巡视检查等日常民主管理活动容易得罪人。三是部分二级教代会代表意识较弱,没有参加日常民主管理活动的强烈欲望,以致在实际工作中有些代表忽视相关知识的学习,对自己所在特定教职工群体关注的利益诉求了解不够,参加会议"不敢说""不会说""说不好"。四是教代会决议执行力度不够,具体数据详见下图。

闭会期间如何贯彻和监督教代会决议的落实

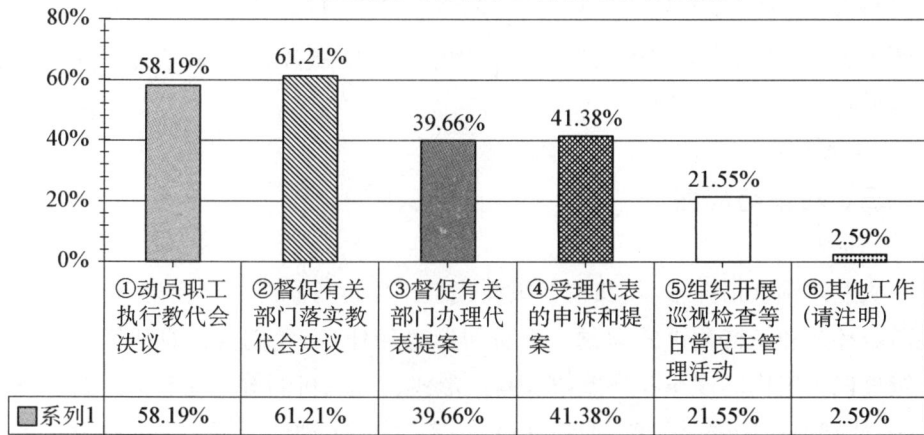

	①动员职工执行教代会决议	②督促有关部门落实教代会决议	③督促有关部门办理代表提案	④受理代表的申诉和提案	⑤组织开展巡视检查等日常民主管理活动	⑥其他工作(请注明)
系列1	58.19%	61.21%	39.66%	41.38%	21.55%	2.59%

3. 二级单位领导班子普遍重视教代会工作,但维护教职工合法权益的意识还待进一步增强

组织召开教代会既是法律规定的基本要求,也是二级单位党组织做好群众工作的一个重要抓手,是其必须肩负的一项重要职责。尤其是教代会需要审议的都是事关本单位发展或教职工切身利益的重大事项,如果不能顺利通过,影响非常重大。因此,学校各二级单位党组织和领导班子都普遍重视教代会的组织工作,给予工会必要的指导和大力的支持。

调研数据显示,89.66％的被访教代会代表知道本单位在召开教代会前成立了由党政工负责人参加的筹备小组,仅有0.86％的代表表示本单位没有成立过筹备小组。在召开教代会前,大部分二级单位党政联席会议都就教代会议题和议程等事项进行了专题研究,78.45％的被访教代会代表明确表示教代会议题经过党政联席会议专题研讨过。86.21％的被访代表表示提前7天拿到了需要审议表决的会议文件。

但是,二级单位工会的重要职能是维护教职工的合法权益,二级教代会只是维护教职工权益、推进民主管理的一个载体,而不是全部。换而言之,二级单位重视教代会工作是应该的,但是如果只是局限于把教代会开好,那是远远不够的。为了掌握教职工对二级单位维护教职工合法权益方面的评价,课题组专门设计了两个具体问题,一是当教职工在学校遇到维权方面的问题时,是否想到向所在二级单位的教代会反映,仅有48.78％的被访对象表示会向所在单位的教代会反映,36.59％的被访对象表示从没想过去教代会反映问题;二是询问对教代会代表履职能力的评价,仅28.05％的教职工认为代表的履职能力很强,认为较强的占47.56％,认为一般的占20.73％。可见,从教代会维护教职工权益的职能来说,二级教代会的维权功能还有待进一步增强,代表的履职能力还有待进一步提高。

三、对策与思考

从上述调查情况来看,我校二级教代会工作运行状况总体良好,但存在着一些薄弱环节和亟待改进的问题。面对新形势新任务,我们要认真研究新常态下二级教代会工作的规律和特点,在内容、形式、方法、机制等方面努力进行创新和改进,特别要在增强时代感,加强针对性、实效性、主动性上下功夫。这要成为今后提高二级教代会工作质量的重点。据此,我们的对策与思考是:

1.理顺三方面关系,凸显二级教代会的定位和功能,提升整体影响力

根据《教育法》《高等教育法》《国家中长期教育改革和发展规划纲要(2010—2020年)》等相关法律法规规定,大学内部有政治权力、行政权力、学术权力和民主权力这四种公共权力,大学内部治理结构改革实质就是这四种公共权力的配置与制衡关系。与此相对应,在学院中,这四种权力的代表组织分别为学院党组

织、学院行政、学院学术委员会和二级教代会。为适应学校管理重心下移,完善学院内部治理结构的需要,我校出台了《上海师范大学二级学院党政联席会议事规则(试行)》《上海师范大学二级学院工作条例》,明确规定了学院党政联席会是学院最高决策机构,学术委员会参与学术管理、教代会参与民主管理的基本功能和权力边界。完善校院二级管理体制,构建与体制相辅相成的运行机制,实现政治权力、行政权力、学术权力和民主监督权力这四种权力的协调、互补,进而形成良性互动的工作过程和运行方式,是改革取得成效的关键。而对二级教代会来说,处理好不同权力之间的关系则是提高工作质量的前提条件。

正确处理二级教代会与同级党组织的关系。就二级教代会与同级党组织的关系来说,必须处理好政治领导与被领导的关系。《学校教职工代表大会规定》明确规定:"教职工代表大会在中国共产党学校基层组织的领导下开展工作"。二级单位实行教代会制度,从代表选举到会议召开,从议题确定到组织讨论再到形成决议,都要在同级党组织的统一领导下开展。党组织要肩负起对二级教代会政治领导和引导的职责,但不能沿用行政式或命令式的管理方式,而是重点加强对其政治上的领导,把握好方向,做到领导不越位、指导不缺位,给教代会和工会一定的空间。同时加强思想教育,全面提高二级教代会及其代表的整体素质。二级教代会和代表要在同级党组织的统一领导和部署下,根据自身的特点,充分发挥主动性,使二级教代会成为民主管理和民主监督的基本载体和平台。

正确处理二级教代会与同级行政的关系。就二级教代会与同级行政的关系来说,必须处理好监督与支持的关系。一方面,行政要尊重和支持教代会依法行使民主参与管理和民主监督的职权,自觉接受教代会的监督,不断推进政(院)务公开。另一方面,二级教代会要尊重和支持学院(单位)行政系统行使指挥职权,引导教职工以主人翁的责任感努力完成教学、科研、社会服务等各项工作任务。做到参与不干预,补台不拆台,监督不越权,失误不埋怨,小事不纠缠,注意培养共识,形成合力,共同维护群众利益,努力成为行政与教职工沟通的桥梁与纽带。

正确处理二级教代会与学术委员会的关系。就二级教代会与学术专业委员会的关系来说,必须界定好各自的责任和权力边界。学术委员会重点决定教学科研、学科建设等业务方面重大事宜;二级教代会主要拥有审议建议权、审议通过权和评议监督权等职权,参与本单位的民主管理和民主监督,职责的范围主要是事关本单位发展全局的重大事项、事关教职工切身利益的重要决策。

上述关系一旦理顺理清,二级教代会的地位和作用将更为清晰明了。在高校二级单位,如何保障教职员工的知情权、参与权、表达权、监督权?如何解决群众反映强烈、迫切希望解决的问题,维护好、实现好、发展好教职员工的根本利益?路径只有一条:充分发挥教职工代表大会的作用。教职工代表大会是集体意志的体现,是教职员工当家作主的实现途径,是公众知情权、参与权、表达权、监督权的基本保障方式。没有民主管理的权力,就不会有民主监督的效用,因此,民主管理是民主监督的基础,而民主监督是民主管理的重要途径,两者又是相辅相成、密不可分的。民主管理和民主监督是二级教代会的两大功能,它们是通过教代会各项职权的落实得以实现的。因此,为了实现良好的治理,我们应当围绕二级教代会职权的落实,进一步加强其功能建设。

加强二级教代会民主管理功能的建设。二级教代会的民主管理功能集中在教代会参与学院(单位)重大事项的决策和学院重要事务的管理上,它主要通过落实教代会的审议建议权、审议通过权以及推进教代会提案工作得以体现。首先,二级党组织要加强对教代会审议事项的领导,将涉及学院(单位)发展、教职工切身利益的重要事项提交教代会审议或者审议通过。其次,二级工会要安排代表充分进行审议,做好教代会审议后的工作,确保代表提出的合理意见落实到文件的修改上,以推进学院(单位)的科学决策。第三,进一步推进教代会提案工作,提高提案的质量。要通过代表分组、建立代表与领导沟通机制、组织代表调研、开展代表专题学习研讨等方式,提高提案的质量。工会应当通过日常督促、召开工作推进会、搭建联系平台、表彰奖励等方式,促进职能部门迅速、有效办理提案,推进提案的落实。第四,建立信息公开制度、听证制度等一系列代表参与学院(单位)民主决策的机制,畅通和拓宽利益诉求渠道,营造民主和谐的决策环境。

加强二级教代会民主监督功能的建设。二级教代会的民主监督功能集中在教代会对学院(单位)管理工作的合规性和执行力进行监督,对学院(单位)领导干部进行民主评议上,它通过落实教代会的审查监督权和民主评议权得以实现。首先是落实审查监督权。在教代会开会期间,要向代表报告学院(单位)落实教代会决议的情况,并组织代表进行审查监督;在教代会闭会期间,工会应组织由领导与代表参加的恳谈会、沟通会等活动,代表对职能部门落实学校章程、规章制度和教代会决议情况进行监督。其次是落实民主评议权。教代会要完善民主评议的制度,明确民主评议的基本原则、评议范围、评议标准、实施机构、评议结果及其公开等事项,提高民主评议工作的规范化、科学化和民主化水平。工会要通过经常组织恳谈会、互动会等交流活动,推进学院信息公开工作,让代表充分了解学院(单位)领导干部的工作状况,以加强民主评议的客观性。

2. 落实三方面职权,完善工作机制和制度,保障教职工合法权益

《学校教职工代表大会规定》根据当前学校民主管理面临的新情况、新问题,从不同的方面和角度,规定了教代会的八项职权,主要体现为三个方面,即审议建议权、审议通过权和评议监督权。如何在二级教代会层面切实落实这三方面职权,进一步完善工作机制和制度,保障教职工的合法权益,是提升二级教代会工作质量的重要抓手。

紧扣审议建议权这个基础环节。落实审议建议权是指以二级教代会为载体,听取学院(单位)发展规划、教职工队伍建设、教育教学改革、以及其他重大改革和重大问题解决方案的报告,提出意见和建议;听取学院(单位)年度工作、财务工作、工会工作报告以及其他专项工作报告等,提出意见和建议;审议学院(单位)上一届(次)教职工代表大会提案的办理情况报告。审议建议权有利于凝聚人心、集中民智,使学院(单位)党政的决策更加民主化和科学化,更加具有群众基础,更加符合本学院(单位)实际。

紧扣审议通过权这个核心环节。落实审议通过权是指凡是学院(单位)内与教职工切身利益密切相关的事项,如教职工利益直接相关的福利、内部分配实施方案以及相应的教职工聘任、考核、奖惩办法等都要经二级教代会审议通过,使学院(单位)的规章制度的合法性和权威性加强,有力地提升了学院(单位)的管理水平。审议通过权的实施,保障了《教师法》所规定的"教师的聘任应当遵循双方地位平等的原则"以及《劳动法》所规定的劳动关系的确立"应当遵循平等自愿、协商一致的原则",体现了教代会与行政领导之间相互支持、平等协商的"共决"原则,有效维护教职工合法权益。

紧扣评议监督权这个关键环节。落实评议监督权是指在同级党组织领导下,二级教代会通过多种方式评议学院管理部门及其工作人员履行职责、遵纪守法、廉洁奉公等方面的情况,对学院(单位)工作提出意见和建议;监督学院(单位)制定的涉及教职工利益的制度、规定、政策及具体的执行情况,提出整改意见和建议;监督学院(单位)对教代会代表在教代会期间提出的各种提案、发言和建议,以及闭会期间教代会代表就学院(单位)发展中的各种问题提出的批评、建议甚至举报的办理情况。监督中一旦发现问题,可以《教代会民主监督建议书》的形式,督促学院(单位)整改和完善。学院(单位)要积极采纳、认真办理教代会代

表提出的民主监督提案和建议,及时反馈办理情况。凡以《教代会民主监督建议书》形式提出的批评和建议,应作书面反馈。教代会的民主监督不仅在内容上要有所侧重,要以维护和保障教职工的各种权益为重点,而且要有必要的形式和程序,必须以有关的法律法规为依据,要有领导、有组织地进行。

加强党的领导,保障二级教代会运行质量。按照法律规定,教代会是在党的学校基层组织的领导下开展工作的,因而学校党组织的领导能力直接关系到教代会制度的运行质量。目前,我校二级教代会制度运行中还存在着一些薄弱环节和亟待改进的问题,这就对提高二级党组织的教代会领导能力提出了新的更高要求。首先,开展二级党组织书记的专门培训,让他们进一步掌握党对教代会领导的基本要求,了解教代会制度建设的总体目标。培训内容和要求主要是:阐述建立和完善校院两级教代会制度的重要性,树立民主法治观念和依法治校理念;讲解教代会的性质、地位、作用等知识,形成有关教代会的基本观点;介绍教代会职权、程序、代表、组织机构、监督检查等规定,把握教代会法律制度和配套制度的基本内容;传授领导学基本理论和教代会领导实务,掌握教代会的领导方法。另外,开展对二级党组织教代会工作的考核。考核主要内容为:二级单位党组织领导二级教代会制度建设情况;二级单位党组织对二级教代会工作的研究情况;二级教代会运行情况。通过开展考核,二级党组织可以进一步明确领导教代会工作的具体要求,还可以成为推动其加强对教代会领导的重要动力。

加强制度建设,保障二级教代会规范运行。持续推进二级教代会制度建设,使之更加具有生命力,既是为二级教代会工作提供科学的制度保障,也是适应新形势发展的需要。当前,首先要补齐制度短板,解决制度建设滞后于现实,即在某些领域和某些方面实践走在制度前面,制度短缺的问题,如建立二级教代会民主评议制度、监督检查制度、议事程序制度等。其次,建立良好的制度框架体系,进一步梳理现有的二级教代会制度,进行科学分类,形成结构合理、简明易懂的制度体系,健全完善如会议组织制度、闭会期间工作制度、巡视检查制度、质询与通报制度、提案工作制度、管理问责制度、人事争议救济制度等,对定义宏观、表述笼统的条款进行补充和细化,以便于执行。第三,坚持和落实行之有效的制度,对继续有效的二级教代会制度和规范性文件,要加大贯彻落实力度,完善制度实施后评估机制、督查机制、问责机制,加强对制度执行的监督检查,确保各项制度规定成为必须遵守的刚性约束。当前亟需建设的二级教代会制度是闭会期间工作制度、民主评议制度、监督检查制度和议事规则。

3. 强化三方面意识,提升代表素质和能力,提高教代会运行质量

教代会代表是教代会其他要素赖以存在的前提和基础。必须强化教代会代表的主体意识、责任意识、大局意识,不断提高他们的综合素质和履职能力,充分调动他们的主动性、积极性和创造性,为教代会工作质量的进一步提升奠定扎实基础。

进一步强化代表的主体意识。教代会代表是构成教代会的基本要素,是教代会所有活动的主要承担者,这一性质决定了代表履职必须强化主体意识。首先,代表要明确自己的角色定位。目前二级教代会代表是以所在二级单位的系(所)、室(组)的教职工直接选举产生的。代表必须立足自己所处那个特定教职工群体,了解他们的愿望和诉求,维护他们的合法权益,说他们想说的话、办他们欢迎的事,更好地成为联系广大教职工的桥梁和纽带,真正体现教职工的主体地位。其次,要建立健全教代会代表联系教职工、走访教职工的制度。引导代表以主人翁姿态积极主动地参与教代会事务,深入基层一线和教职工群体,把问题摸准摸透,通过各种渠道反映群众关心的问题,把解决问题作为最后的落脚点,以自己的实际行动回报广大教职工的信任。

进一步强化代表的责任意识。教代会代表的责任意识,就是清楚明了地知道自己在整个教代会工作中所处的位置和作用,并自觉、认真地履行代表职责和参加各项活动,把责任转化到行动中去的心理特征。首先,强化责任意识要注重引导和培养。责任源于认识,必须以中国特色社会主义理论和有关法律、政策为重点内容,对教代会代表定期开展培训,不断提高他们的思想认识,提升他们的使命感和责任感。其次,强化责任意识要让代表明确自身职责和义务。教代会代表受教职工委托,代表教职工依法行使管理学院(单位)的民主权利,这就要求代表真实反映、合理表达广大教师员工的合法利益与合理要求,在广泛调查研究的基础上,认真提交教职工关注度高、影响面广,具有普遍性、焦点性的高质量建议。同时,法律法规又赋予教代会各项职权,为履行好教代会职权,代表就必须积极参加教代会活动,依法履行代表职责,认真执行和宣传教代会决议,完成教代会交给的各项任务。

进一步强化代表的大局意识。教代会代表增强大局意识就是要认识大局、把握大局、服从和服务大局。首先,增强大局意识必须正确认识大局。凡是涉及教职工的根本利益,涉及学校或学院(单位)改革发展的事,就是大局。学校有学校的大局,学院(单位)有学院(单位)的大局,本部门有本部门的大局,互相区别

又互相联系。在一个部门看来是全局的事，在学校或学院的棋盘上，就未必是全局。强化代表的大局意识，就是要让他们理解这种区别和联系，以提高自身的政治敏锐性和判断力。其次，增强大局意识必须自觉服从大局。大局决定着事物存在发展的整个局面，认识大局是为了服从大局服务大局。代表要跳出本部门的狭隘，科学运用手中的权利，在提交议案、建议、意见和批评时，要处理好整体利益与局部利益、长远利益与眼前利益、群体利益与个体利益的关系，立足中心，立足全局，立足大事，特别是提交议案，不涉及学校、学院全局工作、不涉及多数群众利益的问题，不宜以提案形式提交。

进一步强化代表的素质与能力建设。代表是二级教代会的主体，代表的综合素质与履职能力建设水平决定了二级教代会的工作水平。为此，首先，加强代表的教育培训工作，提升代表对教代会性质、职能、职权、程序、作用的认识，提升对自身地位、作用、权利、义务的认识，提升代表的主体意识、责任意识和大局意识；通过严格执行教代会制度，增强代表的责任心和使命感，让他们在教代会运行的各个环节中发挥主导作用。其次，提升代表的履职能力。通过召开恳谈会、互动会，组织校内调研，评选"金点子"奖等措施，提升代表的审议能力；通过提案实务培训、代表分组研讨、优秀提案奖励等措施，提升代表的建言献策能力；通过组织代表巡视、干部评议培训等措施，提升代表的监督能力。第三，建立代表考核奖惩制度，明确代表的责任和权利，形成代表约束机制。开展代表向教职工通报履职情况的活动，使代表在接受监督中强化主体意识，确保代表的民主管理职责到位。

第三专题

教职工职业发展研究

高校工会在高校教师专业发展工程中的角色[*]

蔡 骥 郑 舒^{**}

一、序言

(一) 高校教师专业发展问题的提出

早在 1955 年，世界教师专业组织会议就提出了"教师专业化"这一概念。1966 年，国际劳工组织和联合国教科文组织提出的《关于教师地位的建议》首次对"教师专业化"这一概念予以说明，指出："应把教师工作视为专门的职业，这种职业要求教师经过严格而持续的学习，获得专门知识，并具有特别技术。"概而言之，教师作为一种专门的职业，有特有的从业资格，不仅包含学科方面的要求，还包含教育教学方面的要求。而在很长时期内，后者常常被忽视，尤其对于高校教师，这种倾向更为突出。

作为高校教师的基本专业能力，"教育教学""科学研究""社会服务"和"管理"四项为国际所公认。20 世纪中期以来，在多数发达国家，随着高等教育的普及化和国际化，大学教师的基本专业能力、尤其是"教育教学"能力越来越受到重视，"FD(Faculty Development)"成为高等教育改革的重点之一。"FD"在广义上，指促进高校教师的"教育教学""科学研究""社会服务"和"管理"诸方面能力的发展；在狭义上，则特指促进高校教师的"教育教学"能力的发展，具体指促进

* 本文系 2014 年上海师范大学工会课题"高校教师专业发展过程中的工会角色研究"的成果。

** 蔡骥，上海师范大学哲学与法政学院教授、博导；郑舒，上海师范大学哲学与法政学院办公室主任、院工会委员。

他们在教育教学的规范和内容、课程大纲、教学方法等方面的基本能力的发展。①

在我国,近年来,随着高等教育的日渐普及,党和政府也越来越重视高校教育的质量问题。2010年制定的《国家中长期教育改革和发展规划纲要(2010—2020)》,明确指出提高教育质量乃教育改革和发展之迫切任务,并把"加强教师队伍建设""建设高素质教师队伍"列为提高教育质量之首要"保障措施"。2011年4月,时任中共中央总书记胡锦涛在清华大学百年校庆重要讲话中强调指出,不断提高教育质量是高等教育的生命线,我国高校务必把提高教育质量作为教育改革和发展的最核心最紧迫的任务。2012年3月,教育部制定并发布了《关于全面提高高等教育质量的若干意见》,针对影响高等教育质量的若干突出问题,提出30条全面提高高等教育质量的具体措施,其中明确指出:"教育大计,教师为本","提高教师业务水平和教学能力、加强教师队伍建设,是提高高等教育质量的根本性保障"。

在上海,市教委在2010年根据上述《国家中长期教育改革和发展规划纲要》的要求,制定并开始实施《高校教师专业发展工程方案》。这一工程主要包括:"国外访学进修计划""国内访问学者计划""产学研践习计划""高校领军人才、引进人才和骨干教师激励计划(含东方教席、师资博士后)"和"高校实验技术队伍建设计划",其主要目的在于提升中青年骨干教师的教学、科研和管理水平,为他们今后成为高校教育的中坚力量奠定基础,从而促进上海高校的内涵建设。几年来,上海地区的各所大学几乎都设置了"教师专业发展中心",负责这一工程的具体实施。

不过,无论对于高等教育质量的提高,还是高校教师专业能力的开发,上述由政府推动、学校行政部门实施的"高校教师专业发展工程"固然十分必要,却远远不能满足实际需求。因为其申请资格仅限于"中青年骨干教师",而能入选的又只是"中青年骨干教师"中的极少部分。换言之,绝大部分高校教师未能为这一政策所覆盖。那么,在这方面,高校工会是否应该、以及能够发挥怎样的作用予以补缺? 也就是说,在高校教师专业发展这一系统工程中,高校工会应该而且能够扮演怎样的角色? 这就是本文所要讨论的问题。

---

① 有本章.大学教授職とFD[M].东信堂出版 2005 年版.

（二）高校教师专业发展相关研究述评

1. 关于高校教师专业能力之内涵的研究

知识，是能力的基础。国际上关于教师必备专业知识的代表性研究，当首推美国卡内基教学促进基金会主席舒尔曼（Lee S. Shulman）提出的教师专业知识分析框架。舒尔曼认为，教师必备的专业知识至少应该包括七个方面：（1）学科知识，指课程所属学科的知识，包括基本概念、基本原理、规则等；（2）一般教学法知识，指普遍适用于各学科教学的课堂教学组织和管理知识，如一般的教学原理、教学策略、教学方法、学生学习状况评价方法等；（3）课程知识，指主讲课程及其教材所涵盖的知识；（4）学科教学法知识，指各学科各自特有的教学方式和策略；（5）学生及其学习特点的知识，包括学习心理学知识、与课程相关的学生知识掌握状况、根据授课对象设计具体教学方法的知识等；（6）教育脉络和情境的知识，主要包括对学生家庭、社会环境等因素对课程教学影响的认知；（7）教育目的和价值观的知识，如对学生学习目的的了解等。在舒尔曼看来，在由这七类知识构成的教师必备知识群中，"学科教学法知识"特别重要，因为它既体现了学科内容与"教学"的联结，也体现了学科研究与学科教学的区别。[①] 就国内学术界而言，林崇德基于认知心理学的研究在这一领域颇具影响力。林崇德认为，教学活动是认知活动和实践活动的统一，而教学活动得以实施的基础在于作为活动主体的教师必须具备以下知识。首先是"本体性知识"，即教师必须具备各自所属学科的知识；其次是"条件性知识"，即教育学知识和心理学知识，这对教师传授"本体性知识"具有理论支撑作用，具体包括"学生身心发展的知识""教与学的知识"和"学生成绩评价的知识"；再次是"实践性知识"，主要指课堂情境及其相关知识；第四是"文化知识"，即身为教师者，除上述知识之外，还必须具有广博的文化知识。[②]

知识，需要转化为能力。国内外学术界在高校教师专业能力方面也有很多研究积累，而高校教师应该具备"教育教学""科学研究""社会服务"和"管理"四项基本能力这一观点，已成为一种普遍共识。荷兰的"高校教师基本授课资格"（BTQ，Basic Teaching Qualification）的内容由六个维度两个层面构成，第一个层面包括课程设计、授课相关知识、授课质量保证、授课框架及其调整、个人授课

---

① 刘捷. 专业化：挑战 21 世纪的教师[M]. 教育科学出版社 2002 年版，第 223—224 页.

② 林崇德等. 从教师的知识结构看师范教育改革[J]. 高等师范教育，1996(06).

特性和 ICT 设计与实施的特色等六个方面的基本准则,这由荷兰 14 所大学共同制定;这六项基本准则各自包含若干下位目标,这些下位目标是各大学根据自己学校对教师授课的特殊要求而设计的,因此"BTQ"资格规定的第二个层面的内容因校而异。也就是说,在荷兰,要成为一名大学教师,必须拥有"BTQ"资格;而要获得"BTQ"资格,必须既具备 14 所大学统一要求的授课能力,又具备任职大学特别要求的授课能力。日本全国私立大学 FD 联合论坛以荷兰"BTQ"为模板制定的《FD 实践纲要》,也分为两个层面,第一层面的六个维度为各大学的共同要求,各项基本准则的诸下位目标由各大学自定,立命馆大学的《FD 实践纲要》关于高校教师基本授课能力所做的规定如表 1 所示。

表 1　立命馆大学的《FD 实践纲要》关于大学教师授课基本能力的规定①

1. 设计学习活动	(1) 掌握有关授课和学习的一般理论; (2) 能够设计有助于学生懂得怎样学习的授课方案; (3) 能够规划和设计以学生为中心的授课方案; (4) 能够以恰当且明确的语言表述授课方案; (5) 能够设定恰当的成绩评定标准和方法; (6) 能够设计引进新知识的授课方案。
2. 实施讲课及学习援助活动	(7) 授课过程中能够运用以学生为中心的授课方法; (8) 授课过程中能够应用有助于学生自主学习的各种技术和方法; (9) 授课过程中能够根据学生的学习状况调整原授课方案; (10) 授课过程中能积极地与学生互动; (11) 授课过程中能及时引进新的实践及其成果; (12) 授课过程中能及时引进新的理论知识。
3. 保证讲课质量	(13) 能够运用科学的方法评价教学效果; (14) 能够对学生的学习成绩进行客观而严格的评定; (15) 能够把教学效果的评价结果有效地反馈给学生; (16) 能够反省和改善自己的授课; (17) 能够对引进新知识的授课做出评价。
4. 创造有益于学生自主学习的环境	(18) 促进学生学习兴趣小组的组成; (19) 有效利用各种媒体和工具,创造有益于学生学习的环境; (20) 能够开发帮助学生学习的工具和环境。

① 井上史子等. 実践的 FDプログラムにおける大学教員の教授. 学習支援能力の検討——オランダにおける「基礎教授資格」(BTQ)を参考として[J]. 日本立命館大学高等教育研究第 10 期,2010.

续　表

5. 形成个人授课特点	（21）承认并尊重学生的多样性； （22）设计自己的教学生涯，发展自己的个性，形成自己的授课特点； （23）作为大学中教师群体的一员工作； （24）始终努力学习有关大学教育和教学的新知识；
6. 具备任职大学特殊需要的授课能力	（25）了解和把握立命馆大学的教学特色

2. 关于高校教师专业能力开发主体的研究

围绕高校教师专业能力开发的主体这个问题，已有研究主要从两方面展开，一是高校教师个体，二是相关组织。

一方面，学术界普遍认为，高校教师专业能力的开发归根结底是一种"自主性"或"主体性"的活动，其主体首先就是每个高校教师自身。高校教师具有自我发展的意识和动力，自觉承担其专业能力开发的主要责任，通过不断学习、实践、反思、探索、创新，使自己的知识不断更新、教育教学能力不断提高。

另一方面，20世纪中后期以来，越来越多的国家把教师专业能力开发作为高等教育改革的重要内容之一，从政府的高等教育主管部门到高校，都设置专门机构，具体组织和实施教师专业能力开发的活动。在此背景下，高校教师专业能力开发的组织主体也进入研究视域。有的学者从政策研究的视角，研究政府在高校教师专业能力开发中的角色；有的学者从实践研究的视角，研究高校中的专门机构、院系、教师自发组织等在高校教师能力开发中的角色。而早在1991年时，美国教育联合会（NEA）在总结美国教师专业能力开发20余年实践的基础上指出，教师专业能力开发围绕四个目的展开，即"个人发展""专业发展""教学发展"和"组织发展"，其中"组织发展"就在于集中营造有效的组织氛围，促使教师制定和履行自己专业能力开发计划，学习新的知识，采用新的教学方法。

3. 关于教师组织在高校教师专业能力开发工程中的职责的研究

在上述关于高校教师专业能力开发工程组织化主体的研究中，有不少以高校工会等教师组织为对象。有关国外状况的研究，大多以美国全国教育协会（NEA）和美国教师联盟（AFT）为对象，主要对它们在美国教师专业化建设过程中的作用加以介绍和评价。

而以国内高校工会在高校教师专业能力开发中的职责为主题的研究，则呈现多样化视角。有的从工会维权职能角度,强调教师专业能力发展是高校教师的利益和权益所在,高校工会必须为之维权。有的从教师职业生涯规划的视角,讨论高校工会的策略,认为高校工会可以从三个方面组织相关活动:培养教师树立职业生涯管理观念,践行职业生涯规划;为教师搭建职业发展平台,帮助他们实施和实现自己的职业生涯规划;开展女性素质提升工程,为女教师实施和实现自己的职业生涯规划创造条件。[①] 有的以青年教师为对象,提出高校工会应特别注重保护青年教师的权益,保障他们的专业能力能够在良好环境中尽快发展;[②]高校工会还要出面积极协调学校各个部门,促进学校的人事制度改革,让优秀的青年教师能够脱颖而出,使其专业能力得以最大限度的发展。[③]

由上可见,不同的教师组织,在高校教师专业能力开发方面的职责不尽一致,有着不同的实际角色。Jessup D. K. 在 1985 年时,曾将教师组织依其主要目标区分为二种类型:一是"工会组织(labor union)",以争取成员的权益与福利、改善工作条件为主要目标,通常采取与学校行政对立的立场;二是"专业组织(professional union)",强调对学生服务质量的重要性,着力于借助团体的力量提升教师的教学质量。[④] 但谢文全则认为事实上不存在把提高教学质量与保障教师自身权益完全对立起来的教师组织,因此教师组织应该区分为"专业组织"和"兼具工会和专业的组织",他把美国的全国教育协会(NEA)和美国教师联盟(AFT)分别归类于"专业组织"和"工会兼专业组织"。[⑤] 郑彩凤等人在总结前人研究的基础上,把教师组织区分为"工会取向的教师组织""专业取向的教师组织"和"兼具专业及工会取向的教师组织"三类。[⑥]

如上所述,既有研究已经提出并在一定程度上论证了我国高校工会在教师专业能力开发中应发挥积极作用,这实际就把关于我国高校工会在教师专业能力开发中的角色这一问题作为一个亟需研究的课题提上了议事日程。

---

① 程莹等. 高校工会推动教师职业生涯规划的策略研究[J]. 职业教育,2009(09).

② 刘海燕. 工会维权与高校青年教师的权益保护[J]. 工会论坛,2009(05).

③ 何易勤. 高校工会在青年教师发展中的作用[J]. 工会论坛,2009(07).

④ 转引自郑彩凤等. 中小学教师组织工会相关问题之研究[J]. 国立台北师范学院学报,2004(01).

⑤ 转引自郑彩凤等. 中小学教师组织工会相关问题之研究[J]. 国立台北师范学院学报,2004(01).

⑥ 郑彩凤等. 中小学教师组织工会相关问题之研究[J]. 国立台北师范学院学报,2004(01).

（三）本文的主要内容和研究方法

本文依循从一般到具体的逻辑,依序从以下四个方面探讨我国高校工会在教师专业发展工程中的角色:

首先,依据中国工会的性质和基本职能,分析和论证我国高校工会在教师专业能力开发工程中的基本角色;

其次,借鉴国外学者关于高校教师专业发展活动分类和需求阶段划分的理论,分析和论证我国高校工会在教师专业能力开发工程中的具体角色;

再次,借助美国教育考试服务中心（Education Testing Service）在1976年公布的《美国大学和学院教师发展实践调查》（Faculty Development Practices in U.S. colleges and Universities）提供的相关系统数据,探讨我国高校工会在上述角色实施过程中应特别注意的事项。

二、高校工会在高校教师专业发展工程中的基本角色

在我国的高校教师专业发展工程中,高校工会是重要的主体之一,是主要的活动组织者之一。这一基本角色,是由中国高校工会的基本性质和基本职能决定的。

（一）高校工会的基本性质与在教师专业发展工程中的基本角色

如上所述,西方国家的教师"工会组织"或"工会取向的组织"与"专业组织"不同,其目的在于维护成员的权益和福利,而不是教育本身,其立场通常也与学校管理方相对立。以美国全国教育协会为例,它是美国最早成立的全国性教师组织,在美国教育史上具有无可替代的贡献和地位,至今仍对美国教育具有极为重要的影响力。它于1857年成立于美国费城,当时名为"全国教师协会",至1906年改名为"全国教育协会"。一个多世纪来,美国全国教育协会经历了发展和壮大,也经历了从典型的、纯粹的"专业组织"向"工会组织"或"工会兼专业组织"的角色转型。大致说来,这一转型始于20世纪60年代。此前,美国全国教育协会始终扮演了一个"全心全意追求美国教学和教育改进"的教师"专业组织"的角色,它不仅在首部章程就明言首要目标在于"使教学成为一门专业",而且始终付诸实施,其在美国的教学专业化发展史上的作用和地位为任何教师组织所无可替代。而在20世纪60年代,面对美国教师联盟的"工会主义"的挑战,为了

组织的生存和发展,它作为专业组织的性质逐渐蜕化。有人认为它最终转化为一个教师工会组织,其主要标志在于:首先,"采用美国教师联盟等教师工会常用的集体谈判、罢教等手段",并且对于非会员的诉求"收取代理费";其次,跻身美国政坛,以政治献金等手段左右美国大选;再次,对于"教学专业化发展"等美国教育改革中的若干重要问题,"关注的方式和所发挥的作用,与其作为教师"专业组织"时期不同,"有关协会发展和壮大的诸多复杂目标代替了以往单纯地致力于教育和教学专业进步的目标,教育不再是协会关注的中心,相反,在很多时候,教育仅是协会实现目标的一个手段","成为其追求工会利益的牺牲品",尽管它"依然对美国教育指手画脚,但是其目的则已不在教育"。①也有人对此做不同解释,认为它转向"倡导责任、合作、共享的'新工会主义'",成为"工会兼教师专业性组织"。②总之,对西方国家的教师工会组织来说,教育主管部门及学校管理方与教师是利益对立的两极,而它们作为维护教师权益和福利的组织,即使关注、关心学校教学质量的提高和教师专业发展,也只是手段,而不是目的。

而就基本性质而言,中国高校的工会不同于西方国家高校的教师工会。按照《中国工会章程》的规定,"中国工会是中国共产党领导的职工自愿结合的工人阶级群众组织,是党联系职工群众的桥梁和纽带,是国家政权的重要社会支柱,是会员和职工利益的代表。"③中国高校的工会作为中国工会的基层组织,就其基本性质而言,它是学校党委领导下的教职工自愿结合的群众组织,是党联系教职工的桥梁和纽带,是教职工利益的代表。因此,与西方国家的教师工会组织不同,作为学校党委领导下的教职工自愿结合的群众组织,中国高校的工会所要维护教职工的利益与学校利益在原则上是一致的,它的维护教职工利益与致力于学校教育教学质量的提高和教师专业发展在原则上也是一致的。正是中国高校工会的这一基本性质,决定了它必然是高校教师专业发展工程的重要主体之一。

(二) 高校工会的基本职能与在教师专业发展工程中的基本角色

作为中国工会的基层组织,高校工会的基本职能由中国工会的基本职能所规定。按照《中华人民共和国工会法》(2001 年)和《中国工会章程》(2013 年)的

---

① 龚兵. 从专业协会到教师工会[D]. 华东师范大学,2005.
② 朱宛霞. 全美教育协会推动教师专业化的策略研究[D]. 华中师范大学,2007.
③ 中国工会章程(2013 年 10 月 22 日通过).

规定,工会在新时期必须履行四大基本职能:维权、参与、建设和教育。

工会的维权职能,是指工会要通过各种有效途径"维护职工群众的合法权益",其中包括职工群众的劳动经济利益和民主权利,这是"中国工会的基本职责"。[①] 而维护广大职工群众的合法权益,也就是要维护党和群众的血肉联系,维护党的执政地位和执政基础。

工会的参与职能,是指工会要"组织和教育职工依照宪法和法律的规定行使民主权利,发挥国家主人翁的作用,通过各种途径和形式,参与管理国家事务、管理经济和文化事业、管理社会事务;协助人民政府开展工作,维护工人阶级领导的、以工农联盟为基础的人民民主专政的社会主义国家政权";[②]要"代表和组织职工","参与企业、事业单位和机关的民主管理",[③]代表广大职工实施民主监督。工会的参与职能是工会依法维护职工群众的合法权益的重要渠道,它不仅有利于保障职工群众参与社会管理的主体地位,而且有利于保障社会政策及政府决策的科学性、民主性和正确性。

工会的建设职能,是指工会要"动员和组织职工积极参加建设和改革,努力促进经济、政治、文化、社会和生态文明建设",[④]"努力完成生产任务和工作任务"。[⑤]

工会的教育职能,是指工会要"教育职工不断提高思想道德素质和科学文化素质,建设有理想、有道德、有文化、有纪律的职工队伍,不断发展工人阶级先进性",[⑥]"调动职工群众的积极性,促进企业、事业的发展"。[⑦]

我国的高校教师专业发展工程,事关我国高等教育事业,也事关各所高校的教育教学质量和师资队伍建设。高校工会在履行上述四大基本职能时,具体到高校教师专业发展工程这一事项,作为重要主体之一,理所当然地要承担起组织具体活动的职责。

---

① 中华人民共和国工会法(2001 年).
② 中华人民共和国工会法(2001 年).
③ 中国工会章程(2013 年 10 月 22 日通过).
④ 中国工会章程(2013 年 10 月 22 日通过).
⑤ 中华人民共和国工会法(2001 年).
⑥ 中国工会章程(2013 年 10 月 22 日通过).
⑦ 中国工会章程(2013 年 10 月 22 日通过).

三、高校工会在高校教师专业发展工程中的角色履行

高校教师专业发展是个系统工程,这具体表现在两个方面:首先,从该工程总体上看,它由许许多多的具体活动构成,而这许许多多的具体活动是个有分工有合作的整体;其次,就教师个体而言,随着年龄、职级的变化,不仅他们自身的专业发展需求会有变化,而且对他们的专业发展要求也会有所不同。以下,就从高校教师专业发展活动分类和高校教师专业发展需求阶段划分两个方面来分析高校工会在高校教师专业发展工程中的具体角色。

(一)高校教师专业发展活动分类与高校工会的职责

高校教师专业发展离不开高校教师的自律性,同时也需要相关的组织化,由此形成高校教师专业发展活动的不同类型。田中每实认为,在这种自律性与组织化相结合的高校教师专业发展工程中,各种活动可如图 1 所示,划分为四种基本类型。①

Ⅰ型 讲座(制度化)	Ⅱ型 讲座(自组织化)
Ⅳ型 互相研习(制度化)	Ⅲ型 互相研习(自组织化)

图 1　田中每实的教师专业发展活动分类模型

上述Ⅰ型活动以由高校行政部门组织的演讲活动为典型;Ⅱ型活动主要是教师工会组织的演讲活动;Ⅲ型活动以高校及其主管部门组织的教师专业学习班为典型;Ⅳ型活动主要是同学科教师的互相听课活动。Ⅲ型活动和Ⅳ型活动都属于"相互研习型"活动,都是以"具体的日常教学活动为前提的"活动;其中,Ⅳ型活动属于"制度化"的范畴,对于教师个体来说,这是一种"被要求参加"的活动,而Ⅲ型活动则是一种"志同道合者之间基于自律的教学实践互动"。田中认为,Ⅰ型活动和Ⅱ型活动的优点在于其效率颇高,每一次演讲活动都可以容纳数

① 田中每实. 大学教育学とは何か. 京都大学高等教育研究開発推進センター. 大学教育学[C]. 培风馆,
　2003.

量相当多的教师,但它们同时又有着"致命的缺陷",即演讲内容通常比较浅显、通俗,所以Ⅲ型活动和Ⅳ型活动,尤其是Ⅲ型在教师专业发展工程中具有不可或缺的作用。

从我国高校工会的职责这一角度来看,院校两级工会组织除负责Ⅱ型活动的策划和实施之外,还应该参与Ⅰ型活动的策划和实施;而院系两级工会组织要为Ⅲ型活动和Ⅳ型活动搭建平台。

(二) 高校教师专业发展需求阶段划分与高校工会的职责

国外有研究认为,不同年龄、不同教龄、不同职级的教师在专业发展方面的需求不尽相同,高校教师专业发展工程的组织化主体必须充分考虑这一因素。

有学者把美国高校教师的专业发展需求划分三个阶段:(1)Early-Career faculty阶段,相当于从入职至获得终身教职这一阶段。处在这一阶段的高校教师,压力非常大,无论在教学还是科研方面,都需要拿出优质成果。因此,以他们为对象的教师专业发展活动,应以帮助他们尽快适应教师这一职业、顺利获取终身教职为主要内容。(2)Mid-Career faculty阶段,即终身教职阶段。很多人在获得终身教职之后,容易迷失目标或丧失动力,因此,帮助他们克服怠倦,继续保持上进心就成为面向处在这一阶段的高校教师的教师专业发展活动的重点。具体而言,如帮助他们明确中坚教师的责任和义务,设定新的目标。(3)Late-Career faculty阶段,大致为退休前5～10年。处在这一阶段的教师所面临的问题因人而异,呈现多样化,其中与年轻同事之间的人际关系、与学生之间的"代沟"、工作的不尽如人意等问题较具代表性,所以,以处在这一阶段的高校教师为对象的教师专业发展活动就应该着重于这些问题。另外,对于高校教师来说,晋升为教授,这不仅是对其教学及科研的业绩的一种肯定和回报,同时还意味着将有机会及义务作为教学和科研的骨干更多、更深入地参与学校管理。因此,提升教授们的参与自觉和培养他们的领导能力,就理所当然地成为以教授为对象的教师专业发展活动的重要内容之一。[1]

日本广岛大学的一项调查结果显示,就教育及教学能力而言,教师平均在从

---

[1] McKay Oosthuizen & Sharpe, 2005, *The Problems Faced by Academics at Various Stages in Their Careers-The Need for Active Institutional Involvement. Judith M. Gappa, Ann Austin & Andrea G. Trice*, 2007, *Rethinking Faculty Work Higher Education's Strategic Imperative*, Jossey-bass.

教第 8 年、约 37.3 岁时才真正成为一名合格的高校教师；而这种能力的获得，主要依赖于日常教学经验的积累[①]。日本东北大学的一项调查也得出大致相同的结果。[②] 另外，从广岛大学的调查结果来看，有两点值得特别关注。首先，教师与管理人员（学部和专业的负责人）对学生评教的看法明显不同，管理人员有过分重视学生意见的倾向。其次，对教师专业发展活动的需求因教龄而异：在教龄不满五年的教师中，约有三分之一认为最需要教学方面的具体指导；而在教龄超过十年的教师中，约有 56% 认为最需要学术休假。[③] 在日本，根据 2006 年颁布的研究生院设置基准修正案和 2007 年颁布的大学设置基准修正案，为提高教学质量而有组织地开展教师专业发展活动，对教师进行多种形式的培训，已经成为大学及研究生院的一项义务。

澳大利亚依据教师的教职经历，把教师的专业成长过程区分为"毕业""胜任""成熟"和"领导"四个阶段，并制定相应的教师专业标准，提出各阶段教师专业发展活动的重点。[④] 所谓"毕业阶段"，是指作为学生从学校毕业、又作为教师进入学校这一"新教师"时期，这一阶段的教师最缺乏的就是教学实践经验。因此澳大利亚教师专业标准规定，处在这一阶段的教师必须在前辈教师的指导下，确立自己的专业发展目标；并在与同事的合作交流中，学习和积累教学经验。"胜任阶段"的教师已积累相当的教学经验，不仅能够有效地监督、评价和规划学生的学习，而且能够因材施教，根据学生的特点制定和实施教学计划。"成熟阶段"的教师具备博深的学科知识和丰富的教学经验，作为教学骨干得到同行的认可和高度评价；能够及时发现学生在学习上的需求，并根据这种需求制定切实可行的教学计划；不仅能够有效地发展自己作为教师的专业能力，而且能够有效地指导和帮助同事实现专业发展。"领导阶段"的教师具备超群的优秀教学经历，并依然致力于教学质量的提高；能够担负起推进所在学科乃至全校教师专业发展的任务，并能够为学生、同事、所在学科及学校提供教育发展的中长期规划。

围绕我国高校教师的专业发展问题，有学者借鉴国外经验，主张把高校教师

---

① 広島大学. 広島大学白書④新しい大学像を求めて［Z］. 1999.
② 日本东北大学高等教育开发推进中心. CAHE TOHOKU Report 32 研究大学における大学院教员の能力开発の課題［Z］. 2010.
③ 広島大学. 広島大学白書④新しい大学像を求めて［Z］. 1999.
④ 蔡艳苓. 浅谈澳大利亚教师专业标准的特点［J］. 吉林省教育学院学报，2011(3).

的专业发展划分为"新任教师""合格教师""骨干教师"和"主导教师"四个阶段。[①]"新任教师"除了要接受必要的校本培训和通用培训,还要在教学集体和教学经验丰富的教师的指导下,在教学实践中,学习大学教学的基本技能,积累教学经验,逐步做到"能够基本独立讲授专业课程"。"合格教师"要具备一定的教学经验,能够独立设计并实施行之有效的教学方案;并在教学实践中,创新教育教学方法,不断提升作为高校教师的专业能力。"骨干教师"不仅要在教学集体中发挥骨干作用,而且在发展自己的教师专业能力发面也能起到示范作用。"主导教师"不仅是某学科专业领域的拔尖人才,而且在教育教学集体中发挥领导和决策作用,主导学科和教师专业的建设与发展。

综上所述,高校教师在专业发展方面的需求,会随年龄、教龄、职级的变化而呈现阶段性差别。因此,高校工会作为教师专业发展活动的重要组织者,在策划和组织相关活动时,必须充分考虑这一因素,使活动更具多样化、更有针对性。

四、美国高校教师专业发展实践的启示

以上从理论上对高校工会在教师专业发展工程中应该扮演怎样的角色进行了论证,以下再借助美国教育考试服务中心(Education Testing Service)于在1976年公布的《美国大学和学院教师的专业发展实践调查》(Faculty Development Practices in U. S. colleges and Universities)提供的相关系统数据,探讨我国高校工会应该怎样扮演上述角色。这份资料从时间上看已较"陈旧",所反映的是近四十年前的状况,我们之所以选用它,一是因为它的调查面较广,所反映的情况具有较高的普遍性;二是因为当时美国的高校教师专业发展实践处在方兴未艾之时,因此这一资料对我国当下正蓬勃兴起的高校教师专业发展实践或许更有借鉴之价值。

(一)美国高校教师专业发展实践调查结果

美国教育考试服务中心在艾克森教育基金会的资助下,从1975年开始着手对美国高校的教师专业发展实践进行调查。首先,给全美近2600所通过学位授予认证的高校(包括两年制的学院和四年制的大学)的校长发信咨询,了解其所

[①] 陈梦然. 高校教师专业发展的基本标准[J]. 高校教育管理,2013(2).

在学校开展高校教师专业发展实践的情况，并请他们提供熟悉详情的人员名单。1783 位校长给予了回复，其中 1044 位校长表示所在学校有计划地进行了（或进行着）高校教师专业发展实践活动，82 位校长表示正在筹划高校教师专业发展实践，另有 657 位校长所表示没有也尚无计划开展高校教师专业发展实践。继之，从上述 1044 所有计划地进行了（或进行着）高校教师专业发展实践活动的高校中各抽取一名熟悉详情的人员，向其寄发长达 4 页的问卷，回收问卷 756 份，回收率为 72%。也就是说，这次调查至少获取了 756 所高校开展高校教师专业发展实践的情况。

1. 设置教师专业发展实践管理机构的高校数量

在上述 756 所高校中，如表 2 所示，有 44% 已设置专门策划、组织、实施教师专业发展实践活动的管理机构，而两年制学院、四年制学院和研究型大学设置这种专门管理机构的比例不尽一致，以研究型大学为最高，四年制学院最低。

表 2 美国高校设置教师专业发展实践管理部门的状况（1975 年）

全体 （N＝756）	两年制学院 （N＝326）	四年制学院 （N＝315）	研究型大学 （N＝93）
44%	49%	34%	65%

2. 高校教师专业发展实践活动的种类

该调查在文献研究和预调查基础上，在调查问卷列出五类 45 种高校教师专业发展实践活动，让受调查者从中选择自己所在学校所实施的实践活动。五类活动为：（1）校内相关制度或政策；（2）演习或研讨；（3）讲评或评估；（4）多媒体等技术的应用实践；（5）其他。

三分之二以上的受调查者表示所在学校实施支持或资助教师专业发展实践的政策，除设置上述专门管理部门之外，主要还有以下项目：设置年度优秀教师奖；定期检查评估，并将之与终身执教资格挂钩；以教学研究和教师专业发展为目的的无薪或半薪研究假；访问学者计划；减免新任教师第一年的教学工作量；为在暑假期间参加教师专业发展实践活动的教师提供津贴；为到外地参加教师专业发展相关活动的教师报销交通及住宿的费用等。

在演习或研讨类活动调查栏目，调查问卷列举了下述选项：教学方法或相关技术、教学主题或新知识领域、新课程开发、学生表现的检测和评估、教学大纲的制定及学生分类方法、学术咨询及学生辅导方案设计、学术研究方法、心理学方法在教学管理及学生管理中的应用、教育领域的一般问题和未来趋势、人际交往能力的提高、教育教学的价、工作有效性。从调查结果来看,上述活动在美国高校中十分普及,分别达到97～99％。

讲评或评估的主体通常为学生或同事、专家。调查结果表明,只有五分之一的调查对象表示自己所在高校采用学生评教的方法,而其中又只有50％肯定这种方法的有效性;而大多数调查对象认为专家咨询比同事的正式或非正式的讲评更为有效。

3. 不同类型高校教师参加教师专业发展实践活动状况的比较

在该项调查中,将调查对象按照特征分为六类,组成三对对照组:"教龄不足4年的年轻教师"和"教龄在15年以上20年未满的教师";"非终身教职教师"和"终身教职教师";"优秀且追求更完美的教师"和"需改进的教师"。如表3所示,对于高校教师专业发展实践活动的态度,"优秀且追求更完美的教师"最为积极,而"需改进的教师"最为消极;"教龄不足4年的年轻教师"较"教龄在15年以上20年未满的教师"更为积极;"非终身教职教师"比"终身教职教师"略显积极。

表3　不同类型教师参加教师专业发展实践活动状况比较

	很少参加	有时参加	近半参加	经常参加	无回答
教龄不足4年者	13%	31%	23%	27%	6%
教龄在15年以上20年未满者	22%	45%	17%	9%	7%
非终身教师	8%	34%	25%	19%	14%
终身教师	9%	43%	21%	10%	17%
优秀且追求更完美者	3%	21%	23%	48%	5%
需改进者	40%	38%	8%	6%	8%

(二)美国高校教师专业发展实践的启示

我国高校工会作为高校教师专业发展工程的重要主体之一,应该怎样具体履行职责?从上述调查所反映的美国高校教师专业发展兴起时期的实践情况可得到不少启示,下述三点尤显重要。

1. 教师的参与度

高校教师参加教师专业发展实践活动,在大多数场合以自愿参与为前提。一般来说,通过参与这样的实践活动,提高自己的教学水平,从而能够有利于自己职位的晋升和收入的增加,教师,尤其是教学水平有待提高、教学质量有待改进的教师理当乐意参加。但上述调查显示了相反的结果:"需改进的教师"对高校教师专业发展活动态度最为消极。高校工会作为高校教师的组织,应该在提高教师参与度方面有所作为。

首先,通过针对性的教育、咨询等活动,提高教师参加教师专业发展实践活动的积极性。

其次,为"需改进的教师"量身定制个性化的教师专业发展实践活动,使他们的问题能够在活动中找到答案,使他们的需求能够在活动中得到满足,从而促进他们从"被动"参加转化为"主动"参加。

再次,组织"互相研习"型教师专业发展实践活动,使"优秀且追求更完美的教师"在追求自身完美的同时,影响和帮助周围其他教师,尤其是"需改进的教师",共同提高教学水平。

2. 实践活动的多样化和科学化

美国高校在教师专业发展实践中形成不少值得借鉴的方法,如个性化治疗式咨询服务、同事间传帮带和相互取长补短、学生评教、激励制度等。

很多美国高校都为教师提供个人咨询服务,不过从上述调查结果来看,很多高校教师明确表示个性化治疗式咨询服务并不能够直接提高教学质量,不能过分夸大它的效用。个性化治疗式咨询服务不应该仅仅被要求用来处理教师的心理问题,还应该提供面谈交流、研讨会等多种形式,达到提升教师自我意识的目的。使教师具备更好的自我意识,这就有利于他们形成自己的教学风格,从而增强他们的个人魅力,使他们成为更专业化、更受欢迎的教师。

为新教师配备"导师",通过教学经验丰富的教师的传帮带,使新教师尽快适应和胜任教师职位;同学科、跨学科的教学方法相互研习,促进教师互相取长补短。上述调查结果表明,这种互助式活动与由学校、学院或其他相关行政部门进行排名的方法相比,更有实效,且更具正能量。

20世纪六七十年代,美国高校曾一度风行学生评教方法,当时也有实验证据表明学生评教能够促使教师改变教学方法。但新近研究则更多质疑学生评教的科学性。调查结果表明,学生评教容易导致教师迎合学生,而教师对学生的迎合,不仅不可能提高教学质量,相反可能带来许多负面效应。

在美国,超过四分之三的高校以津贴、奖励等方式鼓励和支持教师参加教师专业发展实践活动。这一方法也较受高校教师的欢迎,但其重要前提在于要有足够的资金才能维持下去。

借鉴上述美国高校的经验,作为高校教师专业发展工程的重要主体之一,创新出适合我国国情以及各高校具体情况的对策和方法,这是我国高校工会面临的重要课题。

五、结语

综上所述,关于我国高校工会在高校教师专业发展工程中的角色,可概括为以下四个要点。

(1)中国高校的工会作为学校党委领导下的教职工自愿结合的群众组织,其所要维护教职工的利益与学校利益在原则上是一致的,它的维护教职工利益与致力于学校教育教学质量的提高和教师专业发展在原则上也是一致的。也就是说,中国高校工会的基本性质决定了它必然是高校教师专业发展工程的重要主体之一。

按照《中华人民共和国工会法》(2001年)和《中国工会章程》(2013年)的规定,"维权""参与""建设"和"教育"是高校工会在新时期必须履行的四项基本职能,而具体到高校教师专业发展工程这一事项,作为重要主体之一,理所当然地要承担起组织具体活动的职责。

(2)高校教师专业发展离不开每个高校教师的自律性,同时也需要相关的组织化。国外学者据此提出高校教师专业发展工程是自律性实践活动与组织化实践活动相结合的系统工程,并将教师专业发展实践活动区分为两类四种:以由高校行政部门组织的演讲活动为典型的制度化讲座活动、以教师工会组织的演讲活动为典型的自组织化讲座活动、以高校及其主管部门组织的学习班活动为典型的制度化教师相互研习活动以及以同学科教师互相听课为主的自组织化教师相互研习活动。从我国高校工会的职责这一角度来看,院校两级工会组织除直接负责部分演讲活动的策划和实施之外,还要参与学校行政部门对相关演讲活动的策划和实施以及为各种教师相互研习活动搭建平台。

(3)高校教师的专业发展需求因年龄、教龄、职级等而有所不同,高校工会作为教师专业发展活动的主要组织者,在策划和组织相关活动时,必须充分考虑这一因素,使活动更具多样化和个性化、更富针对性和科学性、从而更有实效。

(4)借鉴美国教育考试服务中心的《美国大学和学院教师发展实践调查》提

供的数据，我国高校工会在策划和组织相关活动时，应特别注意提高教师的参与度，使更多的教师由被动参加转化为主动参加，形成互相促进、共同提高的良好氛围。

高校中青年海归教师职业发展的
挑战与对策研究[*]

赵红军　蔡梦敏　史欣雨　陈诗章　夏　漪[**]

1. 导言

随着经济全球化的不断深入发展,当今世界各国的竞争愈发激烈,人力资本作为影响一国竞争力的最核心要素,已越来越受到各国的普遍重视。许多国家为了吸引高层次人才,纷纷出台相应的人才计划。比如,加拿大的"首席科学家计划"、德国的"青年教授"制度、日本的"21 世纪卓越中心(Centers of Excellence)计划"等。

在这种背景下,我国也出台了一系列针对海外留学人员的政策[①],这导致的一个直接后果就是高校中青年海归教师的比例越来越高。这些海归教师的优势是对国外的前沿理论非常熟悉,对西方教育规律有不少接触,但缺点是对国内情况并不了解,以至于回国任教后普遍产生诸多烦恼和不适应。

本课题就高校中青年海归教师的职业发展现状、存在问题、收入生活等相关问题进行了问卷调查,在此基础上运用 Stata 的统计软件与多元回归分析方法,系统地调查了我国目前高校中青年海归教师的回国发展现状,并分析发现影响他们职业发展的因素。本文集中讨论以下几个问题:第一,回国中青年海归教师的生活状况到底怎么样?第二,回国中青年海归教师的工作状况到底怎么样?

---

[*] 本文系 2016 年上海师范大学工会课题"高校中青年海归教师职业发展的挑战与对策研究"的成果。

[**] 赵红军,上海师范大学商学院副院长,教授;蔡梦敏、史欣雨,上海师范大学商学院 2014 级经济学专业本科生;陈诗章、夏漪,上海师范大学商学院辅导员。

[①] 例如 2001 年出台的《关于鼓励海外留学人员以多种形式为国服务的若干意见》,2002 年出台的《关于吸引国外留学人员为西部服务支持西部建设有关工作的函》《关于进一步加强留学回国科研启动基金管理的通知》,2005 年出台的《关于在留学人才引进工作中界定海外高层次留学人才的指导意见》,2007 年出台的《关于进一步加强引进海外优秀留学人才工作的若干意见》等等.

我们将从教学和科研两方面进行调查。教学方面包括他们的上课时数和任教的课程数,他们所面临的教学压力大小。除教学外,还要调查他们从事科研工作的状况,包括科研压力的大小,阻碍科研发展的因素等等。第三,影响海归教师能力发挥的工作环境因素到底有哪些?这里的工作环境既包括必要的硬件设施,也包括高校的各项体制、管理制度和学术氛围。在此基础上,提出相应的改善青年教师工作环境,发挥他们能力,激发他们积极性和创造性,更好地服务于国家和学校发展的相关政策建议。

2. 调研总体情况介绍

本次问卷发放历时 6 个月,自 2016 年 10 月起至 2017 年 3 月,主要通过网络形式发放,包括微信群发放、微信朋友圈发放、qq 空间发放、特定教师面对面扫码发放等。由于被调查人群的特殊性,所以本次调查问卷在发放、回收中遇到了不小的难度。为完成本次调查,课题组成员采用多种方式动员被调查者参与。

本次研究选取了国内 82 名海归教师的答卷作为样本,发放问卷 82 份,回收 82 份,问卷回收率 100%,问卷有效率 100%。被调查者来自上海、江苏、湖北、天津、四川、福建、浙江、山西、陕西、香港、山东、北京、河南、安徽、广东、青海、湖南等多个省、直辖市和自治区,样本具有相对良好的代表性。其中,来自上海和北京的人数较多,占总样本总数的 54.8%。

3. 高校中青年海归教师职业现状

表 1 给出了本次调研的中青年海归教师职业现状汇总表。

表 1　高校中青年海归教师职业现状汇总表

基本资料	分布	人数	占比%	基本资料	分布	人数	占比%
性别	女	34	41.46%	年收入	10 万以下	28	34.15%
					10 万—20 万	42	51.22%
	男	48	58.54%		20 万—50 万	11	13.41%
					50 万以上	1	1.22%
婚恋与否	未婚	12	14.63%	所授学科	人文社科类	67	81.71%
					理工类	13	15.85%
	已婚	70	85.37%		医学类	1	1.22%
					农学类	1	1.22%

基本资料	分布	人数	占比%	基本资料	分布	人数	占比%
海外留学年限	1 年以下	25	30.49%	回国原因	照顾父母	65	79.27%
	1—2 年	31	37.8%		亲友团聚	52	63.41%
	2—4 年	7	8.54%		国内工作机会更多	51	62.2%
	4 年以上	19	23.17%		或内工资待遇好	12	14.63%
					为国家贡献力量	43	52.44%
					国外压力大	23	28.05%
海外所获学位	学士学位	0	0%	日常生活中的压力	压力很小	5	6.1%
	硕士学位	13	15.85%		压力适中,但可以应付	46	56.1%
	博士学位	21	25.61%		压力很大	31	37.8%
	从事博士后研究	11	13.41%				
	研究	37	45.12%				
海外工作经历	无	55	67.07%	回国后适应程度	1	2	2.44%
	有	27	32.93%		2	2	2.44%
					3	32	39.02%
					4	31	37.8%
					5	15	18.29%
所在学校办学类型	985	11	13.41%	教学压力打分	小	2	2.44%

续 表

基本资料	分布	人数	占比%	基本资料	分布	人数	占比%
	211	9	10.98%		较小	10	12.2%
	研究所	3	3.66%		一般	33	40.24%
	其他	59	71.95%		大	28	34.15%
					较大	9	10.98%

数据来源:调查问卷结果整理。

从中可以看出,被调查海归教师中男性占比58.54%,女性占比41.46%;从婚姻状况来看,未婚教师占比14.63%,已婚教师占比85.37%;从海外留学年限方面来看,海外留学1—2年的教师占比最多,为37.8%,其次为海外留学1年以下,占比为30.49%,海外留学2—4年的教师占比最小,仅为8.54%。从所获学位情况来看,在被调查的82位海归教师当中,25.61%的海归教师获得博士学位,15.85%的海归教师获得硕士学位,13.41%的海归教师从事博士后研究。从海外工作经历来看,大部分被调查海归教师中没有海外工作经历,占比为67.07%,剩余32.93%的海归教师有海外工作经历。从海归教师目前所在国内学校的办学类型来看,13.41%的海归教师在985学校,10.98%的海归教师在211学校,还有3.66%的海归教师在研究所或其他高校工作。从海归教师的年收入角度来看,大部分海归教师的年收入在10万—20万元,占比为51.22%,其次有34.15%的海归教师年收入为10万元以下,年收入为20万—50万元的海归教师占比为13.41%,还有1.22%的海归教师年收入在50万元以上。从被调查的海归教师所在的学科来看,绝大部分海归教师来自人文社科学科,占比高达81.71%,其次为理工科类课程,占比15.85%。从这些教师面临的日常生活压力来看,56.1%的海归教师认为生活压力适中,可以应付得过来,还有37.8%的教师认为生活压力很大,6.1%的教师认为生活压力很小。从他们对回国后的适应程度来看,76.82%的海归教师认为比较适应回国后的生活,4.88%的海归教师认为不能适应回国后的生活。从这些教师面临的教学压力来看,2.44%的教师认为面临的教学压力小;12.2%的教师认为教学压力较小,有40.24%的教师认为压力一般,认为教学压力较大的占比34.15%,认为压力特别大的占10.98%,由此可以看出绝大部分的中青年海归教师认为有较大的教学压力。

（1）被调查的中青年海归教师的留学国别

从调查结果来看,大部分被调查的中青年海归教师留学国别为美国（57%）和英国（13%）,还有一部分海归教师留学加拿大（4%）或西班牙（4%）,只有很少一部分的海归教师留学俄罗斯（1%）、朝鲜（1%）等国家。由此看来,我们调查的这批中青年海归教师的留学教育背景还是比较好的。

（2）被调查的中青年教师的职位与职称

从调查结果来看,在被调查的 82 位中青年海归教师中,大多数教师的职位是教授（20%）、副教授（24%）和讲师（22%）,其中,副教授 21 人,讲师 20 人,教授 18 人;较少部分的海归教师从事助教、辅导员的工作,还有个别海归教师从事财务、研究员和管理师的工作。

（3）被调查的中青年教师所在城市

从被调查教师所在的城市来看,大多数海归教师的所在城市为上海,占比为66%,其次是太原（6%）和北京（6%）,再次是天津（4%）、南京（4%）、宁波（4%）和广州（4%）,还有个别海归教师居住在杭州、兰州和厦门,各占比 2%。

（4）中青年海归教师回国的主要原因

图 1 给出了就海归教师回国主要原因的调查结果,从该图中可以看出,被调查海归教师回国的大部分原因为照顾父母（79.27%）、亲友团聚（63.41%）、更多的工作机会（62.2%）、为国家贡献力量（52.44%）。还有较小的一部分原因为国外压力大和认为国内工资待遇好,分别占比为 28.05% 和 14.63%。

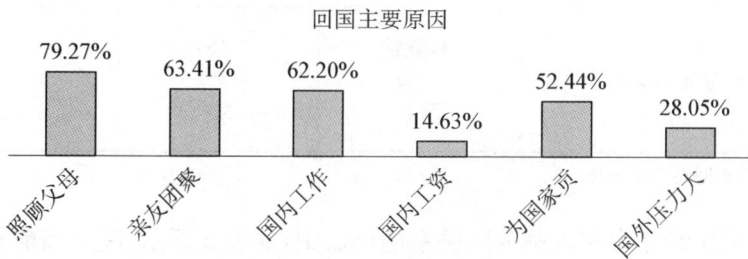

回国主要原因

照顾父母	亲友团聚	国内工作	国内工资	为国家贡	国外压力大
79.27%	63.41%	62.20%	14.63%	52.44%	28.05%

图 1　中青年海归教师回国主要原因

4. 高校中青年海归教师职业发展面临的挑战

（1）中青年海归教师生活压力的主要来源

图 2 给出了我们调查的就青年海归教师生活压力主要来源的调研结果。从中可以看出,有 86.59% 海归教师认为生活压力的主要来源为工资待遇水平较

低,认为住房压力比较大的占比 78.05％,其次为子女入学占比 58.54％、家庭生活占比 54.88％,另外还有 21.59％的人认为生活压力也来源于配偶的工作。

生活压力来源

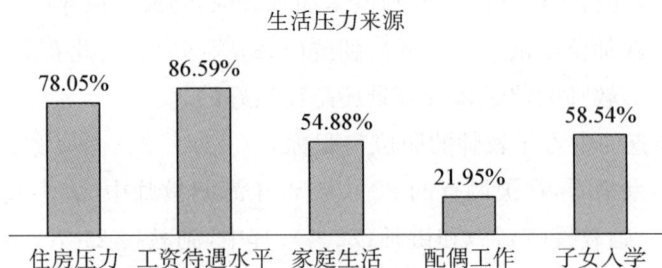

图 2　中青年海归教师生活压力的主要来源

（2）中青年海归教师回国后的人际关系

表 2　中青年海归教师回国后的师生关系、同事关系、领导关系对比

面临挑战	项目分布	项目数	百分比％
是否满意师生关系	不满意 一般 满意	7 36 39	8.54％ 43.9％ 47.56％
是否满意同事关系	不满意 一般 满意	9 36 37	10.98％ 43.9％ 45.12％
是否满意对领导关系	不满意 一般 满意	18 39 25	21.95％ 47.56％ 30.49％

数据来源：调查问卷结果整理.

在有关中青年海归教师人际关系的调研中,如表 2 所示,满意当前师生关系的占比为 47.56％,满意当前同事关系的占比为 45.12％,满意当前与领导关系的占比为 30.49％;与此同时,不满意当前师生关系的占比为 8.54％,不满意当前同事关系的占比为 10.98％,不满意当前与领导关系的占比为 21.95％。由此可以看出,在被调查的 82 名中青年海归教师中,教师们最满意的是师生关系,其次为同事关系,对于与领导的关系,中青年海归教师普遍满意度较低。

（3）中青年海归教师教学方面压力的主要来源

就有关海归教师教学方面压力的调研中,我们发现,被调查的海归教师认为教学压力的主要来源为学校硬性规定的教学指标（90.24％）、学校教学评价（79.27％）、不适应国内的教学模式及思维方式（59.76％）,较少的被调查海归教师认为教学压力来源于自己不适应教师角色（48.78％）、没有合适的教学方式（21.95％）。由此可以看出,学校的硬性教学指标是构成海归教师职业发展提升的一个现实问题。

（4）影响青年海归教师教学的不利因素

在影响青年海归教学的不利因素的调查中,见图 3 所示,从中可以看出,被调查的海归教师认为影响教学的不利因素主要为国内授课模式死板固化（90.24％）、教学课程与社会现实脱节（70.73％）、教师更注重学术研究（60.98％）、不能将国外教学方式本土化（53.66％）,还有 24.39％教师认为影响教学的不利因素为教学设备没有国外先进。

影响教学的不利因素

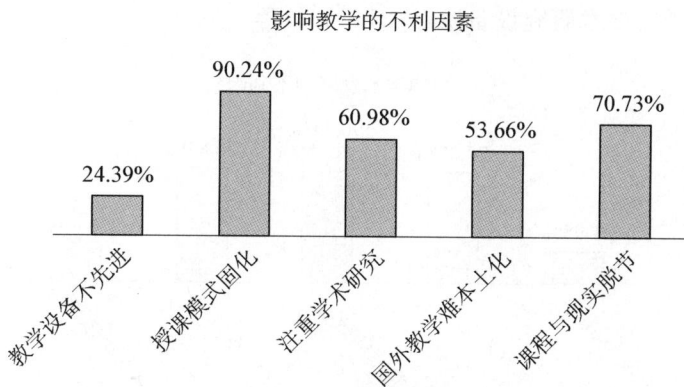

图3 中青年海归教师认为影响教学的不利因素

（5）青年海归教师学术方面压力的主要来源

在有关青年海归教师学术方面面临的主要压力来源的调研中,见图 4 所示,我们发现,被调查的海归教师认为学术方面的压力主要来自于学校硬性规定的学术指标（87.8％）、学术行政化（84.15％）、同事之间缺乏学术交流（53.66％）、科研经费不足（53.66％）,另外还有 20.73％教师认为学术方面的压力来自于领导给予期望过高。

学术压力来源

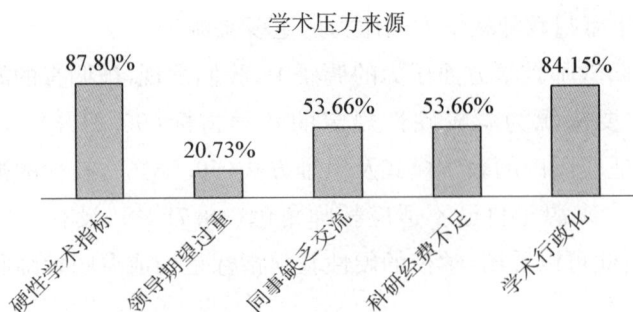

图4　中青年海归教师学术方面压力的主要来源

(6)影响青年海归教师学术发展的不利因素

在有关影响青年海归教师学术发展不利因素的调查中,见图5所示,我们发现,被调查的海归教师认为影响学术发展的不利因素主要为学术科研不注重长期积累(90.24%)、学术评估不讲究质量(76.83%)、国内学术评审不公平(74.39%),较少的被调查海归教师认为影响学术发展的不利因素为学术氛围不浓厚(36.59%)、学术研究设备匮乏(21.95%)等。

影响学术发展的不利因素

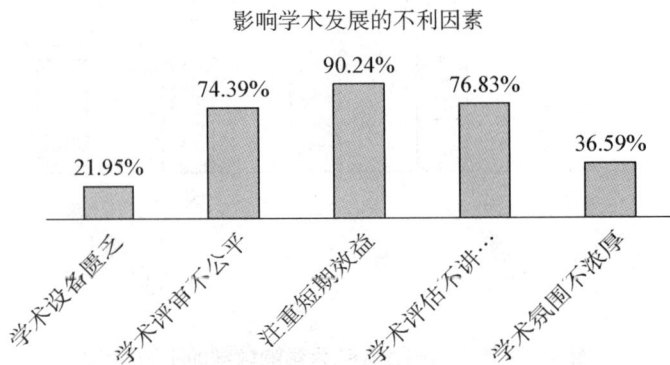

图5　影响中青年海归教师学术发展的不利因素

5. 高校中青年海归教师职业发展面临挑战的原因

5.1　回归方程变量的赋值情况

下面我们运用相关的计量经济学方法,对中青年海归教师职业发展面临挑战的原因进行详细分析。相关变量的赋值情况如下所示。

(1)海归教师的性别用 SEX 表示,男性赋值为1,女性赋值为0。(2)海归教师的年龄用 AGE 表示。(3)海归教师的婚姻状况用 MAR 表示,已婚赋值为1,

未婚赋值为 0。(4)海归教师的海外留学年限用 YEAR 表示,1 年以下赋值为 1, 1—2 年赋值为 2,2—4 年赋值为 3,4 年以上赋值为 4。(5)海归教师的海外所获 学位用 DER 表示,学士学位赋值为 1,硕士学位赋值为 2,博士学位赋值为 3,从 事博士后研究赋值为 4,其他赋值为 0。(6)海归教师的海外工作经历用 EXP 表 示,拥有海外工作经历赋值为 1,无海外工作经历赋值为 0。(7)海归教师所在学 校的办学类型用 TYPE 表示,985 学校赋值为 1,211 学校赋值为 2,研究所赋值 为 3,其他赋值为 0。(8)海归教师的职位和职称用 POS 表示,助教赋值为 1,讲 师赋值为 2,副教授赋值为 3,教授赋值为 4,博士生导师赋值为 5。(9)海归教师 的年收入用 INC 表示,年收入 10 万元以下赋值为 1,年收入 10—20 万元赋值为 2,年 20—50 万元赋值为 3,年 50 万元以上赋值为 4。(10)海归教师的回国原因 分为 6 个虚拟变量,用 PAR 表示照顾父母,用 REL 表示亲友团聚,用 CHA 表 示国内更多的工作机会,用 TREAT 表示国内工资待遇好,用 CONT 表示为国 家贡献力量,用 FPR 表示国外压力大。(11)海归教师生活中的压力用 PRESS 表示,压力很小赋值为 1,压力适中但可以应付过来赋值为 2,压力很大赋值为 3。(12)海归教师生活压力的来源分为 5 个虚拟变量,用 HPRESS 表示住房压 力,用 TRE 表示工资待遇水平,用 FAM 表示家庭生活,用 SPW 表示配偶工作, 用 CHEN 表示子女入学。(13)海归教师对师生关系满意程度用 SRE 表示,不 满意赋值为 1,一般赋值为 2,满意赋值为 3。(14)海归教师对同事关系满意程 度用 CRE 表示,不满意赋值为 1,一般赋值为 2,满意赋值为 3。(15)海归教师对 其与领导关系的满意程度用 LRE 表示,不满意赋值为 1,一般赋值为 2,满意赋 值为 3。(16)海归教师在校所授课程数用 CNU 表示。(17)海归教师的教学压 力用 TPRESS 表示。(18)海归教师教学压力的来源分为 5 个虚拟变量,用 APRESS 表示从研究者到教师的角色适应压力,用 INTM 表示没有合适的教学 方式传授给学生,用 TEV 表示学校教学评价,用 TMO 表示国内的教学模式及 思维方式,用 TGU 表示学校硬性规定的教学指标。(19)影响海归教师教学的 不利因素分为 6 个虚拟变量,用 TDE 表示教学设备,用 TDE 表示教学设备没有 国外先进,用 FOMO 表示授课模式固化,用 ARE 表示教师重心不在上课上,更 注重学术研究,用 LOC 表示国外教学方式本土化,用 CAPA 表示表示教授课程 与现实脱节。(20)海归教师参加的科研项目数量用 PRO 表示。(21)海归教师 发表的期刊数目用 JOUR 表示。(22)海归教师学术压力的来源分为 5 个虚拟变 量,用 EQSH 表示学术研究设备匮乏,用 UNFA 表示国内学术评审不公平,用

SHBE 表示学校科研注重短期效益,不注重长期学术积累,用 AEV 表示学术评估量化,不讲究质量,用 AAT 表示学术氛围不浓厚。(23)海归教师学术方面的压力来源分为 5 和虚拟变量,用 AGU 表示硬性规定的学术指标,用 EEXP 表示领导给予期望过重,用 AEXCH 表示同事之间缺乏学术交流,用 REF 表示科研经费不足,用 ADSCH 表示学术行政化。(24)海归教师的工作重心用 WFOC 表示,教学赋值为 1,科研学术赋值为 2,行政事务赋值为 3。(25)海归教师所教授的课程类别用 COUR 表示,人文社科类赋值为 1,理工类赋值为 2,医学类赋值为 3,农学类赋值为 4。

　　5.2　中青年海归教师收入影响因素的分析

　　表 3 是中青年海归教师收入影响因素分析中所涉及到的解释变量的统计量信息表。

表 3　各解释变量的统计量信息

	SEX	AGE	MAR	YEAR	DER	EXP	TYPE	POS
均值	0.59	38.98	0.85	2.24	3.89	0.33	3.34	2.87
中位数	1.00	37.50	1.00	2.00	4.00	0.00	4.00	3.00
最大值	1.00	59.00	1.00	4.00	5.00	1.00	4.00	5.00
最小值	0.00	25.00	0.00	1.00	2.00	0.00	1.00	1.00
离差	0.50	7.52	0.36	1.13	1.16	0.47	1.12	1.00
Observations	82							

　　表 4 是各解释变量的相关系数矩阵。

表 4　各解释变量的相关系数矩阵

	SEX	AGE	MAR	YEAR	DER	EXP	TYPE	POS
SEX	1.00							
AGE	0.02	1.00						
MAR	0.14	0.34	1.00					
YEAR	0.09	−0.20	0.03	1.00				
DER	−0.07	0.27	0.08	−0.53	1.00			
EXP	0.12	0.23	−0.00	0.29	−0.04	1.00		

	SEX	AGE	MAR	YEAR	DER	EXP	TYPE	POS
TYPE	−0.30	0.18	−0.06	−0.29	0.12	0.11	1.00	
POS	0.06	−0.08	0.05	−0.06	0.08	−0.14	0.04	1.00

对于上述各变量,我们建立如下的线性回归模型:

$$INC = \alpha_0 + \alpha_1 SEX + \alpha_2 AGE + \alpha_3 MAR + \alpha_4 YEAR +$$
$$\alpha_5 DER + \alpha_6 EXP + \alpha_7 TYPE + \alpha_8 POS + \mu$$

其中被解释变量为中青年海归教师的年收入(INC),解释变量为性别(SEX)、年龄(AGE)、婚恋状况(MAR)、海外留学年限(YEAR)、海外所获学位(DER)、海外工作经历(EXP)、所在学校办学类型(TYPE)、目前的职称和职位(POS)。

表5给出了中青年海归教师收入影响因素的分析结果。

表5　中青年海归教师年收入影响因素分析

被解释变量	海归教师年收入					
Independent Variable	1	2	3	4	5	6
Constant Term	0.420 (0.65)	0.354 (0.57)	0.449 (0.75)	0.803 (1.57)	0.364 (0.87)	0.420 (0.65)
MAR	0.303 (1.40)	0.298 (1.38)	0.314 (1.48)	**0.406**** **(2.06)**	**0.418**** **(2.10)**	**0.418**** **(2.83)**
YEAR	**0.243***** **(2.90)**	**0.242***** **(2.91)**	**0.238***** **(2.89)**	**0.223***** **(2.73)**	**0.262***** **(3.36)**	**0.262***** **(3.01)**
DER	0.0994 (1.34)	0.0967 (1.31)	0.0936 (1.28)	0.105 (1.45)	0.113 (1.55)	**0.113*** **(1.99)**
EXP	0.187 (1.08)	0.195 (1.15)	0.211 (1.27)	0.267* (1.68)	0.216 (1.38)	0.216 (1.34)
TYPE	−0.0912 (−1.28)	−0.0939 (−1.33)	−0.106 (−1.59)	−0.0980 (−1.47)		

续　表

被解释变量	海归教师年收入					
Independent Variable	1	2	3	4	5	6
AGE	0.0122 (1.10)	0.0126 (1.15)	0.0125 (1.15)			
SEX	0.0908 (0.59)	0.0849 (0.56)				
POS	−0.0271 (−0.38)					
Adjusted R-squared	0.195	0.204	0.211	0.208	0.196	0.196
Observed Value	82	82	82	82	82	82

注：t statistics in parentheses，$^*\,p < 0.05$，$^{**}\,p < 0.01$，$^{***}\,p < 0.001$。

从该表可见，留学年限对于他们的收入有着非常显著的正向影响，这是非常符合理论直觉的，因为留学年限越长，一般其所获得的学位越高。已婚的海归教师比未婚的海归教师在国内的收入更高，这也基本符合我们的预期，因为已婚的海归教师一般年限较长，经验更加丰富。但海外所获学位对国内收入只有微弱的影响，这一点出乎我们的意料之外。其余因素的影响似乎均不显著。这可能意味着，我们有关他们收入的调查可能还存在着很多的信息遗漏问题，需要今后进行更多的这方面研究。

5.3　影响中青年海归教师回国后的适应程度的因素探究

表6给出了相关解释变量的统计量信息。

表6　各解释变量的统计量信息

	SRE	CRE	LRE	APRESS	TEV	TDE	EQSH	AGU
均值	2.39	2.34	2.09	0.49	0.79	0.24	0.22	0.88
中位数	2.00	2.00	2.00	0.00	1.00	0.00	0.00	1.00
最大值	3.00	3.00	3.00	1.00	1.00	1.00	1.00	1.00
最小值	1.00	1.00	1.00	0.00	0.00	0.00	0.00	0.00
离差	0.64	0.67	0.72	0.50	0.41	0.43	0.42	0.33
偏度	−0.57	−0.52	−0.13	0.05	−1.44	1.19	1.36	−2.31
观测值	82							

表 7 给出了下面用到的解释变量的相关系数矩阵。

表 7　各解释变量的相关系数矩阵

解释变量	SRE	CRE	LRE	APRESS	TEV	TDE	EQSH	AGU
SRE	1.00							
CRE	0.60	1.00						
LRE	0.43	0.70	1.00					
APRESS	0.17	0.27	0.26	1.00				
TEV	−0.06	0.04	0.06	−0.34	1.00			
TDE	−0.17	−0.29	−0.07	0.18	−0.13	1.00		
EQSH	−0.19	−0.0q	0.14	0.13	−0.16	0.32	1.00	
AGU	−0.06	−0.09	−0.01	−0.01	0.09	−0.05	−0.07	1.00

为了清楚地分析影响海归教师回国后适应程度的因素,我们设定如下的线性回归方程:

$$ADA = \alpha_0 + \alpha_1 SRE + \alpha_2 CRE + \alpha_3 LRE + \alpha_4 APRESS +$$
$$\alpha_5 TEV + \alpha_6 TDE + \alpha_7 EQSH + \alpha_8 AGU + \mu$$

其中被解释变量为中青年海归教师回国后的适应程度,用 ADA 表示,解释变量分别为师生关系(SRE)、同事关系(CRE)、与领导关系(LRE)、从研究者到教师角色的适应压力(APRESS)、学校教学评价(TEV)、教学设备没有国外先进(TDE)、学术研究设备匮乏(EQSH)、硬性规定的学术指标(AGU)等。

表 8 给出了基于上述回归方程所获得的回归结果。

表 8　中青年海归教师回国后适应程度影响因素分析

被解释变量	归国适应程度						
方程	1	2	3	4	5	6	7
常数项	1.730*** (3.88)	1.896*** (4.36)	1.726*** (3.89)	1.845*** (4.17)	2.060*** (4.39)	1.963*** (4.33)	2.031*** (4.44)
APRESS	**0.332*** **(1.82)**	**0.400**** **(2.28)**	**0.325*** **(1.81)**	**0.369**** **(2.03)**	**0.429**** **(2.38)**	**0.418**** **(2.34)**	**0.420**** **(2.38)**

续　表

被解释变量	归国适应程度						
方程	1	2	3	4	5	6	7
TEV	**0.462**[**] **(2.12)**	**0.520**[**] **(2.43)**	**0.456**[**] **(2.11)**	**0.493**[**] **(2.26)**	**0.491**[**] **(2.26)**	**0.512**[**] **(2.37)**	**0.494**[**] **(2.29)**
SRE	**0.509**[***] **(3.18)**	**0.656**[***] **(5.08)**	**0.507**[***] **(3.20)**	**0.617**[***] **(4.33)**	**0.622**[***] **(4.61)**	**0.641**[***] **(4.83)**	**0.628**[***] **(4.74)**
AGU	**−0.419**[*] **(−1.67)**	**−0.456**[*] **(−1.83)**	**−0.424**[*] **(−1.71)**	**−0.457**[*] **(−1.82)**	**−0.477**[*] **(−1.89)**	**−0.464**[*] **(−1.85)**	**−0.474**[*] **(−1.89)**
CRE	0.285 (1.45)		0.250 (1.58)				
LRE	−0.0493 (−0.31)			0.0869 (0.66)			· −+9
TDE					−0.0648 (−0.31)	−0.109 (−0.55)	
EQSH					−0.178 (−0.83)		−0.195 (−0.95)
调整的 R2	0.321	0.316	0.329	0.311	0.307	0.310	0.315
观测值	82	82	82	82	82	82	82

注：t statistics in parentheses，$^*\ p < 0.05$，$^{**}\ p < 0.01$，$^{***}\ p < 0.001$。

从该表可见，教师角色适应的压力（APRESS）对于中青年海归教师回国后适应程度的影响显著为正，意味着在其他解释条件不变情况下，若该教师认为有该方面的压力，则该海归教师回国后的适应程度将增加 0.40 个单位。学校的教学评价（TEV）对于中青年海归教师回国后适应程度的影响显著为正，意味着若该教师认为有该方面的压力，则该海归教师回国后的适应程度将增加 0.52 个单位。师生关系（SRE）对于中青年海归教师回国后适应程度的影响高度显著，这意味着在其他变量不变条件下，若该教师对当前的师生关系的满意程度每上升一个等级，则该海归教师回国后的适应程度将增加 0.656 个单位。假定该青年教师对师生关系的满意程度比其他教师高出两个等级，那么就意味着，他回国后的适应程度比其余教师高出 1.312 个单位。硬性规定的学术指标（AGU）对于中青年海归教师回国后适应程度的影响显著为负,这意味着在其他解释变量不变的情况下,若该教师认为有该方面的压力,则该海归教师回国后的适应程度将减少 0.456 个单位。其余变量,我们分别进行了测试,但均不显著,可能的原因是我们的变量观测值不多,因而难以对此进行很好地分析。

6. 高校中青年海归教师职业发展挑战的对策探究

6.1 建立人性化考评机制

由于国内高校科研体系的评价标准与国外不一致,中青年海归教师需要有一个逐渐适应的过程。高校要给予引进的中青年海归教师一定的空间和时间,加大对他们在科研启动经费方面的投入和申请科研项目方面的支持力度,帮助他们顺利度过适应期。同时,高校在制定或修订政策时应更加重视长期利益和短期利益的平衡,避免政策导向短期化、功利化,创造更加宽松的学术环境;在考核机制中应特别加强质量导向,减少短期的过于量化的评价指标,从而引导中青年海归教师潜心做好教学和研究工作。另外,高校今后修订相关考评制度时,也应广泛征求中青年海归教师的意见和建议,适当学习和借鉴海外一流大学的一些更加科学合理的管理经验和考评机制。在重视解决中青年海归教师实际问题的同时,要更加关注其精神文化需求,提供更多的人文关怀,不断营造自由、宽容、民主、和谐的氛围,助推中青年海归教师在国内愉快、轻松、顺利、成功地成长发展。

6.2 搭建多渠道交流平台

学校可从多渠道入手,搭建各种平台,使中青年海归教师充分发挥自身优势,施展才华,积极为社会经济建设与发展贡献力量。一是区校和校企合作平台,注重发挥中青年海归教师的专业特长和优势,帮助他们把专业知识转化到实践应用领域,既推动相关学术研究的深入,又有效服务于区域经济发展。二是挂职锻炼平台,积极举荐中青年海归教师到地区、各类社会组织及团体挂职锻炼,让他们近距离了解社情民意,增强处理复杂问题的能力,提升素质,有效地服务社会。三是参政议政平台,努力培养中青年海归教师参政议政、建言献策的意识和能力,积极引导他们为推动地区经济和社会发展建真言、献良策。四是国内外学术交流合作平台,充分发挥中青年海归教师具有广泛国际学术网络的优势,为他们与国内外高校和科研院所联系交流创造更多的条件,不断拓展学术交流的平台。

6.3 大力推进"安居工程"建设

中青年海归教师普遍感觉生活压力大,回国后难以"安居乐业",这是高校当前面临的亟待解决的一大难题。目前国内一线城市尤其是沿海、省会城市的商品房价格高昂,高校教职工收入与房价差距巨大。现阶段不少高校都没有能力解决青年教师的长期居住问题,地方政府引进人才的住房优惠政策力度有限,而且房源往往距离学校较远,再加上目前普遍存在愈演愈烈的交通拥堵状况,沿海城市对中青年海归教师的吸引力在逐步变小。当前高校迫切需要在国家政策许可的范围内,多渠道想办法解决教师的居住问题,大力推进"安居工程"建设,这对于缓解中青年海归教师的生活压力,提高他们对生活条件的满意度将有很大促进作用。

6.4 注重净化校园风气和文化

高校资源分配不公问题,尤其是职称晋升问题是当前中青年海归教师质疑和诟病比较多的一个方面;复杂的关系网络和比较浓厚的行政色彩也是中青年海归教师职业发展的一大困扰。当前高校应大力推进反腐倡廉建设,净化校园风气和校园文化,通过建立健全相应的制约和监督机制来纠正权力在资源使用中的不公正、不公平问题,切实通过"公平、公正、公开"的原则进行资源配置,以更好地促进中青年海归教师的职业成长。另外,可以考虑借鉴世界一流大学的成功经验,严格限制或禁止本校毕业生毕业后直接留校任教,以切实促进国内外不同高校间的人才交流,实现优势互补,同时也可以有效防止"近亲繁殖"现象的存在,提高学术团队的开放性和青年教师职业成长环境的公平性。

6.5 不断加强机关效能建设

中青年海归教师普遍反感高校机关工作制度或流程朝令夕改、行政主导的现象。有些工作的行政手续异常繁杂,往往会让中青年海归教师感到时常穷于应付各种审查,感叹"总有填不完的表格、打不完的报告"。这说明,高校有些行政工作亟待进一步优化服务流程,减少不必要的繁琐手续对人力资源造成的损耗。再者,部分中青年海归教师在国外生活多年,对国内的有关政策、环境和高校的实际情况有一个熟悉、了解和适应的过程。当他们遇到困难和问题到相关部门寻求帮助时,即使暂时不能解决问题,工作人员也应给予他们耐心细致、春风化雨般的关心,以化解他们的不满情绪。否则,就容易加深中青年海归教师对高校相关政策和工作的误解,导致优秀人才的流失。高校中青年海归教师的职业发展需要政府、高校和校内相关职能部门以及基层用人院系和研究所各层面齐心协力,共同营造一个良好的学术生态环境,以期实现事业成就人、待遇吸引人、感情留住人的目的,从而支持和帮助中青年海归教师为祖国的教育科研事业作出更大贡献。

参 考 文 献

［1］李娟.高校海归中青年教师思想状况调查研究——以北京市6所高校为例［J］.思想教育研究,2016(02)：124—127.

［2］杨盈珂.工作满意度视角下江苏高校引进"海归"教师的管理模式探析——以东南大学为例［J］.管理观察,2016(01)：154—156.

［3］李唐、程丽如、方舒.高校海归中青年教师生存现状分析——基于ZR大学等首都六所高校的调查［J］.学海,2015(06)：210—216.

［4］田雪梅、杨祖才、王磊.高校海外归国教师党建状况分析——以西部某"211"大学为例［J］.西南交通大学学报(社会科学版),2015(06)：42—48.

［5］叶夏菁.高校教师职业权益保障满意度及影响因素研究［D］.浙江大学,2015.

［6］匡振旺.关于高校中青年海归教师职业发展工作的思考［J］.人力资源管理,2015(03)：161—162.

［7］匡振旺、张馨月.高校海归教师培养模式新探——通过挂职锻炼促进海归教师再本土化［J］.人才资源开发,2015(04)：176—177.

［8］魏长林、任世雄.高校海归教师思想教育现状及对策研究［J］.北京教育(高教),2014(12)：25—26.

［9］张东海、袁凤凤.高校中青年"海归"教师对我国学术体制的适应［J］.教师教育研究,2014(05)：62—67.

［10］闫燕、富立友.高校海归教师归国适应影响机制研究［J］.企业研究,2014(14)：201—202＋206.

［11］黄荣晓、李文辉.高校海外归国中青年教师思想政治工作思考与建议——以华南师范大学华南先进光电子研究院为例［J］.太原城市职业技术学院学报,2014(06)：30—31.

［12］袁凤凤.高校中青年海归教师对中国现行学术体制的适应研究［D］.华东师范大学,2014.

［13］戴叶萍.高校中中青年"海归"教师发展助推措施探讨［J］.东华大学学报(社会科学版),2013(04)：234—237.

［14］樊洁琼.高校中青年女教师工作满意度及影响因素研究［D］.安徽财经大学,2014.

［15］李广旭.高校"海归"教师职业不适应问题的研究［D］.华东师范大学,2013.

［16］谢红梅、徐小军、吴丹青.高校归国中青年教师生涯发展状况分析［J］.当代中青年研究,2012(10)：19—24.

［17］刘蓉洁.高校"海归"教师生存环境与生存状态研究［D］.上海交通大学,2010.

［18］徐笑君."海归"教师工作满意度调查分析［J］.人力资源,2009(21)：35—37.

［19］余晓飞.基于工作满意度视角的高校"海归"教师人力资源管理政策研究［D］.复旦大学,2009.

高校青年教师职业发展的挑战与对策研究

——以上海师范大学为例[*]

荣鹏飞[**]

高校青年教师是在高校专门从事教学与科研工作、年龄一般在 40 周岁及以下的专任教师,是高等教育事业发展的生力军。2012 年,一篇名为《工蜂》的调查报告引起了全社会对于高校青年教师生存状况的高度关注,高校青年教师成为"一高二低"(高学历、低收入、低生活质量)的代名词。由于家庭背景、专业出身和自身素质等方面的不同,高校青年教师虽然命运迥异,但普遍面临着日常生活(如衣食住行、恋爱婚姻)、学习成长(如国内外访学、专业进修)和职业发展(如职称评定、岗位晋升、工资收入)等共性问题。

职业发展是组织对人力资源进行的知识、能力和技术的发展性培训、教育等活动,旨在帮助劳动者在自己选定的领域内,在自己力所能及的范围内,成为最好的专家,即成为在某一领域内有深入和广泛的经验,对该领域有深刻而独到认知的人。2016 年 1 月 7 日,在国内某知名大学的教职工年度考核工作会议上,青年教师李某突然冲到院长面前,连扇他几个耳光,声称对方未依时解决他的职称问题,从而引起了网友们对高校青年教师职业发展问题的热烈讨论。该事件表明职业发展已成为高校青年教师及其所在单位共同关心的头等大事,是制约高校和青年教师快速成长的"瓶颈"。

上海师范大学是上海市重点建设的高校,是一所以文科见长并具教师教育特色的文、理、工、艺学科协调发展的综合性大学。近年来,随着学校各项事业的

* 本文系 2016 年上海师范大学工会课题"我校青年教师职业发展的挑战与对策研究"(GH1602)和全国青年教师教育教学研究课题"人力资源管理专业本科生拔尖创新人才培养研究与实践"(2017QNJ076)的研究成果。

** 荣鹏飞,上海师范大学哲学与法政学院副教授,研究生导师。

快速发展,学校在努力建设好现有教职员工队伍的同时引进了大量的中青年教师和专家学者,为学校各项事业的发展注入了许多新鲜"血液",同时在青年教师的管理中也出现了许多新问题,而青年教师在自身职业发展中也面临着严峻的挑战。在此背景下,为了适应新形势,加强对青年教师的培养力度,引导其走上正确的职业发展通道,已成为学校的一项重要工作。

一、文献回顾

高校教师的职业发展历来受到西方国家的普遍重视。自 20 世纪 60 年代起,美国就将教师的职业发展看作是提升高校教师素质、保障高等教育质量的关键,先后采取了一系列重要措施促进高校青年教师的职业发展。受政府重视的影响,西方学者对高校青年教师的职业发展模式、职业发展影响因素和职业发展阶段等做了大量研究。例如:Hicks(1999)将高校青年教师的职业发展模式划分成三种:第一种是高校青年教师的职业发展实践集中于学校层面上的中央控制模式;第二种是高校青年教师的职业发展实践集中于学院的分散模式;第三种是学校和学院共同承担高校青年教师职业发展的混合模式[1]。Fessler(1992)认为,性格特征、兴趣爱好、家庭背景等个人环境因素和学校规章制度、公共信任、社会期望、专业组织等组织环境因素是影响高校青年教师职业发展的两大因素[2]。Steffy(1990)根据自我实现理论,将高校青年教师的职业发展划分为预备生涯阶段、专家生涯阶段、退缩生涯阶段、更新生涯阶段和退出生涯阶段五个阶段[3]。此外,国外学者还围绕高校青年教师的教学技能改善、专业教学水平的提高和工作压力等方面展开研究。例如:William 等(1993)研究认为,由于应届毕业研究生缺乏实际的教学经验,因此应设置一套有效的培训程序,以帮助他们尽快提高教学技能和教学水平[4];Praxedes & Rosa(2007)从自我强化、自我反思和学校环境等方面构建理论模型,研究了高校青年教师的专业发展,认为高校青

① Hicks O. Integration of central and departmental development: Reflections from Australian universities [J]. *International Journal for Academic Development*, 1999,4(1): 43－51.

② Ralph Fessler. *Understanding and guiding the professional development of teachers* [M]. New York: Longman, 1992: 22.

③ Steffy. Teacher career development pattern [J]. *Teacher Development*, 1990,12(3): 29.

④ William E, Davis and Douglas L Minnis. Designing a program to prepare graduate students for careers as college teachers [J]. *Innovative Higher Education*, 1993,17(3): 211－224.

年教师选择合适的自我强化策略、开展积极的自我反思将有助于提升高校青年教师的专业水平[①];Shi Wei 等(2011)研究了心理弹性和社会支持如何调节工科院校青年教师的工作压力,构建了一个能够调节高校青年教师工作压力的理论模型[②];Wen-qi Chen(2013)基于双因素理论分析了高校青年教师职业发展动机,指出通过制定评价规则和职业生涯路径,合理分配教学资源,以及发展专业特色等途径,可以有效促进高校青年教师的职业发展[③]。

关于高校青年教师职业发展问题,国内学者也做了许多研究。田晶华(2011)研究了心理契约在高校青年教师职业发展中的应用,指出我国高校青年教师在其职业发展初期即存在着马斯洛的人的五种需要并存的现象,并就高校青年教师心理契约形成、建立、违背、调整的四个阶段,提出了高校人才资源可持续开发的建议[④];李钦等(2013)从当前高校青年教师的特点、职业发展及能力建设等方面出发,探析了如何与时俱进地加强高校青年教师的综合能力培养,分析了高校青年教师职业发展的内在需求,并提出了培养和继续教育措施[⑤];葛林波(2014)基于社会资本视角研究了高校青年教师的职业发展,在分析社会资本对高校青年教师职业发展价值的基础上,提出了在社会资本理论视域下我国高校青年教师职业发展的路径[⑥];李溢明(2015)研究指出,高校青年教师在职业发展中存在职业发展压力较大、职业发展理念相对滞后、青年教师成长发展道路不畅通等问题,而大学文化建设对青年教师发展具有重要的引领功能、激励功能、约束功能和创新功能,因此要充分发挥大学文化建设对青年教师发展的积极作用,必须完善现代大学制度,同时建设高品位的物质文化设施[⑦];赵兰芳(2016)研究指出,高校青年教师"高学历、高智商、高追求"等"三高"特征与现实中"收入低、地位低、成就感低"的反差决定了他们对于尊重、自我实现的要求高于一般人,并

① Praxedes S M, de la Rosa. Self-enhancement strategies, self-view and school environment as building blocks for college teachers' expertise [J]. Asia Pacific Education Review,2007,8(3):386-396.

② Shi Wei, Zhang Shujuan, Hu Qibo. Resilience and social support as moderators of work stress of young teachers in engineering college [J]. Procedia Engineering,2011(24):856-860.

③ Wen-qi Chen. Analysis of motivation for young college teachers' development from the perspective of two-factor theory [M]. Springer Berlin Heidelberg,2013:1405-1413.

④ 田晶华. 心理契约在高校青年教师职业发展中的应用[J]. 江苏高教,2011(01):105—106.

⑤ 李钦、江擒虎、彭帮国. 基于高校青年教师职业发展的综合能力培养探析[J]. 中国高校师资研究,2013(01):21—24.

⑥ 葛林波. 社会资本视角下高校青年教师的职业发展路径[J]. 中国青年研究,2014(05):65—67.

⑦ 李溢明. 论大学文化建设对高校青年教师发展的功能[J]. 高教学刊,2015(19):185—186.

针对高校青年教师职业发展需求与心理契约的特征,探讨了通过明确期望、畅通沟通机制、平等参与、坚持公开公正等手段构建高校与青年教师双方的心理契约管理模式[①];周喜华(2016)调查发现,高校青年教师的职业成长由职业素养、职业待遇、职业目标和职业发展等四个方面构成,且存在晋升困难和报酬增长缓慢等问题,此外男教师的职业成长水平、职业目标实现程度要明显高于女教师,教龄较长的青年教师职业成长水平、职业目标实现和职业素养提升程度较为明显[②]。

从已有研究现状来看,欧美国家对高校青年教师的职业发展给予较多关注,先后出台了相关规章制度,制定了一系列政策、措施,为高校青年教师的职业发展营造出良好的宏观环境,从制度保障和宏观环境等方面,促进了高校青年教师的职业发展。但是,由于国情和文化背景上的差异性,欧美国家所采用的政策、措施,以及西方学者所做的相关研究,并不一定完全适用于解决我国高校青年教师的职业发展问题。国内学者从心理契约、社会资本等理论视角研究了高校青年教师的职业发展特点、规律和职业发展阶段等问题,研究内容较为丰富,但理论研究体系尚未完全形成,研究框架有待于进一步完善,且缺乏对上海师范大学青年教师职业发展问题的研究,因此亟待补充。

二、青年教师职业发展现状问卷调查

(一) 问卷设计

本研究采用问卷调查法搜集研究数据,调查问卷的设计参考了国内学者的已有研究,并充分结合上海师范大学实际情况,调查内容除了"个人基本信息"题项外,主要包括:青年教师的职业生存状态、教学水平提升、科研能力改善、工作压力减缓、职业发展生涯及影响因素、职业成功六个方面。其中,"职业生存状态"部分题项参考高琪(2015)的研究,包括"您选择目前任职单位的主要原因""您如何看待教师的职业"等[③];"教学水平提升"部分题项参考姜竹青(2014)的

---

① 赵兰芳. 心理契约视角下高校青年教师职业发展探究[J]. 成都中医药大学学报(教育科学版),201618 (01):22—25.

② 周喜华. 高校青年教师职业成长:问卷编制及特点研究[J]. 黑龙江高教研究,2016(07):83—87.

③ 高琪. 地方高校青年教师职业生存状态研究——以 Y 大学为例[D]. 扬州大学:硕士学位论文,2015.

研究,包括"您任教的学科门类""您认为青年教师教学发展的原因"等①;"科研能力改善"部分题项参考郭亚妮(2015)的研究,包括"最近 2 年您的论文发表情况""最近 2 年您的研究项目情况"等②;"工作压力减缓"部分题项参考马苏宁(2013)的研究,包括"您最近一个学期每周的课时数""本学年指导论文的学生人数"等③;"职业发展生涯及影响因素"部分题项参考张越(2012)和史雨静(2016)的研究,包括"对未来的职业发展是否制定规划""是否确立了阶段性的具体发展目标"等④⑤;"职业成功"部分题项参考强光昊(2016)的研究,包括"就实现职务晋升的目标而言,您认为自己的职业成功与否""就实现个人的职业规划目标而言,您认为自己的职业成功与否"等⑥。

(二) 描述性统计分析

为了确保问卷有效性,课题组在正式调查前进行了小规模预调研,并根据预调研情况修改了个别语句表达有歧义的地方,最终形成正式调查问卷。2016 年 8 月至 11 月,课题组通过微信、QQ 和现场发放等方式,向上海师范大学人文与传播学院、哲学与法政学院、商学院等学院青年教师发放调查问卷 97 份,回收 81 份,回收的调查问卷中剔除 3 份无效问卷(回答错误或漏填),其余问卷均合格有效,有效问卷的回收率为 80.4%。调查样本个人基本信息的描述性统计分析如表 1 所示:

表 1　样本的描述性统计

结构特征	类别	数量(人)	比例(%)
性别	男	28	35.9
	女	50	64.1

---

① 姜竹青. 一般高校青年教师教学发展研究——以湖南几所高校为例[D]. 湖南大学:硕士学位论文,2014.

② 郭亚妮. 高校青年教师科研水平现状调查研究——以甘肃省 9 所本科高校为例[D]. 西北师范大学:硕士学位论文,2015.

③ 马苏宁. 民办高校青年教师工作压力研究[D]. 西北农林科技大学:硕士学位论文,2013.

④ 张越. 研究型农业大学青年教师职业生涯管理研究——以华中农业大学为例[D]. 华中农业大学:硕士学位论文,2012.

⑤ 史雨静. 高校青年教师职业发展影响因素实证研究[D]. 吉林大学:硕士学位论文,2016.

⑥ 强光昊. 个人心理资本、社会资本对高校青年教师职业成功作用机制的研究[D]. 北京交通大学:硕士学位论文,2016.

结构特征	类别	数量(人)	比例(%)
年龄	20～25 岁	0	0.0
	26～30 岁	12	15.4
	31～35 岁	37	47.4
	36～40 岁	29	37.2
婚姻状况	未婚	16	20.5
	已婚	62	79.5
	离异	0	0.0
海外留学或科研工作经历	有	36	46.2
	没有	42	53.8
学历	硕士	8	10.3
	博士	58	74.3
	博士后经历	12	15.4
所在学院	人文与传播学院	21	27.0
	教育学院	14	17.9
	哲学与法政学院	18	23.1
	商学院	11	14.1
	其他学院	14	17.9
所在岗位	教学型	3	3.8
	科研型	0	0.0
	教学科研型	73	93.6
	辅助教学类(辅导员、实验员等)	2	2.6
从事现岗位的连续工作时间	0～2 年	27	34.6
	3～4 年	10	12.8
	5～6 年	12	15.4
	7 年及以上	29	37.2
职称	初级	6	7.7
	中级	43	55.1

结构特征	类别	数量（人）	比例（%）
	副高级	29	37.2
	正高级	0	0.0
行政职务	校级（包括正副校级）	0	0.0
	处级（包括正副处级）	0	0.0
	科级（包括正副科级）	0	0.0
	无	78	100.0

（三）信效度分析

本研究采用 Cronbach's Alpha 值进行调查问卷的信度分析。其中，"职业生存状态""教学水平提升""科研能力改善""工作压力减缓""职业发展生涯及影响因素"和"职业成功"测量题项的 Alpha 系数分别为 0.874、0.869、0.872、0.851、0.862、0.871，均超过一般性阈值 0.7，表明调查问卷测量题项的信度良好。

收敛效度的评价依据各题项的总体相关系数（CITC）。经检验，调查问卷各题项的 CITC 系数均大于 0.5，表明调查问卷的测量题项具有良好的收敛效度。同时，根据判别效度的分析方法和判断准则，本研究采用特征根大于 1.00 作为因子的选择标准，利用主成分分析法，采用具有 Kaiser 标准化的正交旋转法，进行探索性因子分析，共获得 6 个特征根大于 1.00 的因子，总共解释了 65.937% 的方差变化量。经过标准化正交旋转后发现属于同一个变量的测量题项具有聚集性，且均大于 0.50，说明本研究所设计调查问卷测量题项的判别效度较好。

（四）问卷调查结果分析

"职业生存状态"测量题项中，问题 11 的调查结果表明，被调查的青年教师所任教的学科门类主要是人文与社会科学，占 79.5%；问题 12 的调查结果表明，青年教师所承担的本科生教学工作量较多；问题 13 的调查结果表明，青年教师承担的每周平均研究生教学工作量并不多，这可能是因为大部分被调查者并不承担研究生教学工作；问题 14 的调查结果表明，部分青年教师每年平均指导学生论文的工作压力较大；问题 15 的调查结果表明，上新课时青年教师将花费较多的时间用于备课上,从而占用了他们大量的工作时间;问题 16 的调查结果表明,青年教师即使是对待已经上过一轮以上的课也较为重视,每次都会重新备课;问题 17 的调查结果表明,大部分青年教师每学期参加各类教研活动的次数相对较少;问题 18 的调查结果表明,学校对青年教师的主要考核要求是 5 年内在核心期刊上发表论文 4 篇,获得省部级研究课题 1 项;问题 19 的调查结果表明,青年教师每天平均用于从事科研活动的时间占正常工作时间的一半左右;问题 20 的调查结果表明,青年教师一般取得的研究成果是 3 年内在核心期刊上发表论文 1 篇;问题 21 的调查结果表明,青年教师社会兼职(服务)个数较少;问题 22 的调查结果表明,青年教师税前月平均收入(含工资、奖金、课时费等)相对较低,考虑到上海的物价水平较高,尤其是房价上涨过快的状况,青年教师面临的经济压力非常大。

"教学水平提升"测量题项中,问题 23 的调查结果表明,大部分青年教师对自己目前的教学工作状态感觉一般;问题 24 的调查结果表明,大部分青年教师总体感觉所承担的教学工作量较大,负担较重;问题 25 的调查结果表明,大部分青年教师认为杂事多,导致教师的精力分散,是影响课程教学效果的主要原因;问题 26 的调查结果表明,教师工作量大,占用了青年教师大部分时间,使得他们通过研究提高教学水平的精力十分有限;问题 27 的调查结果表明,青年教师有时会尝试进行教学改革,努力提高教学水平;问题 28 的调查结果表明,教学改革本身风险大、不确定因素多,是影响青年教师尝试进行教学改革的主要原因。

"科研能力改善"测量题项中,问题 29 的调查结果表明,青年教师对自己目前的科研工作状态总体感觉一般化;问题 30 的调查结果表明,青年教师认为学校对其从事科研活动的考核要求总体感觉是成果要求一般,负担一般;问题 31 的调查结果表明,青年教师认为缺乏从事科研活动的环境是制约其取得更多科研成果的主要原因;问题 32 的调查结果表明,青年教师认为科研精力不足是影响其进一步提高科研水平的主要原因;问题 33 的调查结果表明,青年教师认为加入科研团队是改善其目前科研状态的首要途径。

"工作压力减缓"测量题项中,问题 34 的调查结果表明,青年教师认为其目前所承受的压力比较大;问题 35 的调查结果表明,科研压力是青年教师工作压力的主要来源;问题 36 的调查结果表明,青年教师认为竞争太激烈是导致工作压力产生的主要原因;问题 37 的调查结果表明,提高个人能力水平最有助于减轻青年教师的工作压力。

　　"职业发展生涯及影响因素"测量题项中,问题 38 的调查结果表明,青年教师对其未来职业发展方向的认识比较清晰;问题 39 的调查结果表明,大部分青年教师对自己未来的职业发展生涯有明确的目标和粗糙的行动计划;问题 40 的调查结果表明,个人水平和能力是制约青年教师职业发展的主要因素;问题 41 的调查结果表明,岗位、职称晋升困难是青年教师职业生涯发展过程中始终面临的主要挑战;问题 42 的调查结果表明,培训、交流和深造是有助于进一步促进青年教师职业发展的主要途径。

　　"职业成功"测量题项中,问题 43 的调查结果表明,不断提高个人水平和能力是青年教师职业成功的主要维度;问题 44 的调查结果表明,职称评定困难、晋升缓慢是影响青年教师职业成功的最主要因素;问题 45 的调查结果表明,改善经济待遇、解决职称评定和岗位晋升问题是帮助青年教师取得职业成功的主要途径;问题 46 的调查结果表明,为了实现职业成功,更多培训、交流和深造的机会是青年教师最希望组织提供的。

三、青年教师职业发展的挑战

　　根据问卷调查获得的实际情况,上海师范大学青年教师的职业发展以职称评定为主线,在教学、科研和教学与科研并重等轨迹上不断前进,形成不同方向上的职业发展,但从时间角度看,不同发展方向上的青年教师都需要经历短期(2年以内)、中期(2—5 年)和长期(5 年以后)的职业发展过程,最终实现其长远的职业发展目标。根据问卷调查结果,上海师范大学青年教师在其职业发展过程中始终面临各种职业发展挑战,如表 2 所示:

表 2　青年教师的职业发展挑战

	挑战类型	短期职业发展 (2 年以内)	中期职业发展 (2—5 年)	长期职业发展 (5 年以后)
职业生存状态挑战	教学工作量要求	教学工作量要求负担较重	教学工作量要求负担较重	教学工作量要求一般
	科研考核要求	科研考核要求较高	科研考核要求较高	科研考核要求一般
	生活经济压力	生活经济压力巨大	生活经济压力巨大	生活经济压力巨大

续 表

	挑战类型	短期职业发展（2 年以内）	中期职业发展（2—5 年）	长期职业发展（5 年以后）
教学水平提升挑战	教学能力改善压力	教学能力改善压力较大	教学能力改善压力一般	教学能力改善压力适中
	教辅工作压力	教辅工作繁杂,压力较大,精力分散	教辅工作繁杂,压力一般,精力分散	教辅工作繁杂,压力适中,精力分散
	教学改革压力	教学改革压力一般	教学改革压力较大	教学改革压力适中
科研能力改善挑战	科研能力改善压力	科研能力改善压力较大	科研能力改善压力一般	科研能力改善压力适中
	科研水平提高压力	科研水平提高压力较大	科研水平提高压力较大	科研水平提高压力一般
	科研论文撰写与发表压力	科研论文撰写与发表压力较大	科研论文撰写与发表压力较大	科研论文撰写与发表压力一般
	科研项目申请与研究压力	科研项目申请与研究压力较大	科研项目申请与研究压力较大	科研项目申请与研究压力一般
工作压力减缓挑战	工作压力	工作压力较大	工作压力较大	工作压力一般
	工作压力减缓	工作压力减缓压力较大	工作压力减缓压力较大	工作压力减缓压力一般
职业发展生涯及影响因素挑战	职业发展生涯管理压力	职业发展生涯管理压力一般	职业发展生涯管理压力一般	职业发展生涯管理压力较大
	职业发展压力	职业发展压力较大	职业发展压力较大	职业发展压力一般
职业成功挑战	职业成功压力	职业成功压力一般	职业成功一般	职业成功压力较大

由表 2 可知,青年教师在其不同的职业发展阶段面临的各种职业发展挑战压力各不相同。其中,青年教师短期职业发展(2 年以内)面临较大压力的挑战主要包括：教学工作量要求、科研考核要求、教学能力改善压力、教辅工作压力、科研能力改善压力、科研水平提高压力、科研论文撰写与发表压力、科研项目申

请与研究压力、工作压力、工作压力减缓和职业发展压力;中期职业发展(2—5年)面临较大压力的挑战主要包括:教学工作量要求、科研考核要求、教学改革压力、科研水平提高压力、科研论文撰写与发表压力、科研项目申请与研究压力、工作压力、工作压力减缓和职业发展压力;长期职业发展(5年以后)面临较大压力的挑战主要包括:职业发展生涯管理压力和职业成功压力。此外,生活经济压力巨大始终是上海师范大学青年教师在其职业发展过程中面临的艰巨挑战。

四、青年教师职业发展挑战成因分析

(一) 社会层面成因分析

随着社会经济的快速发展,近年来上海的物价水平普遍上涨,尤其是商品房价格持续上升,从而给在上海生活的普通百姓带来沉重的经济压力。通过问卷调查发现,上海师范大学青年教师参加工作的时间普遍比较短,职称比较低(一般为助教或讲师),工资收入普遍较低,目前税前月平均收入(含工资、奖金、课时费等)在8000元及以下的占75.0%,税前月平均收入(含工资、奖金、课时费等)在8000元以上的只占25.0%。而青年教师正处于购房、结婚生子、养家糊口等急需用钱的重要人生阶段,仅依靠现有的工资收入很难满足上述需求。上海日益上涨的高物价和高消费水平与目前青年教师的薪酬、福利待遇相比形成巨大落差,青年教师要在上海成家立业、赡养父母和抚养子女等,需承受巨大的经济压力,因此大部分青年教师过得并不富裕,甚至成为"月光族",有的还要承担偿还外债的压力。

(二) 学校层面成因分析

近年来,上海师范大学在关心青年教师成长方面做了大量努力,实施了推进人才强校战略,多措并举建立完善青年教师梯次培养体系,打造拔尖人才梯队等,但在促进青年教师职业发展方面仍存在以下有待改进之处:

(1) 对青年教师的考核标准"一刀切"使大部分青年教师倍感压力。目前,学校对青年教师的考核形成了"3+2"考核体系,即在青年教师入职后的前3年内须以上海师范大学为第一单位在C刊及以上至少发表2篇论文,入职后的第4—5年间须以上海师范大学为第一单位在C刊及以上至少发表2篇论文,此外,在入职后的5年内还须成功申请一项省部级及以上研究课题。通过问卷调查发现,大部分被调查者认为学校的上述考核要求较高,且没有针对不同学科特点进行区别对待,要到达考核要求具有一定的难度,由此给大部分青年教师带来较大的考核压力。

(2)教学负担过重分散了青年教师的科研精力。通过问卷调查发现,青年教师入职以后即开始承担教学工作,除了完成学院规定的教学工作任务外,还得配合学校教务处完成大量的教学辅助性工作,如坐班答疑、撰写和修改课程教学大纲、撰写课程授课计划等。同时大部分青年教师还得完成本科生学年论文和学位论文指导、夜大学授课和夜大学学生论文指导等教学辅助性工作。从事科学研究不但需要投入大量的时间和精力,而且需要静下心来刻苦钻研,而大量日常琐碎的教辅工作占用了青年教师大量时间,分散了他们的科研精力,使他们在短期内要取得科研成果尤为困难。

(3)对青年教师职业发展初期的关注不足。青年教师的职业发展需要以坚实的根基作为基础,只有具备扎实的研究基础、较强的研究能力和不断学习改进教学水平、提高教学能力,才能实现其长期、稳定的职业发展。尽管青年教师大多经过了博士阶段的学习,具备了从事科学研究的基本素养,但读博期间有导师的悉心指导和所在科研团队的支撑,因此与工作中的学习差别较大。通过问卷调查发现,大部分青年教师仍然希望在工作中能够继续获得培训或深造学习的机会,以此提高自己的水平和能力。而从当前学校对青年教师职业发展所采取的措施来看,学校对青年教师的职业发展更加关注顶层设计,较多关注其未来的职业发展,而对青年教师职业发展初期的关注则有待加强。例如:对青年教师教学水平和科研能力的提升缺乏系统、健全的培养体系;仅仅依赖于职业导师对青年教师的教学和科研进行指导往往成效并不显著等。

(三)青年教师个体层面成因分析

从个体层面看,青年教师职业发展挑战成因主要包括以下几个方面:

(1)由学生到教师的角色转换困难。通过问卷调查发现,大部分青年教师经历的是"从学校到学校"的身份转换,由学生到教师——这种短时间内身份和角色的转化给青年教师带来诸多问题:一是青年教师在校读书期间,作为单纯的学习者或研究者突然转变成高校任课教师,成为在校大学生学习的倡导者、组织者和引导者,而自身的教学经验与教学能力缺失,或者各方面准备不充分等原因,造成青年教师从以听课为主到以讲课为主的不适应,从而造成心理上的担忧或顾虑;二是大部分青年教师来自于其他高校,长期的读书和研究经历使其习惯了在原来求学高校的环境,习惯了研究生的学习方式或从事科学研究的生活,而到上海师范大学任教后,不但工作环境发生改变,而且连生活方式都要随着环境和角色的转变而转变,这种工作环境和工作方式的改变往往使许多青年教师产生不适应感,甚至产生许多困惑,因此需要较长的适应时间;三是青年教师一般都经历了长达二十多年的求学生涯,在长期做学生的经历中,仅仅处理简单的同学关系和师生关系,而到上海师范大学任教后,身份由学生转变为教师,不得不处理新的师生关系、同事关系以及上下级间的领导与被领导关系等,需要处理的社会关系变得复杂起来,面对相对复杂的社会关系,青年教师往往会产生各种不适应感,甚至在这种角色转换过程中产生迷茫、焦虑、矛盾和困惑,从而影响其从教生活和职业发展。

(2) 缺乏高校教师从业经验。通过问卷调查发现,从以往的学科背景来看,尽管青年教师大多数来自于国内外知名院校,但并非来自于师范类高校,既缺乏深厚的教育理论功底和专业的教学素养,又缺乏足够的教学实践经验,对其所任教课程的掌控能力和对教学突发性事件的处理能力均十分有限。为了上好一节新课,青年教师需要花费 4 个小时以上备课者高达 90.0%,花费如此多的时间和精力用于备课上,其结果并不一定理想,学生评教得分相对较低的仍然还是青年教师,这使青年教师往往找不到教学上的成就感。此外,青年教师在读博期间的专业相对较小而专,而本科生的教育内容比较基础和宽泛,这就造成他们在给本科生授课时经常讲得过于生硬和深奥,有的甚至是学术报告式的讲课风格,学生并不爱听,并且随着网络技术的不断发展,90 后大学生获取专业知识的渠道不断增加,尤其是网络公开课的出现,对教师的讲课内容和讲课风格提出了严峻挑战,这对于缺乏教学经验的青年教师而言尤为突出。而另一方面,在当前学校较为看重科研的整体环境背景下,青年教师还得忙于应付学校的各种科研考核要求,不得不将时间和精力用于科学研究,忙于撰写论文和申请项目,因此产生了教学与科研无法有效兼顾的问题,使原本缺乏从业经验和教学能力的青年教师难以通过深入钻研提升教学水平。

(3) 科研无法有效衔接。通过问卷调查发现,青年教师在原学习单位经过了硕士和博士阶段的科研训练,一般都具有较好的从事科研活动的基础和较为明确的科学研究方向,习惯了在原学习单位的科研团队和科研环境中进行学术研究,因此在原学习单位中开展相关科研活动相对得心应手。而到上海师范大学任教后,由于科研条件、科研团队和科研环境等发生了改变,入职后青年教师想要继续深入原来的研究往往缺乏必要的实验条件和科研经费的支持,而加入所在学院的教授团队后又往往会偏离原先的研究方向,使自己的科研活动受阻,想要取得新的科研成果变得更加困难。此外,青年教师在读博期间一般都是在导师指导下开展科研活动,而到上海师范大学任教后,由于缺乏研究方向完全一致的导师的正确指导,因此在短时间内一般很难独当一面,继续开展自己的学术研究。当今社会对科研活动的需求往往是能够快速解决各种实际问题,而刚走出校门的青年教师往往缺乏对社会问题的准确分析和判断,不具备独立解决社会实际问题的能力,从而使其在申请各类科研项目时经常受挫,从而影响了其科研的积极性。对新的科研环境感觉陌生,缺乏同方向导师的有效指导和申请科研项目受阻,影响了青年教师在科研方面的进一步发展,使其在科研方面举步维艰,科研成果的数量和质量也随之下滑,无法满足学校对青年教师的科研考核要求。

五、青年教师职业发展的对策

根据问卷调查结果,本研究针对上海师范大学青年教师职业发展的现状和挑战,从社会层面、学校层面和青年教师个体层面分别提出解决对策。

(一) 社会层面对策

本研究认为,要解决高校青年教师的生活保障问题,缓解他们所面临的各种经济压力,不但需要青年教师自身和学校付出更多努力,更主要的是需要国家和全社会下大力气提高高校青年教师的经济待遇,提供更加多样化的社会福利项目,从根本上解决他们在组建家庭、赡养父母和子女教育等方面所面临的各种经济压力,使他们不但能够从精神上感受到教师职业的魅力,而且能够过上相对体面的生活,解决好后顾之忧,以促进其全身心投入教学和科研工作。

(二) 学校层面对策

本研究认为,要帮助青年教师面对职业发展挑战,学校可以从以下几方面着手:

(1) 改变考核"一刀切"模式,多维度考核青年教师。针对学校一律实行

"3+2"考核模式对大部分青年教师造成的考核压力,本研究认为,学校需要从根本上调整这种"一刀切"的考核模式,改变对青年教师的考核唯科研考核论的观点,针对不同学科背景的青年教师采取不同的考核方式,制订多套考核方案,从教学、科研、获奖、晋升等方面建立多维度考核体系,同时打通各种考核方案之间相互替换的渠道和方法,允许青年教师根据自身的发展情况灵活选择适合自己的考核方案,促进他们的全面协调发展和重点个性化发展,以减轻他们的考核压力。

(2)减轻青年教师的教学负担,鼓励其从事科研活动。针对青年教师教学任务繁重,从事科研活动的时间有限、精力分散的状况,本研究认为,学校要鼓励青年教师多出科研成果,收获高质量的科研产出,就必须减轻他们的教学工作压力,使其有足够的时间投身于科学研究活动,积极参与科研项目的申请和研究工作。

(3)对青年教师的职业发展初期给予更多关注。要帮助青年教师在职业发展初期尽快适应学校的工作环境,融入教师岗位的角色要求,实现由学生到教师角色的平稳过渡,学校必须给予他们更多的辅导和关爱,充分尊重他们的各种诉求,及时帮助他们解决工作和生活方面的问题,为其初期的职业发展铺平道路。例如,成立青年教师职业发展机构,吸纳青年教师为成员,不定期举办青年教师学术沙龙、学术研讨会议或青年教师联谊活动等,这既能够为他们提供相互交流和交往的平台,又能够帮助他们提高学术水平,改善他们的生活质量;设立青年教师奖教基金和科研立项专项基金等,帮助青年教师提高教学水平和科研能力。此外,针对大部分青年教师渴望在短期内进一步提高自己的学术水平和研究能力,并希望通过出国深造、培训、参加国内外学术交流等活动拓宽研究视野,改善研究现状,学校可以在上述几个方面为他们创造条件,帮助其快速提高个人水平和能力。

(三)青年教师个体层面对策

青年教师的职业发展关键还在于他们自身知识、水平的提高与能力、素养的改进和完善。因此本研究认为,要帮助青年教师应对职业发展挑战,促进其职业发展,需要他们不断自我改进和自我完善,努力提高自身的心理素质、知识水平和教学、科研能力等,积极应对和破解各种职业发展难题。

(1)提高心理素质,转变心理角色定位。从心理学角度看,上海师范大学青年教师之所以在短期内较难适应由学生到教师的身份转换,是因为其心理角色尚未完成由学生到教师的转换,即心理角色的转换出现了滞后性。要从根本上完成心理角色的转换,需要进一步加强青年教师的心理素质锻炼,使其心理角色定位随着身份的转换而转变成教师,从而在身份和心理上都实现由学生到教师的平稳过渡。为此,学校可以多组织一些由青年教师、中青年教师和老教师共同参与的集体活动,加强对青年教师职业认同感的教育和培养,使青年教师充分理解教师岗位的神圣职责,增强作为人民教师的荣誉感和使命感,自觉、自愿地向模范教师学习,逐步拉近与优秀教师间的距离,在潜移默化中完成由学生到教师的心理"蜕变"。

(2)查找自身不足不断加以改进。通过问卷调查发现,大部分青年教师并非师范类高校毕业,入职前往往缺乏高校教师的从业经验,对高校教师的岗位职责要求并不熟悉,因此在入职后大多需要较长时间才能真正融入教师岗位的角色要求,逐渐胜任教师岗位职责。为了帮助学校青年教师弥补从业经验的不足,缩短与岗位融合的时间,尽快胜任教师工作,本研究认为,应在市教委组织的高校青年教师入职培训的基础上,加大对青年教师的培养力度,举办形式多样的教学观摩、教学大赛以及学术交流和研讨活动,鼓励他们积极参与活动,并在活动中展示自我、锻炼自己和提高自己。例如,组织青年教师观摩教学名师的课堂教学学习他们的授课风格和教学模式,帮助自己查找授课过程中存在的不足,并有针对性地加以改进,以提高自己的教学水平。

(3)利用现有资源培养自主性科研能力。本研究认为,要从根本上改变青年教师在入职前后科研无法有效衔接的情况,需要青年教师尽快熟悉学校的科研环境,充分利用学校现有的资源条件开展学术研究活动。例如,通过积极加入所在学院的相关科研团队,勇于承担科研团队任务,不断拉近与团队成员间的距离,并努力向团队成员学习,逐步培养起在没有硕士生和博士生导师指导下能够独立从事科学研究工作、独当一面的科研能力,使自己的科研工作逐步走上正轨。此外,青年教师还应该培养起敏锐的信息搜集能力,充分利用好学校为广大青年教师提供的各种学习和深造机会,善于抓住各级各类研究课题的申报机会,在课题申请实践中逐渐提高科研水平和研究能力,有效解决自己在职业发展过程中面临的科研"瓶颈",实现入职后科研活动的有效衔接。

附录：

《我校青年教师职业发展的挑战与对策研究》调查问卷

尊敬的老师：

您好！感谢您在百忙之中抽出宝贵的时间填写这份匿名问卷。本问卷的主要目的是收集上海师范大学青年教师(年龄为40周岁及以下者)在职业发展挑战方面的信息，调查所获资料仅用于学术研究，并将严格保密，请您作答时无需有任何顾虑。本问卷没有标准答案和对错之分，请您按照自己的真实想法填写，您的如实作答对于我们的研究至关重要。再次感谢您的支持与帮助！

第一部分　个人基本信息

1. 您的性别是____。

　　A. 男　　　　　　　　B. 女

2. 您的年龄属于____。

　　A. 20—25 周岁　　　　　　　　B. 26—30 周岁

　　C. 31—35 周岁　　　　　　　　D. 36—40 周岁

3. 您的婚姻状况是____。

　　A. 未婚　　　　　　B. 已婚　　　　　　C. 离异

4. 您是否具有海外留学或科研工作经历____。

　　A. 有　　　　　　B. 没有

5. 您的学历是____。

　　A. 硕士　　　　　　B. 博士　　　　　　C. 博士后经历

6. 您目前所在的学院是____。

　　A. 人文与传播学院　　　　　　　　B. 教育学院

　　C. 哲学与法政学院　　　　　　　　D. 商学院

　　E. 其他学院(请写清楚学院名称)____

7. 您目前所在的岗位属于____。

　　A. 教学型　　　　　　B. 科研型　　　　　　C. 教学科研型

　　D. 行政类　　　　　　E. 辅助教学类(辅导员、实验员等)

8. 您从事现岗位的连续工作时间是____。

A. 0—2 年　　　　　　　　　　　B. 3—4 年

C. 5—6 年　　　　　　　　　　　D. 7 年及以上

9. 您的职称是＿＿。

A. 初级　　　　　B. 中级　　　　　C. 副高级　　　　　D. 正高级

10. 您目前的行政职务是＿＿。

A. 校级（包括正副校级）　　　　　B. 处级（包括正副处级）

C. 科级（包括正副科级）　　　　　D. 无

第二部分　职业生存状态

11. 您所任教的学科门类是＿＿＿。

A. 人文与社会科学　　　　　　　　B. 自然科学

C. 工程与技术科学　　　　　　　　D. 医药科学

E. 其他（请写清楚学科名称）＿＿＿＿

12. 您每周平均本科生教学工作量是＿＿。

A. 8 课时及以内　　　　　　　　　B. 9—12 课时

C. 13—16 课时　　　　　　　　　D. 17 课时及以上

13. 您每周平均研究生教学工作量是＿＿。

A. 2 课时及以内　　　　　　　　　B. 3—5 课时

C. 6—8 课时　　　　　　　　　　D. 9 课时及以上

14. 您每年平均指导学生论文数是＿＿。

A. 3 篇及以内　　　　　　　　　　B. 4—6 篇

C. 7—9 篇　　　　　　　　　　　D. 10 篇及以上

15. 对于新课，每上两节课，您备课所花的时间大约是＿＿。

A. 3 小时及以下　　　　　　　　　B. 4—6 小时

C. 7—9 小时　　　　　　　　　　D. 10 小时及以上

16. 对于已经上过一轮以上的课，上课前您还会重新备课吗？＿＿

A. 每次都会　　　B. 有时会　　　C. 很少会　　　D. 不会

17. 您每学期参加各类教研活动的次数是＿＿。

A. 0—3 次　　　　　　　　　　　B. 4—6 次

C. 7—10 次　　　　　　　　　　D. 11 次及以上

18. 学校对您从事科研活动的考核要求是＿＿。

A. __年内在核心期刊上发表论文__篇

B. __年内获得__级研究课题__项

C. __年内在核心期刊上发表论文__篇,同时,__年内获得__级研究课题__项

D. 其他要求(请写清楚具体考核要求)_____

19. 您每天平均花____小时用于从事各类科研活动。

A. 0—2个   B. 3—5个

C. 6—8个   D. 9个小时及以上

20. 您一般取得的研究成果是____。

A. __年内在核心期刊上发表论文__篇

B. __年内获得__级研究课题__项

C. __年内在核心期刊上发表论文__篇,同时,__年内获得__级研究课题__项

D. 其他情况(请写清楚成果具体情况)_____

21. 您目前有____社会兼职(服务)。

A. 0个   B. 1个

C. 2个   D. 3个及以上

22. 目前您的税前月平均收入(含工资、奖金、课时费等)在____。

A. 6000元及以下   B. 6001—7000元

C. 7001—8000元   D. 8001—9000元

E. 9001元及以上

第三部分　教学水平提升

23. 您对自己目前的教学工作状态____。

A. 非常满意   B. 比较满意

C. 一般化   D. 不满意

E. 非常不满意

24. 您对目前所承担教学工作量的总体感觉是____。

A. 工作量较大,负担较重   B. 工作量一般,负担一般

C. 工作量较轻,负担较轻   D. 无所谓

25. 您认为影响您课程教学效果的主要原因是____(可多选,请排序)。

A. 学生基础差,大部分学习不认真

B. 个人教学经验不足,教学水平有限

C. 教师杂事多,精力分散

D. 教学环境差,教学条件有限

E. 其他(请写清楚具体原因)_____

26. 您认为制约您进一步提高教学水平的主要原因是____(可多选,请排序)。

A. 教师工作量大,没精力研究　　　B. 个人水平不足,提高潜力有限

C. 缺乏培训、交流或深造的机会　　D. 对提高教学水平没有兴趣

E. 其他(请写清楚具体原因)_____

27. 您尝试进行教学改革(包括教学内容、教学方法、教学手段等的改革)的频率是____。

A. 经常会　　　　　　　　　　　B. 有时会

C. 偶尔会　　　　　　　　　　　D. 从来不会

28. 影响您尝试进行教学改革的原因是____(可多选,请排序)。

A. 学生不容易接受　　　　　　　B. 学校不支持或支持力度不够

C. 风险大,不确定因素多　　　　　D. 个人能力有限

E. 其他_____

第四部分　科研能力改善

29. 您对自己目前的科研工作状态____。

A. 非常满意　　　　　　　　　　B. 比较满意

C. 一般化　　　　　　　　　　　D. 不满意

E. 非常不满意

30. 您认为学校对您从事科研活动的考核要求____。

A. 成果要求太多,负担较重　　　　B. 成果要求一般,负担一般

C. 成果要求较轻,负担较轻　　　　D. 无所谓

31. 您认为制约您取得更多科研成果的原因是____(可多选,请排序)。

A. 个人科研能力有限　　　　　　B. 学校提供的科研条件有限

C. 缺乏从事科研活动的环境　　　　D. 缺乏科研团队的支撑

E. 其他_____

32. 您认为影响您进一步提高科研水平的原因是____(可多选,请排序)。

A. 科研精力不足　　　　　　　　　　B. 提高潜力有限

C. 学校提供的科研激励不足　　　　　D. 缺乏培训、交流或深造的机会

E. 其他_____

33. 您认为____有助于改善您目前的科研状态（可多选，请排序）。

A. 提高个人的科研水平　　　　　　　B. 加入科研团队

C. 提高学校的科研奖励水平　　　　　D. 降低学校的科研考核要求

E. 其他_____

第五部分　工作压力减缓

34. 您认为自己目前承受的压力状态是____。

A. 压力非常大　　　　　　　　　　　B. 压力比较大

C. 压力一般　　　　　　　　　　　　D. 压力较小

E. 压力非常小

35. 您的工作压力主要来自于____（可多选，请排序）。

A. 教学压力　　　　　　　　　　　　B. 科研压力

C. 职称评定　　　　　　　　　　　　D. 学校考核

E. 其他_____

36. 您认为导致工作压力产生的原因是____（可多选，请排序）。

A. 个人能力有限　　　　　　　　　　B. 学校考核要求太高

C. 竞争太激烈　　　　　　　　　　　D. 社会关系复杂

F. 其他_____

37. 您认为____有助于减轻您的工作压力（可多选，请排序）。

A. 提高个人能力水平　　　　　　　　B. 降低学校的考核要求

C. 拓宽职业发展通道　　　　　　　　D. 降低职称评定要求

E. 其他_____

第六部分　职业发展生涯及影响因素

38. 您觉得自己未来的职业发展方向____。

A. 非常清晰　　　　　　　　　　　　B. 比较清晰

C. 一般化　　　　　　　　　　　　　D. 比较模糊

E. 非常模糊

39. 您对自己未来的职业发展生涯____。

    A. 有明确的目标和具体的行动计划

    B. 有明确的目标和粗糙的行动计划

    C. 无明确的目标和有粗糙的行动计划

    D. 无明确的目标和无行动计划

    E. 其他_____

40. 您认为制约您职业发展的因素主要有____(可多选,请排序)。

    A. 个人水平和能力　　　　　　　B. 职业发展通道的设计

    C. 竞争的激烈程度　　　　　　　D. 人脉与社会关系

    E. 其他_____

41. 您认为在您职业生涯发展过程中始终面临的挑战是____(可多选,请排序)。

    A. 岗位、职称晋升困难　　　　　B. 职业发展空间有限

    C. 竞争越来越激烈　　　　　　　D. 学校的考核压力

    E. 其他_____

42. 您认为____有助于进一步促进您的职业发展(可多选,请排序)。

    A. 提高个人水平和能力　　　　　B. 培训、交流和深造

    C. 设计更多的职业发展通道　　　D. 提供更多的组织支持

    E. 其他_____

第七部分　职业成功

43. 您认为职业成功是____(可多选,请排序)。

    A. 不断提高个人水平和能力,实现自我价值

    B. 获得稳定、可观的经济收入

    C. 职称提高,岗位不断晋升

    D. 社会各界的广泛认可

    E. 其他_____

44. 您认为影响您职业成功的主要因素是____(可多选,请排序)。

    A. 个人能力提升有限　　　　　　B. 经济收入相对较低

    C. 职称评定困难,晋升缓慢　　　D. 获得组织的外部支持不足

    E. 其他_____

45. 您认为____有助于您取得职业成功(可多选,请排序)。

A. 提高个人水平和能力　　　　　　B. 改善经济待遇

C. 解决职称评定和岗位晋升问题　　D. 获取更多的组织支持

E. 其他_____

46. 为了实现职业成功,您希望组织提供____(可多选,请排序)。

A. 更多培训、交流和深造的机会　　B. 更多的科研奖励

C. 更多的岗位、职称晋升机会　　　D. 更宽松的工作氛围

E. 其他_____

第八部分　开放式问题

您认为高校可以在哪些方面进行改进,以帮助青年教师应对职业发展挑战?

高校专任教师职业发展、效能感和职业压力调查

——以上海师范大学为例[*]

李　凤　徐志欣　金黎琼[**]

一、绪论

1. 研究意义

职业发展是人力资源管理的一项重要活动,它与工作分析、人力资源计划、招聘与选拔、绩效评估、培训等有着密切的联系。它是指一个人一生的工作经历,特别是职业、职位的变迁及工作理想的实现过程,又称职业计划、职业生涯。现有的许多关于教师职业发展理论的研究都根植于 Frances Fuller(1969)的著作。研究教师职业生涯发展阶段的理论很多,对教师职业发展阶段的划分并不完全一致。但是,它们的出发点和基本思路是相同的:都假设教师从教时间和职业发展阶段高度相关,所以都以教龄作为划分职业生涯发展阶段的一个重要的依据。都认为随着教龄的增长,受教育教学技能的提高、经验的积累和社会环境的变化,教师的职业心理也会发生变化。职业发展常常伴随着教龄的增长而变化,但在相同的教龄阶段往往表现出大致相同的职业特征、职业需求和职业发展任务,据此,可以将教师的职业生涯划分为不同的阶段。得到广泛认同的划分法是 Fessler(1985)提出的教师职业生涯周期模型,将教师职业发展分为八个阶

＊ 本文系 2015 年上海师范大学工会课题"我校专任教师职业评价状况研究"的成果。

＊＊ 李凤,上海师范大学外国语学院党委书记、副教授;徐志欣,上海师范大学工会副主席;金黎琼,上海师范大学教育学院讲师。

段：职前期、职初期、能力建构期、热情或成长期、职业挫折期、职业稳定期、职业消退期和离岗期。清楚认识职业发展的不同阶段有哪些任务和发展趋势，可以帮助教师更有效地管理自己的职业生涯。

教学效能感的概念源于自我效能感。1977 年，美国心理学家班杜拉（Bandura）发表了一篇题为《自我效能：关于行为变化的综合理论》的论文，在这篇文章中提出自我效能感的概念，认为自我效能感是指一个人"相信自己具有组织和执行行动以达到特定成就的能力"，也就是说，自我效能感是一个人对自己是否有能力完成某种成就行为以及自己的行为会产生怎样的效果的一种主观判断，即一种我能不能做到以及我能做到什么样的感觉。根据班杜拉对自我效能感的这个定义可以推论，教师的教学效能感是指教师对于自己是否有能力胜任教学活动以及教学活动是否可以影响学生能力的主观判断。教师效能感在教学过程中有着非常重要的作用，包括教师的努力程度、教学方法的改进等各个方面。

压力（Stress）也称"应激"，本是物理学的术语，在工程学和建筑学上指负荷、应力、应变等。20 世纪初，压力的概念才出现在医学界，表示人体的过度负荷。薛利（Selye，1970）对心理压力进行首次研究后，"压力"一词便广泛应用于社会科学的各个领域。而在心理学上，压力是指有机体对于不能力所能及或扰乱其平衡状态的刺激事件所表现出的特定或非特定的反应状态。1977 年，Kyriacou 和 Sutcliffe 在《教育评论》杂志（Educational Review）中发表了教师压力综述文章。在该文章中，作者将教师职业压力定义为由于工作造成的一种令人不愉快的情绪体验，包括紧张、失望、焦虑、愤怒、压抑等。后来，他们给出了一个更加详细的定义，认为教师的职业压力是由教师工作的各个方面所导致的消极反应（如愤怒、沮丧），通常伴有潜在的、致病的生理和生化的变化（如心跳加速、肾上腺素释放进入血液等），而且这种压力受教师对那些它所知觉为威胁自己自尊、健康的因素和自身用以缓解威胁的应付机制的调控。教师压力并不总是消极的，适度的压力有利于提高教师的工作绩效。大量研究表明适当的压力能促进教师的教学效率，但是倘若压力过大，对教师工作者的身心健康会造成很大的伤害，对组织也会产生消极影响，乃至影响生活质量，导致工作效率低下，如引起教师的不满、消极、高离职率、缺勤等问题。

笔者认为，教师这一职业一直以来受到社会较高的期许和要求，而高校教师作为更特别的一个群体，更是培养人才的主力军。关注高校教师的身心健康、了解他们的效能感、职业压力、职业发展需求,一方面能够提高教师自身教学水平,有利于其职业发展,另一方面,从长远角度来看,这对高校更好培养人才、提高学校整体水平也起一定作用。

2. 文献综述

当下,越来越多的学者已经关注到高校教师这一群体的身心健康,研究方向涉及职业认同、工作满意度、工作倦怠等多角度、多方面,而本课题主要集中于教师的职业发展、效能感和职业压力这三个方面。

对教师职业发展的研究主要有现状分析、障碍因素研究和相关对策、策略的探索。

对教师效能感的研究主要集中于三个方面:第一是对教师教学效能感本身结构和测量的研究;第二是对教师教学效能感与教师教学行为和学生学习成绩的相关研究;第三是对影响教师教学效能感因素的研究。

对教师职业压力的研究,也主要有下列三个方面:引起教师个体偏离正常工作的外部情境;影响教师个人知觉评估的个别差异因素;教师因职业压力产生的紧张反应。

3. 研究方法

课题组采取简单随机抽样的方法,即分别在上海师范大学徐汇、奉贤两处教学点,在课间向该校专任教师发放并由他们填写《我校专任教师职业发展、效能感和职业压力调查表》。

问卷包含三部分,职业发展和效能感部分在已有研究采用的问卷上进行了部分修改,而职业压力方面采用的是王梅 2004 年修订的《ORI. S 职业紧张量表(职业压力)》。

本项研究共发出问卷 506 份,实际回收问卷 506 份,问卷回收率 100%。其中有效问卷 439 份,问卷有效率 86.76%。有效问卷中,共涉及上海师范大学 10个学院(人文与传播学院、商学院、生命与环境科学学院、体育学院、旅游学院、法政学院、美术学院、建筑工程学院、教育学院、数理学院)的专任教师。所有数据利用 SPSS 16 数据统计软件进行数据处理,主要采用频次、相关、方差分析等分析方法进行。

4. 研究内容

课题的主要研究内容有:

(1) 专任教师职业发展调查。采用了湖南师范大学王益兰 2009 年的硕士论文《我国高校女教师职业发展研究》里的部分题目,以单选题的方式呈现。另从专业发展、教学发展、个人发展、组织发展四个方面设计了五级量表,分数越小,表示职业需求越大。

(2)专任教师的效能感调查。采用辛涛等人1995年修订的《教师教学效能感》的部分题目,题目为六级评分,分值越大,代表效能感越高。

(3)专任教师的职业压力调查。采用王梅2004年修订的《ORI.S职业紧张量表(职业压力)》,五级评分,分值越大,代表压力越大。

(4)在调查分析专任教师的职业发展、效能感和职业压力后,利用相关理论对三者进行分析,得出一定结论并提出相关意见和建议。

二、研究结果及分析

本次调查共有效调查了439名我校专任教师。在受调查教师中,女性教师要比男性教师人数多,其中女性教师占比63.33%,男性教师占比36.67%,在年龄方面,以年龄在40岁以下的中青年教师为主,其中36—45岁之间的老师高达31.89%;在婚姻状况方面,绝大多数受调查教师为已婚,占比达到76.99%;受调查教师的学历水平依次是博士(36.67%)、硕士(48.29%)、本科(13.21%)、专科及以下(1.83%);教龄在7—18年的教师比例最大,占32.35%;职称方面,受调查教师中,中级职称的有44.87%,副高级职称的有31.20%,位列第三的是正高级职称。(调查样本基本情况详见表1)

表1　调查样本基本情况

分类	性别		年龄					婚姻状况			学历			
	男	女	30岁以下	30—35岁	36—45岁	45—55岁	55岁以上	已婚	未婚	其他	博士	硕士	本科	专科及以下
人数	161	278	64	100	140	116	19	338	97	4	161	212	58	8
比重(%)	36.67	63.33	14.58	22.78	31.89	26.42	4.33	76.99	22.1	0.91	36.67	48.29	13.21	1.83

分类	教龄					职称					合计
	1—3年	4—6年	7—18年	19—30年	30年以上	正高级	副高级	中级	初级	无职称	
人数	72	85	142	104	36	47	137	197	29	29	439
比重(%)	16.40	19.36	32.35	23.69	8.20	10.71	31.2	44.87	6.61	6.61	100.00

1. 总体统计结果

如表 2 所示,抽样教师的职业需求得分为 1.82±0.66,效能感得分为 3.89±0.63,职业压力得分 2.58±0.43。把职业需求得分与中间值 3 做比较,$t = -37.521$,$p < 0.001$,差异显著,说明专任教师的职业需求强烈(分值越小表示职业需求越强烈);把教师效能感得分与中间值 3.5 做比较,$t = 12.841$,$p < 0.001$,差异显著,说明专任教师的教师效能感较高(分值越大表示教师效能感越好);把职业压力得分与中间值 3 做比较,$t = -20.114$,$p < 0.001$,说明专任教师的职业压力较小(分值越大表示职业压力越大)。

表 2　职业需求、教师效能感、职业压力描述统计报告

	最小值	最大值	平均值	标准差
职业需求	1.00	4.83	1.82	0.66
教师效能感	1.50	5.82	3.89	0.63
职业压力	1.08	4.42	2.58	0.43

结果与调查样本的基本情况是相吻合的,一方面,受调查教师年龄段集中在 45 岁以下,无论在学术上的追求,还是对教学发展的具体需求上,都还处在上升期,具有较强的职业需求。另一方面,受调查教师学历大都集中在本科以上,教龄也分布在 7 年以上,这部分教师具有一定的教学经验,能较好地完成相应的教学任务、培养学生,因此其自身的效能感也较高。此外,仅不到两成的受调查教师是初级职称或没有职称,这与大部分教师没有太大的职业压力也是相一致的。总的来说,我校专任教师的职业压力适中,效能感较好,普遍具有较强的职业需求。

2. 各部分的详细统计结果

（1）职业发展

您对您目前职业发展状况：很满意45人，占10.25%；比较满意297人，占67.65%；较不满意89人，占20.27%；非常不满意8人，占1.83%。

如果提拔您做学院或学校领导：能力差不想当的99人，占22.55%；坚决不当的96人，占21.87%；不知道的160人，占36.45%；非常乐意的84人，占19.13%。

您认为在评职称或提升职务是，男女教师所受对待：很平等的57人，占13.04%；较平等的131人，占29.98%；差不多的134人，占30.66%；男教师略占优势的97人，占22.20%；女教师略占优势的5人，占1.14%；男教师很占优势的11人，占2.52%；女教师很占优势的2人，占0.46%。（注：n＝437，剔除了多选的数据）

您认为女教师在职业发展过程中所遇到的最主要的障碍因素是：受传统性别分工影响的107人，占27.72%；家人不理解不支持的44人，占11.40%；自我成就动机不高79人，占20.47%；缺少机遇的40人，占10.36%；心理素质欠佳的10人，占2.59%；担当科研负责人机会少的25人，占6.48%；知识能力欠缺的4人，占1.04%；学术环境不理想的31人，占8.03%；其他的46人，占11.91%。（注：n＝386，剔除了多选的数据）

您对您以后几年的职业发展目标：很清楚的74人，占16.86%；较清楚的260人，占59.22%；不清楚的83人，占18.91%；没想过的22人，占5.01%。

与教学工作有关的培训：经常参加的145人，占33.11%；偶尔参加的231人，占52.74%；从未有机会参加的59人，占13.47%；不愿意参加的3人，占0.68%。（注：n＝438，剔除了多选的数据）

您认为人际关系对你的职业发展：有较强的关系的201人，占45.89%；有一定关系的217人，占49.54%；没什么关系的20人，占4.57%。（注：n＝438，剔除了多选的数据）

家人对我的工作：很支持的233人，占53.08%；较支持的178人，占40.55%；较不支持的26人，占5.92%；非常不支持的2人，占0.45%。

您认为目前的社会环境对您的职业发展：很有利的41人，占9.34%；较有利的126人，占28.70%；一般的206人，占46.92%；较不利的47人，占10.71%；很不利的19人，占4.33%。

您认为目前的高校环境对您的职业发展：很有利的 38 人，占 8.66％；较有利的 111 人，占 25.28％；一般的 216 人，占 49.20％；较不利的 54 人，占 12.30％；很不利的 20 人，占 4.56％。

综合以上数据不难看出，受调查教师绝大多数对自己目前的职业发展状况是持满意态度的（很满意 10.25％，比较满意 67.65％），对自己以后几年的职业发展也有一定的目标和计划（很清楚 16.86％，较清楚 59.22％），超过八成的教师也是参与过与教学工作有关的培训，其中更有 33.11％的受调查教师表示经常参加。有职业发展需求的、为此付诸实际行动的教师，都不在少数。此外，不少受调查教师也表示，目前的社会环境和高校环境对自己的职业发展也是比较有利的。对此，作为校方，在认识到广大教师的职业发展需求的同时，也要积极营造良好的高校环境，努力帮助专任教师们实现自己的发展需求。

在论及不同内容的教师培训和发展活动，受调查教师表现出不同程度上的需求，可以看到的是对专业发展的需求要明显高于其余三项，六成以上的教师表示非常需要"学术前沿动态的了解"和"科研能力的提升"，占比分别达到 63.3％和 61％。大学教师不同于普通教师，作为培养高知人才的主力军，社会对其学术要求甚高。我们也不乏看到高校里很多教师在承担教学任务的同时，也在积极开展自己专业领域的研究，不断了解最新动态，紧跟学术潮流。在当下，"科创"一词在社会上也频频受到热议，各大高校也将对大学生科研、创业能力的培养提升到一个新高度。我校一直为广大学生提供不少平台，鼓励大学生自发开展课题研究，在实践中提高自己的专业技能。而对专业领域尚不了解很多的学生们而言，自然离不开专业老师的指导，这也就对教师的科研能力不断提出新的挑战。位列第三的则是个人发展中"外语能力的提高"，占比达到 49.2％，这与全球化的国际形势是相呼应的。不仅如此，不少专任教师也会有机会出国进修或者参与海外交流项目，而这些都对外语尤其是口语能力提出一定的要求。除此以外，"教学技巧的运用""学历水平的提高"和"多媒体教学辅助设备的运用"，也受到四成左右的教师的切实关注。而个人发展和组织发展两类，仅受到部分教师的强烈需求。值得注意的是，受调查教师对"心理健康咨询"一项表现出的需求最低，不到三成的教师表示非常需求，另有 5％的教师明确表示根本不需要。这与上文数据中所表述的我校专任教师的效能感较好、职业压力适中的实际情况是相一致的。其余数据详见表 3。

表3 专任教师对不同内容的教师培训和发展活动的需求(%)

类型	需求项目	非常需要	有点需要	无所谓	不太需要	根本不需要
专业发展	学历水平的提高	42.8	34.2	8.2	9.1	5.7
	学术前沿动态的了解	63.3	30.8	4.1	1.4	0.5
	科研能力的提升	61.0	31.2	6.2	0.9	0.7
教学发展	教育、教学理论的学习	40.5	45.3	8.9	4.1	1.1
	教学技巧的运用	48.7	38.7	7.5	4.1	0.9
	多媒体教学辅助设备的运用	42.4	39.9	12.1	4.1	1.6
个人发展	外语能力的提高	49.2	39.9	8.7	1.4	0.9
	职业生涯规划指导	33.5	41.7	15.5	6.6	2.7
	心理健康咨询	29.2	39.4	18.0	8.4	5.0
	社会交往能力的提高	39.0	39.9	12.5	6.4	2.3
组织发展	新教师的定位指导	39.0	39.9	10.9	5.7	4.6
	学校相关政策制度的了解	38.5	46.2	9.8	4.3	1.1

进一步的数据分析发现,不同性别职业需求差异不显著,$t = -0.693$,$p = 0.489$;不同年龄段职业需求差异显著,$F = 9.775$,$p < 0.001$,见表4;不同学历职业需求差异不显著,$F = 2.076$,$p = 0.103$;不同教龄段职业需求差异显著,$F = 6.983$,$p < 0.001$,见表5;不同职称职业需求差异显著,$F = 6.892$,$p < 0.001$,见表6。

表4 不同年龄段职业需求方差分析

变异来源	平方和	自由度	均方	F	Sig
组间	15.597	4	3.899	9.775	<0.001
组内	173.133	434	0.399		
总计	188.730	438			

经过事后检验,30岁以下教师的职业需求要显著强于36—45和45—55岁,30—35、36—45岁教师的职业需求显著强于45—55岁。具体项目上,除了"多媒体教学辅助设备的运用",其余各项需求的年龄差异显著。

这表明年龄较小的教师的职业需求要强于年龄较大的教师的职业需求的一

般趋势,与已有的前人研究结果相一致。作为年轻教师,刚刚步入教学工作,在职场上还存在着较多可能性,另外对于大部分已婚教师而言,也承担着较大的生存压力,其职业需求会比年长的教师要大。而对于多媒体教学辅助设备的运用,这一在信息化时代下的新产物,无论是年轻教师还是年长教师,都需要不断学习和摸索,都存在着较强的需求。

表5　不同教龄段职业需求方差分析

变异来源	平方和	自由度	均方	F	Sig
组间	11.413	4	2.853	6.983	<0.001
组内	177.318	434	0.409		
总计	188.730	438			

经过事后检验,1—3年教龄的职业需求显著强于19—30年和30年以上教龄,4—6年教龄职业需求显著强于19—30年。具体项目上,除了"多媒体教学辅助设备的运用"和"学校相关政策制度的了解",其余各项需求的教龄差异显著。

从数据上也可以看出教龄短的教师的职业需求大于教龄长的教师的职业需求的这一大致趋势,这与上文的受调查教师的年龄对其职业发展需求的影响是相类似的。作为教龄较小的教师,其教学技巧、教学方式上必然存在一些待改进之处,需要不断的进步。此外,由于学校相关政策制度是和每位专任教师都息息相关的,所以也不难理解不同教龄段教师对其了解的相同需求。

表6　不同职称职业需求方差分析

变异来源	平方和	自由度	均方	F	Sig
组间	11.272	4	2.818	6.892	<0.001
组内	177.458	434	0.409		
总计	188.730	438			

经过事后检验,无职称教师的职业需求显著强于正高级、副高级和中级职称教师,与已有的前人研究结果相一致。具体项目上,除了"学术前沿动态的了解""外语能力的提高"和"学校相关政策制度的了解",其余各项需求的不同职称差异显著。

对于无职称的教师而言,他们时刻面临着来自周围较高职称教师的压力,工作的稳定性也并不那么高,其职业发展需求也就相对较高。对于"学术前沿动态的了解""外语能力的提高"和"学校相关政策制度的了解"，均与教师的个人的持续性发展密不可分，在不同职称教师间的需求是相一致的。

由此也可以得出结论，教师的职业发展需求普遍较高，而其职业发展需求也随教师的个体差异而呈现出不同，一般年龄段在30岁以下、教龄在1—3年、没有职称的这部分专任教师的职业发展需求更为强烈，这与实际情况也是相符的。作为年轻教师，刚步入教书育人的阶段，自身也没有职称，他们对于自己的职业发展需求会更高。对此，学校要注重这部分年轻教师的实际需求，多给予他们一些发展的机遇。

（2）效能感

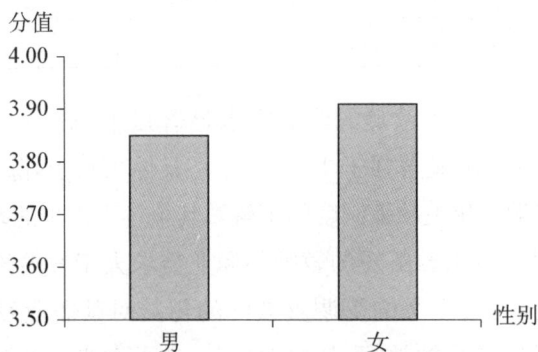

图1　不同性别教师效能感均分分布情况

由图1可以看出，不同性别教师效能感有高低之分，其中女性教师的效能感要略高于男性教师。这可能是取样过程中女性教师的人数要比男性教师人数多的部分原因造成。

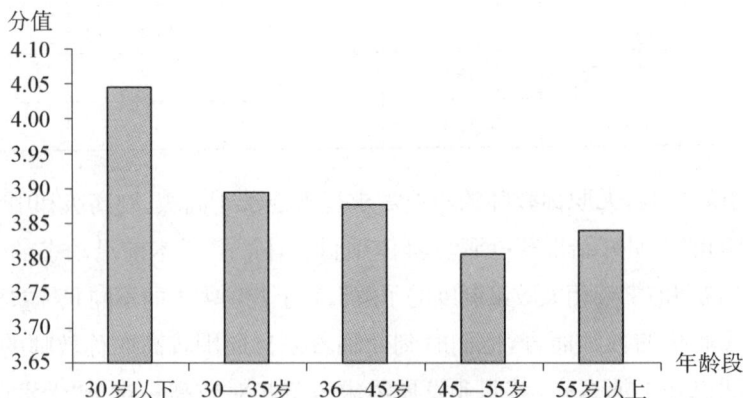

图2　不同年龄段教师效能感均分分布情况

由图 2 可知,不同年龄段教师的效能感也有一些差异,其中 30 岁以下的教师的效能感最高,其次是 30—35 岁、36—45 岁、55 岁以上、45—55 岁,大体呈现出随着年龄的增大效能感降低的趋势。中青年教师与大学生年龄差距较少,能够更好理解、掌握学生心理,与学生关系往往更亲密,互动也更多。其教学方式往往也丰富多变,在新媒体时代下往往能更好结合媒体教学,让学生易于接受,较好完成教学任务达成教学指标。因此,其效能感也相对较高。

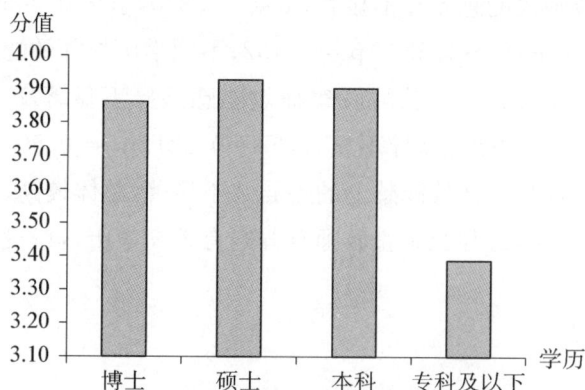

图 3　不同学历教师效能感均分分布情况

从图 3 可以看到,专科及以下的教师的效能感相对低于本科、硕士及博士学历的教师。对于一名专科及以下的学历的教师来说,在教授本科生时往往会产生一定的心理压力,认为自己的知识水平并不能足以胜任,因而致使其效能感相对较低。

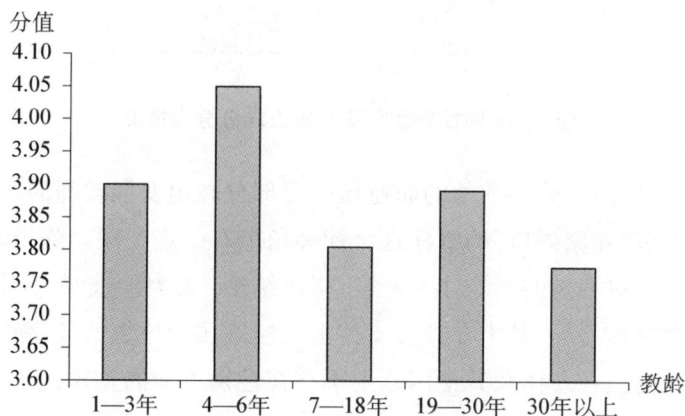

图 4　不同教龄段教师效能感均分分布情况

由图 4 可知,教龄在 4—6 年的教师的效能感相对较高,其次是 1—3 年和 19—30 年,两者几乎持平,再者是 7—18 年和 30 年以上教龄的教师。具体分析,教龄在 4—6 年的教师,一方面不像初入教育行业的新手,对自己多多少少还有些不自信,另一方面,他们也正处于自己事业的上升期或是高峰期,对于自己教学能力、教学水平等都还比较自信,拥有相对较高的效能感。

尽管具有不同特征的教师的效能感存在高低差异,但进一步的数据分析后发现,不同性别教师效能感差异不显著,$t = -0.870$,$p = 0.385$;不同年龄段教师效能感差异不显著,$F = 1.530$,$p = 0.192$;不同学历教师效能感差异不显著,$F = 2.017$,$p = 0.111$;不同教龄段教师效能感差异不显著,$F = 2.348$,$p = 0.054$;不同职称教师效能感差异不显著,$F = 0.831$,$p = 0.506$。

总的来说,专任教师在效能感上的差异并不显著,总体较高。教师效能感往往与教学能力等相关,这与受调查教师有普遍有较高学历、较长教龄的实际情况是相吻合的。

（3）职业压力

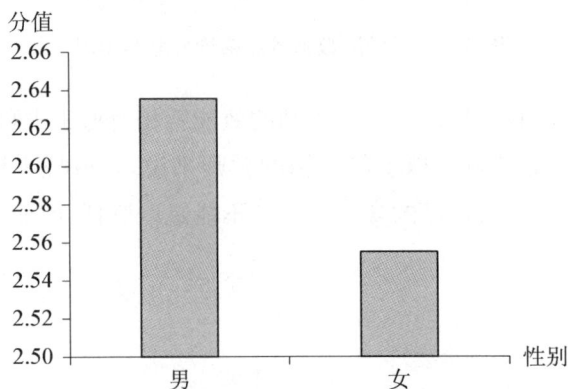

图 5　不同性别教师职业压力均分分布情况

从图 5 可以看到,男性教师的职业压力要部分高出女性教师的职业压力,这与男性承担更多"养家糊口"的重任这一社会角色有一定关联。陈超然的研究曾对不同压力来源对性别的影响作了考察,得出结论：在社会支持、工作负荷这两个因素上男女存在差异,其中在社会支持上女性的压力比男性高,而在工作负荷上男性比女性高。在总体及其他因素上不存在性别方面的差异。

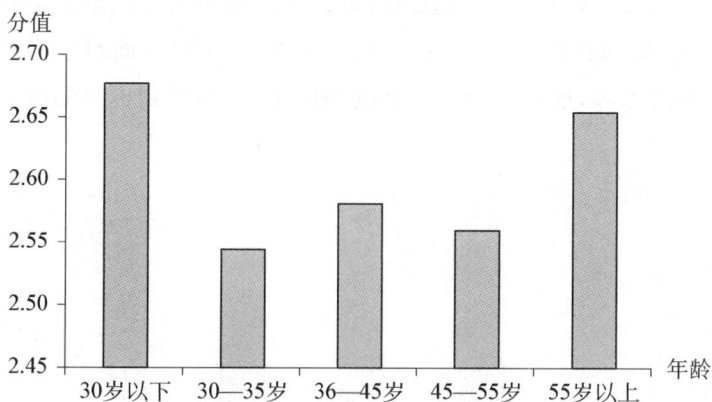

图 6 不同年龄段教师职业压力均分分布情况

由图 6 可知,年龄段位于 30 岁以下和 55 岁以上的教师所感受到的职业压力相对较大。这与徐志勤、王国防等人的一些结论也有部分出入。笔者认为,对于 30 岁以下的年轻教师而言,初入职场,没有丰富的教学经验,自身的学术水平也还有很大进步空间,往往承受着较大压力。而对于 55 岁以上的教师而言,一方面即将面临退休,另一方面随着年纪的增大,对于学生心理的把握、对于新媒体等教学工具的学习都比年轻教师相对较弱,因而存在着一定的职业压力。

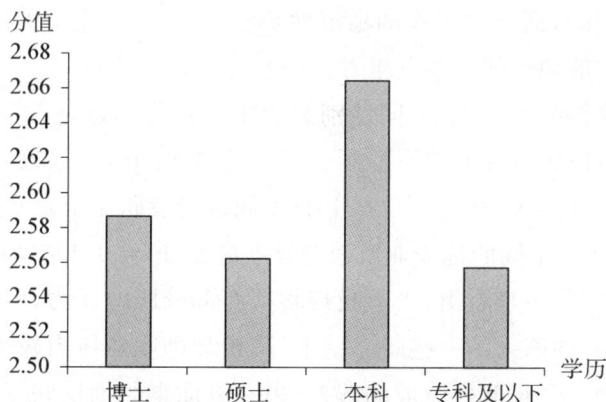

图 7 不同学历教师职业压力均分分布情况

从图 7 可以看到,学历为本科的教师感受到的职业压力是相对最大的。陈超然的研究结果也表明,在学历方面除了在职业发展上作用明显外,在其他因素及总体上并不存在明显的压力差异,进一步分析发现,本科学历的教师比硕士和博士学历的压力大。这种矛盾的原因可能由于高校中大专以下文化程度的教师较少,即便有这样的教师,其个人发展规划期望也不会高,而对本科学历的教师要求则与硕士无差异,所以在处于劣势的情况下,会体验到更高的压力。

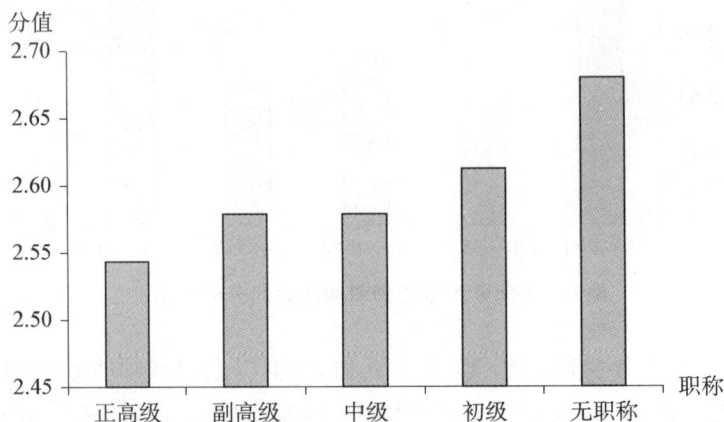

图8　不同职称教师职业压力均分分布情况

从图8可以看到,在职称方面,无职称的教师的职业压力要高于初级职称的教师,高于中级职称的教师,大体可以看出职称越高的教师其职业压力越小的这一总体趋势。这点也不难理解,对于无职称的教师而言,在越来越大的竞争压力下,无论是其工作待遇还是工作的稳定性来说,往往都要低于更高职称的教师,也就有了来自内部和外部的双重压力。

进一步的数据分析发现,不同性别职业压力差异不显著,$t = 1.886$,$p = 0.060$;不同年龄段职业压力差异不显著,$F = 1.178$,$p - 0.320$;不同学历职业压力差异不显著,$F = 0.861$,$p = 0.461$;不同教龄段职业压力差异不显著,$F = 1.481$,$p = 0.207$;不同职称职业压力差异不显著,$F = 0.496$,$p = 0.739$。

结合上文数据,不难看出,当下我校教师有部分职业压力,但还是处于适中状态的,这与已有的前人的一些研究结果(高校教师职业压力较大的结论)有所出入。笔者认为一个是取样造成的偏差,另一方面也侧面反映了我校整体的就业环境、校园氛围等还是不错的,减轻了在职教师的一部分职业压力。

(4)职业发展、效能感和职业压力的关系

通过斯皮尔曼相关分析发现,教师效能感、职业压力越大,职业需求就越大。一个效能感高的教师,会主动寻求学习更多的专业知识,参加更多的培训,获得更多的经验等等,以不断提高自身能力水平。效能感也与内心的体验有关,效能感越高,对成功的体验也越多,其发展的需求、动机也会越强烈。与效能感不同的是,职业压力带给专任教师更多的是一种竞争感、不安感,在面对这种负面情绪时,教师也有较为强烈的职业发展需求,希望通过发展自己来消除这种内心感受。详细数据见表7。

表7　职业需求、教师效能感、职业压力相关系数

	职业需求	教师效能感	职业压力
职业需求	1.000		
教师效能感	−0.122*	1.00	
职业压力	−0.123*	−0.065	1.00

注：* 在 0.05 水平上显著

进一步地对三者进行偏相关分析,发现剔除"职业需求"的影响后,"教师效能感"与"职业压力"的偏相关系数为 −0.082, p = 0.086,不显著,说明教师效能感和职业压力没有较大的关系。剔除"教师效能感"的影响后,"职业需求"与"职业压力"的偏相关系数为 −0.123, p = 0.010 < 0.05,显著,说明职业压力越大,职业需求也就越大。剔除"职业压力"的影响后,"职业需求"与"教师效能感"的偏相关系数为 −0.121, p = 0.011 < 0.05,显著,说明教师效能感越大,职业需求也就越大。

三、结论与建议

教师对职业发展需求较高。而要促进教师职业发展,必须把握教师职业发展的两大主题:个人职业规划和学校管理与激励。一方面,职业发展仍是教师自己的个人规划,它离不开任职教师自己的努力,教师需要依据自己的实际情况,有一个准确的自我定位,设定一定的目标,并不断采取行动去实现目标。而在此实现过程中,也离不开学校的帮助,学校对教师职业发展进行一定的管理和指导,为教师职业发展提供一定人力物力等条件的支持。条件允许的情况下,学校也可以引进专业的职业咨询机构,帮助在校教师进行专业准确的职业发展规划。

此外,教师效能感、职业压力、职业发展三者息息相关,效能感越高职业发展需求越强,职业压力越大其职业发展需求也越大。不难看出,实现教师的职业发展,不仅仅是其个人的全方面发展,也有利于教师的身心健康,更好投入到日常教学工作中去。

职业发展是一个阶段性的过程,而高校职业发展的主要对象应针对年轻教师。研究表明,年龄段在 30 岁以下、教龄在 1—3 年、没有职称的这部分教师的职业发展需求要明显强于其他教师。对此,学校需要给予这部分年轻教师更多的关注和帮助。一方面,学校可以提供更多学习的机会和平台,比如出国进修、师资培训等内容,切实帮助年轻教师更好更快成长。另一方面,以人本化的管理方式,设立一定激励机制,也有利于年轻教师的职业发展。

教师与学校是密不可分的一个整体,教师职业发展的根本途径是在学校里通过实践活动来完成的,其发展也离不开学校的教学和科研工作,而同样的,学校的运作、发展也离不开广大教师。校方理应秉持以人为本,关注教师个人的全面发展,了解教师的职业发展需求,有针对性地提供相关条件的支持,努力实现学校和教师共同发展的双赢。

参 考 文 献

1. 王晓玲.石家庄市中小学教师教学效能感、职业归属感、职业倦怠现状及关系的研究.硕士论文,2010.
2. 王益兰.我国高校女教师职业发展研究.硕士论文,2009.
3. 刘茂艳.中小学教师教学效能感及其影响因素的调查研究.硕士论文,2001.
4. 王娇.教师职业压力、自我效能与职业紧张的关系研究:教师集体效能的调节作用.硕士论文,2009.
5. 刘玉龙.农村初中教师职业压力、教学效能感和职业倦怠的现状及其关系研究.硕士论文,2009.
6. 尹绍清.高校教师职业发展探究.硕士论文,2004.
7. 陈超然.大学教师工作压力的现状及其与人格维度关系的研究[D].郑州:河南大学.2004.
8. 王国防.高校教师职业压力与心理健康状况研究[J].焦作师范高等专科学校学报,2008(24):3.
9. 徐志勤.高校教师职业压力与心理健康状况调查分析[J].中国健康教育,2007(23):9.

上海市民办高校教师工作满意度调查[*]

罗华荣　李晓微^{**}

　　高校教师工作满意度是测量高校效能的重要指标,上海自 90 年代以来,民办高等教育蓬勃兴起,20 年间,已经拥有 20 余所各具特色的民办高校,师资队伍是这些民办高校健康可持续发展的重要保障。

　　根据调查,上海市各民办高校的教师来源广泛:有引进公办高校在职教师;有返聘公办高校的退休教师;有公开招聘刚毕业的相关专业的硕士、博士研究生;有招聘的海外留学生、外籍教师;有从公办高等院校或企、事业单位中聘请的兼职教师;有聘请各行各业专家、教授、知名人士担任客座教授。多样式的来源渠道,势必带来教师水平的参差不齐,造成民办高校教师队伍中存在着公办高校中鲜有的问题。

　　正确认识民办高校教师的工作满意度,可以为民办高校吸引人才、留住人才以及教师培养提供参考,可以为民办高校管理者采取有针对性的管理措施提供依据,从而提高民办高校教师的工作积极性、主动性、创造性。因此,本课题研究具有重要的现实意义和很高的研究价值。

　　本研究采用问卷调查和访谈的方式。其中调查问卷的设计,参照了洛克以及大陆部分学者的研究,经过提炼,将民办高校教师工作满意度的结构分成"工作本身性质""工作环境条件""薪酬待遇""进修提升""领导与管理""人际关系""离职倾向"七个方面。每题采用 Likert 五点记分法记分,被调查者需要对每一题的满意度做出回答(从 1 代表的高度不满意到 5 代表的高度

＊ 本文系 2015 年上海市教育系统工会理论研究会课题"民办高校教师工作满意度研究"的成果,该成果获得中国教科文卫体工会 2015 年度调查研究成果二等奖。

＊＊ 罗华荣,上海师范大学马克思主义学院副教授,研究生导师;李晓微,上海市七一中学政治教师。

满意),每一大题我们还设置了平均分,用于研究某一方向的满意度问题。同时,考虑到教师离职倾向是和其工作满意度密切相关的一个问题,问卷对教师的离职意愿设计问题,并对部分拟离职和已离职的民办高校教师进行访谈。

一、调查对象的基本情况

课题组从上海 20 余所民办高校中选取有代表性的 10 家单位,如沪上第一所民办本科高校杉达学院、2005 年自主招生试点建桥学院、教学设施条件最好的东海职业技术学院、沪上唯一侨校性质的新侨职业技术学院、国家级示范性软件高职专科托普信息技术学院等,每家单位发放 30 份调查问卷,共发放问卷 300 份,最后回收有效问卷 260 份。

1. 性别

调查数据中,男女比例 2∶8,女教师占绝大多数(见图 1)。

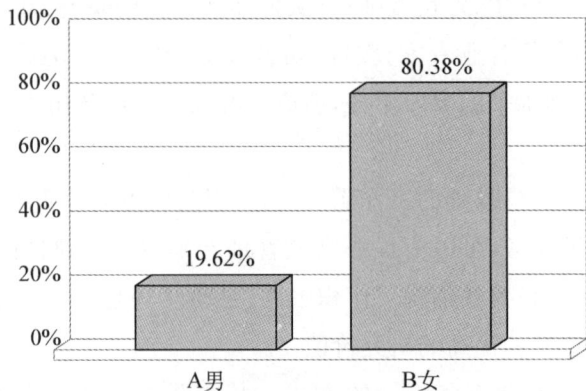

图 1　调查对象性别占比

2. 年龄

比例最大的是 30 岁以下的青年教师,有六成。其次是 31—40 岁的教师,占三成左右。41 岁以上的教师,仅占 3%(见图 2)。

3. 教龄

在民办高校教师群体中,76% 都是教龄在 5 年以内的新教师。16% 的教师教龄在 6—10 年以内。5% 的教师教龄在 11—15 年内。仅有 1% 的教师教龄在

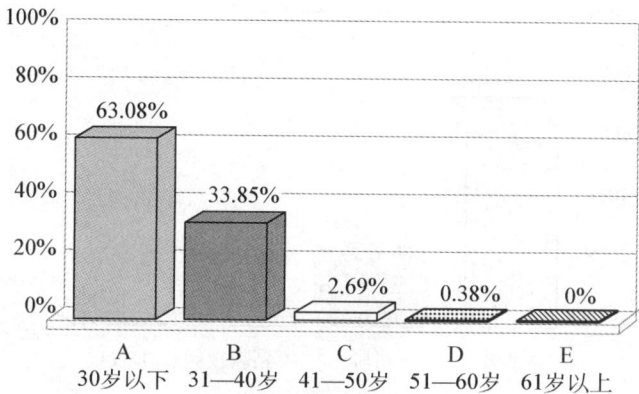

图 2　调查对象年龄结构

16 年以上。因为年轻教师流动性较大,所以民办高校教师队伍的稳定性较弱(见图 3)。

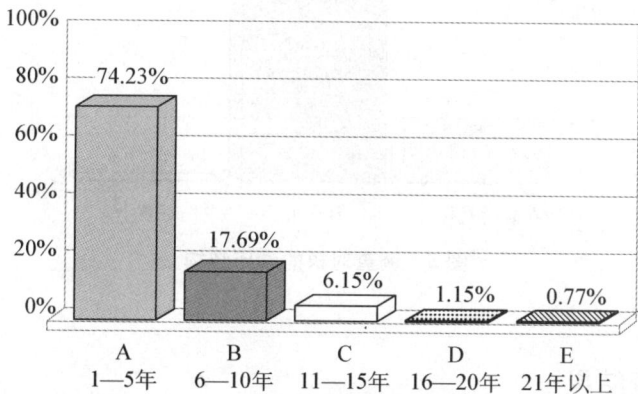

图 3　调查对象的教龄构成

4. 职称

调查对象中有近七成助教,将近两成多讲师,副教授及以上仅占 3%。这一数据与之前的年龄和教龄成正相关(见图 4)。

5. 学历

调查对象的学历以硕士为主,占 76% 以上,博士比重不到 1%,其余两成为本科及以下学历(见图 5)。

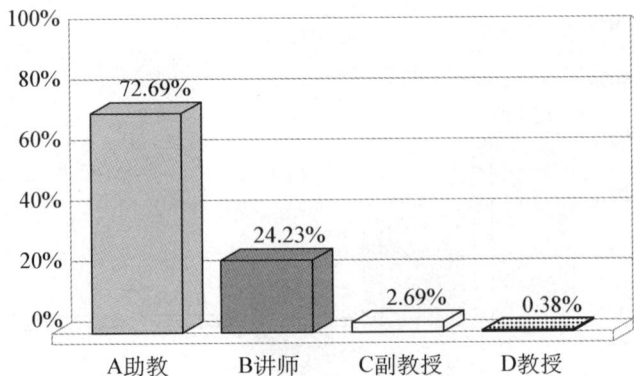

图 4　调查对象的职称结构

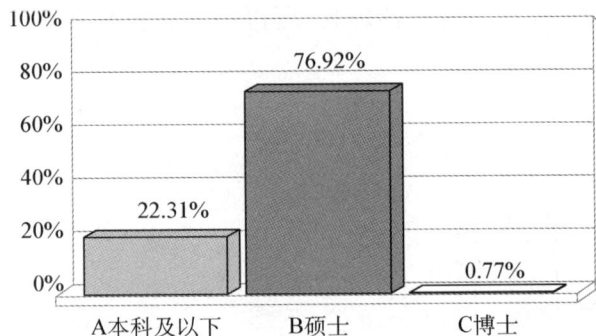

图 5　调查对象的学历结构

二、调查结果

（一）民办高校教师认为教学工作任务繁重但工作能发挥才干，能提升能力，有成就感

调查显示，有近七成的教师认为教学任务繁重，有四分之一的教师认为科研任务繁重，教学带来的工作压力多于科研压力。尽管如此，85％的教师表示能够在遇到困难和挑战时克服困难，因此近八成的教师表示能在其中发挥才干，提升能力。相应的，也有 67％的教师从中获得较强的成就感。同时，在这些样本中，一半的教师认为能自主分配教学、科研时间（见图 6）。

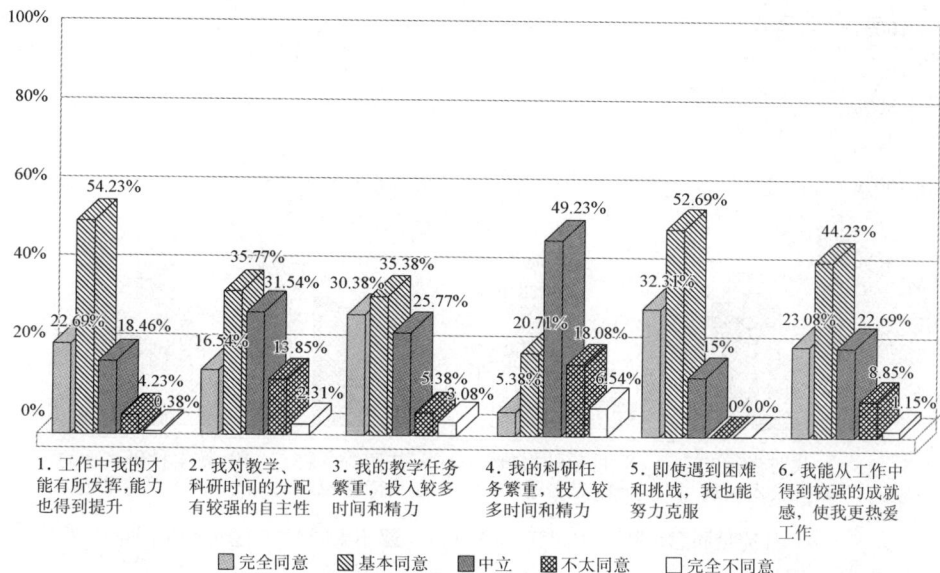

图 6　工作压力与成就感

（二）民办高校教师普遍对薪酬待遇不满意，住房问题最突出

从平均分看，薪资待遇问题在本次调查的七个维度中得分是最低的，因而也是最突出的问题。

就工资而言，只有两成不到的教师认为满意，其余基本上是不太满意的。在教学科研奖励等方面，基本都持中立意见，问题不是最突出。最突出的还是住房等福利待遇问题，近九成的教师不太满意。做大教师待遇的蛋糕是个问题，如何分好蛋糕也是个问题，不少教师对目前的报酬分配是否公平存在负面评价，总体趋势是不太满意的（见图 7）。

（三）民办高校教师有较多的进修培训机会，职称晋升压力大

由于大部分的教师工龄和教龄都偏低，于是相应的这部分教师就有较多的进修培训机会。也正因为年轻教师较多，他们的职称晋升机会也相对减少，不可避免地加剧了职称晋升压力。另外，对于晋升等规章制度是否公平合理的看法，三成的教师基本满意，四成的教师表示中立，可见对待这一问题普遍还是满意的（见图 8）。

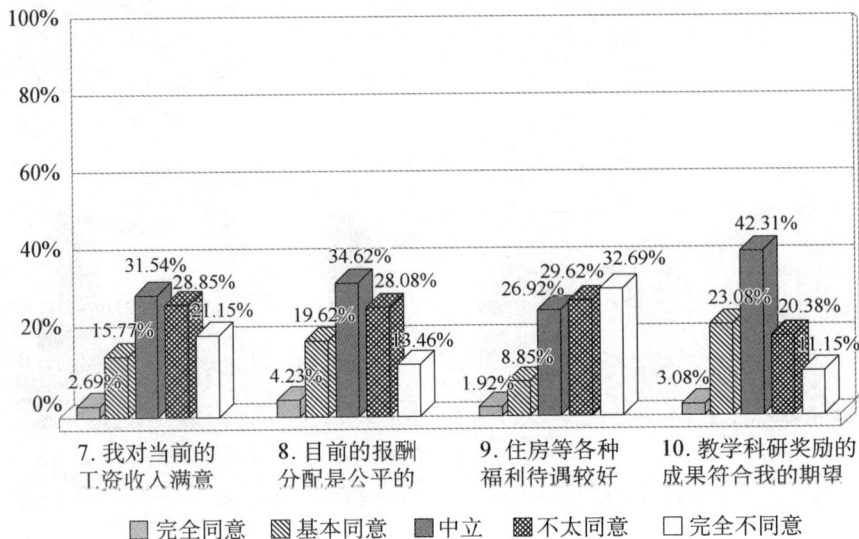

图7　薪酬待遇方面的满意度

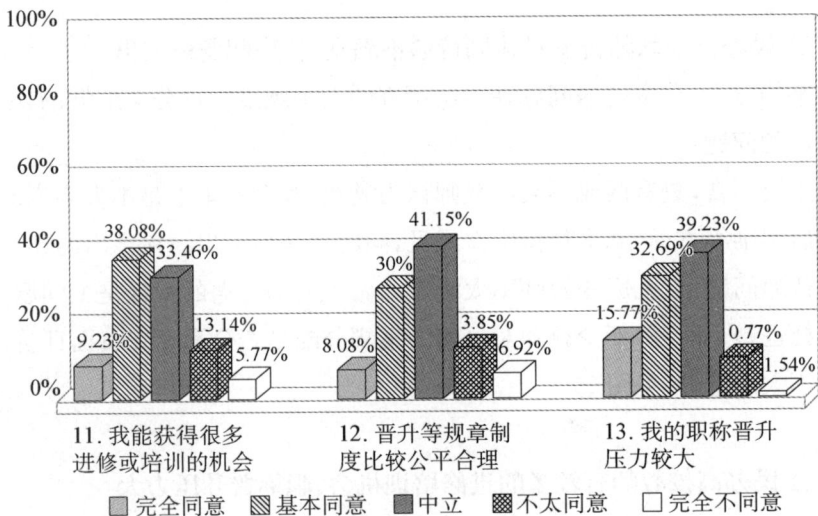

图8　晋升机会方面满意度

(四) 近八成的民办高校教师认同学校的领导与管理

学校的领导与管理也深切关乎教师的工作满意度,近八成的教师对这一问题比较认同。同样的,他们对待学校的考核、奖惩制度、管理制度等也都表示满意,在学校制度的参与制订中,也具有一定的民主参与性,民主氛围比较浓厚(见图9)。

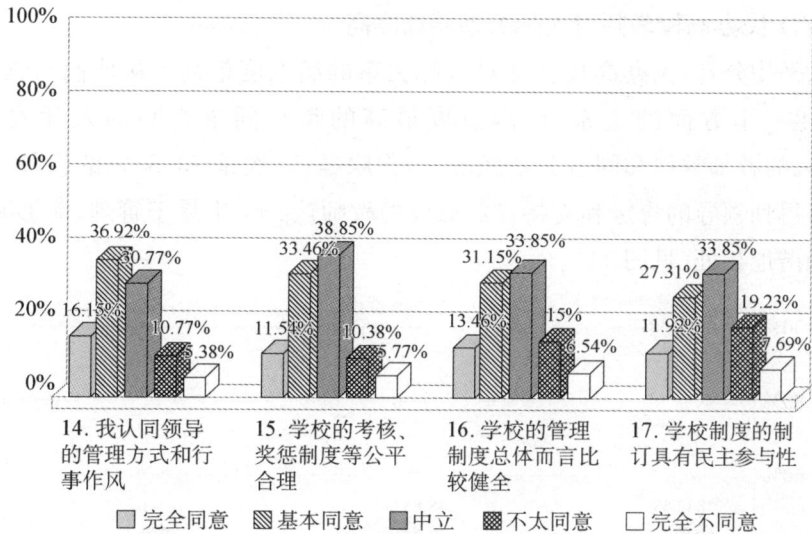

图 9　领导与管理方面满意度

（五）民办高校教师对学校自然环境认同度高，对工作条件满意度较低

调查显示，超过半数的教师对学校及周围的自然环境感到舒适，但对图书馆、实验室等辅助性工作条件的满意度较低，也反映了教学科研设备和经费不是很充足。此外，工作环境除了自然环境还有人文环境，据统计，民办高校教师对学术氛围满意度不高（见图 10）。

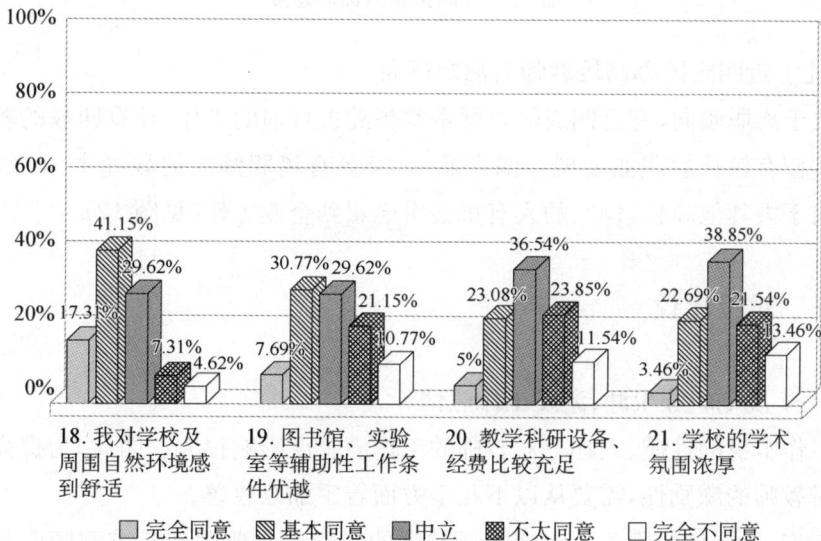

图 10　环境条件方面满意度

（六）民办高校教师对人际关系满意度高

从平均分看,民办高校教师对人际关系的满意度最高。从他们与领导、同事、学生三个方面的关系看,满意度最高的是与同事之间的人际关系,有87.31％的教师觉得和同事关系融洽,合作顺畅;其次是73.85％的教师认为工作能够得到领导的肯定和支持;62.31％的教师认为学生易于管理,能够和他们愉快和谐地相处(见图11)。

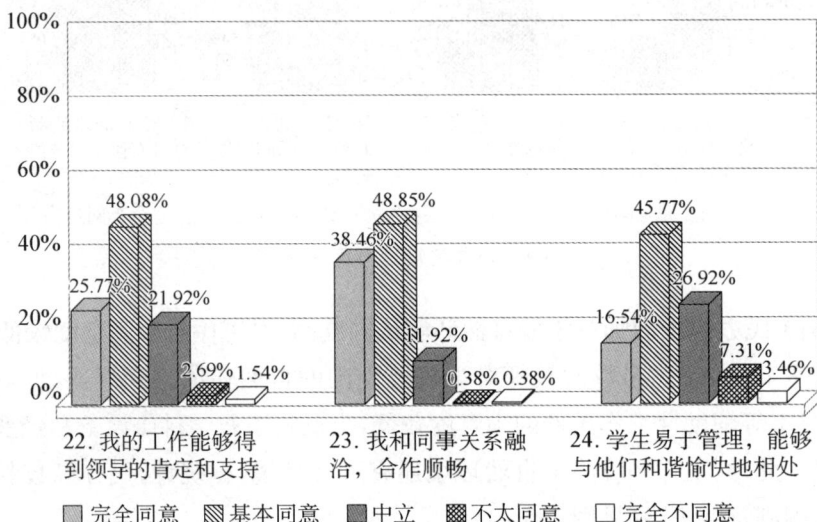

图 11　人际关系方面满意度

（七）近四成民办高校教师有离职倾向

关于离职倾向,有近四成的教师常常想辞去目前的工作,还有四成的教师计划在本校有较长的职业发展。调查显示,38％有离职倾向的教师中,有25％的人倾向于去其他高校,13％的人有机会更愿意到企业工作(见图12)。

三、对策建议

（一）规划职业生涯,激发工作热情

工作本身的性质、兴趣等对教师的工作满意度影响很大。因此,为提高工作本身对教师的激励性,需要从以下几个方面着手加以改善。

首先,要严把招聘关。在招聘新教师的时候首先要明确其求职倾向和自身

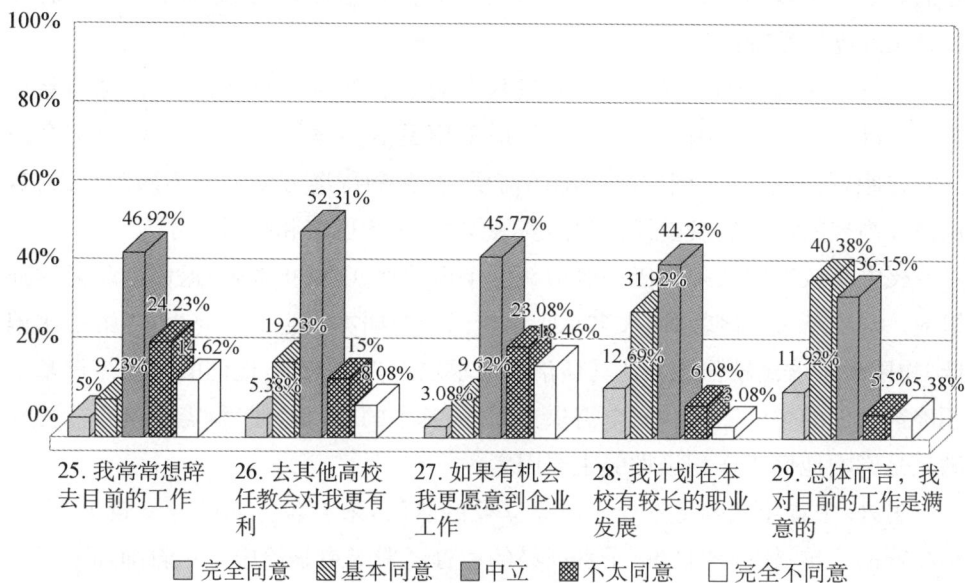

图 12　离职倾向

的职业生涯规划,积极了解他与本职业的匹配度,看应聘者是否热衷于教师这一职业并且适合在这一职业长期发展。为此,可对应聘者做一下适合高校的职业生涯测评,并结合非结构化的面谈方式了解以上这些信息。高校只有招聘到忠诚于本职业并能胜任此职的应聘者,才能为进一步培养优秀教师奠定基础。

其次,入职的高校教师要对自己职业成长规律有所了解,制定整体的职业生涯规划,才能进一步有实现的动力,提升自己的工作满意度。不同学科和不同研究领域的教师可根据学科特点和自身的具体情况对学习、研究、教学等方面进行统筹规划。

再次,高校要通过增加教师工作的多样性、挑战性和工作的趣味性,激发教师们的工作动力和热情。特别是要充分调动教师的积极性,使他们的才能得到最大限度的发挥,应该在教学科研中给他们一定的自主权去按照他们的设想去完成工作,允许他们以自己认为有效的方式工作,这样也就能进一步提升成就感,加强工作满意度。

(二)针对师资层次,设计差异化的薪酬奖励

提升薪酬待遇不仅是民办高校教师群体的心声,也是各类教师群体普遍关

心的问题。所以国家要予以重视,做大教师薪酬的蛋糕,而分好蛋糕则可以有效提升民办高校教师的工作满意度。

一份合理的薪酬不仅是每个人最基本的生活需要和安全需要,也是消除每个人不满情绪的关键因素。民办高校应采用灵活多样的分配形式,使分配合理拉开差距,同时满足不同层次教师的需要,在薪酬待遇方面采取不同激励措施,从民办高校的特点出发设计科学的薪酬体系,以此稳定和吸引人才。

民办高校专职教师队伍一般由新进年轻教师、中青年教师、退休返聘老教师组成。对于新进年轻教师,大多是刚出校门的应届本科生或研究生,年龄层次偏低,物质性需求比较强烈。从马斯洛的需求层次理论来看,他们的主要需求基本还停留较低的生理需求和安全需求方面,最基本的衣、食、住、行需求是否能得到满足是影响他们工作积极性的主要因素。

另外,中青年教师基本处于成家立业的阶段,来自各方面的开支较大,上海市高额的房价、较高的物价、子女高昂的教育经费等更是给中青年教师加上了沉重的经济负担,这也就能够解释为什么数据中住房等福利待遇问题如此突出了。所以,对于民办高校教师,尤其是中青年教师来说,满足吃穿住用等生活需求以及各种保险福利等安全需求的金钱等物质性激励还是处于首要地位的,其次才是满足社交需求和尊重需求的精神激励等。

而对退休返聘教师而言,由于他们本身就有一份退休金,子女大多独立,且具有一定的职业荣誉和社会地位。因此,相较于已基本满足的前几种层次的需求,他们更倾向于满足自我实现需求。

总之,要针对不同需求,采取差异化的薪酬激励重点,依据其需求适当调整薪酬结构,使有限的薪酬数量能较好地发挥其激励作用。

(三) 推行荣誉和晋升激励

调查结果表明,民办高校教师有较多的进修培训机会,但职称晋升压力大。所以在人才济济的高校,除了严格激烈的晋升机制以外,还可以建立一个晋升激励机制,比如开展优秀教师评比活动、颁发内部证书或聘书、借助学校年鉴来激励教师、以教师的名字命名某项研究项目名称、进行奖励旅游等形式活动,对教师进行荣誉和晋升激励,可以满足教师的自尊需要与自我实现需要。

年轻教师之间的激烈竞争是不可避免的,有竞争才会有提升。这时,高校可以及时地为年轻教师进行心理疏导,通过一些渠道倾听年轻教师的心声,缓解他们的压力。如可以定期举行老教授和新教师的面对面谈心,可以交流教学科研的经验体会、工作和生活的困惑等等,这样会让新教师感到一些温暖,并且逐步适应这种学校环境,提高他们对学校工作的满意度,从而使他们以更大的热情投入到工作中去。

(四) 倡导"以师为本",实现人性化的领导与管理

高校教师具有较高的素质,接受过较高程度的文化教育,具有较高的知识水准。他们追求自主,倾向有一个灵活的组织和自主的工作环境,不愿意受上级的过多干涉。他们追求自身发展,一旦发现当前环境不再适合自己的发展,他们很可能另谋出路,表现出强烈的流动意愿。高校教师本身的特点决定了主要靠外力的约束对其进行管理是行不通的,必须营造以师为本的人性化师资管理,提高教师的归属感和忠诚度。

首先,要求领导工作要做到尊重和关心教师。学校要确定教师在学校的主体地位,适当地授权给教师,加大管理的透明度。可以让每一个教师都有机会和责任参与学校决策和管理(如薪酬制度、评价机制、编制确定、职称评聘、课时津贴发放方案等)。使教师真正成为学校教育的主体,以此来提升教师的工作满意度,调动教师的工作积极性。

其次,要求高校管理者积极营造良好的氛围。学校管理者要注意教师的工作特点、心理特点和个性特点,讲究管理艺术,为教师们营造尽可能宽松的发展环境,让他们尽展自己的才华。

再次,还要求领导工作尊重教师们的教学和科研成果,学校应该具有完善的绩效考核制度、科学合理的教师绩效考核制度,应该体现以贡献为主、以业绩为主的原则,摆脱考核者受个人好恶、亲疏、成见或偏见等主观心理因素的影响,打破唯学历、论资排辈等传统管理模式,公正、全面及科学地评价教师的德、能、勤、绩。学校只有拥有一套科学、公平、公正的考核评价体系,才能认定教师的工作业绩和贡献,提高教师的工作积极性,提升教师的工作满意水平。

(五) 优化工作环境,强化学术气氛

调查中发现,不少教师抱怨他们的工作条件差,缺乏必要的图书、设备等,影响教师的工作绩效,进而影响学校的教育教学质量。高校要提高教师的工作满意度,使其全身心地投入教学科研工作中去,必须改善工作环境,用环境激励人。

从硬件上,改善教师工作的客观环境,如良好的办公条件、安静的环境,为教师提供充裕的图书资料,以及面向教育信息化的必要技术手段,以满足教师的教学科研的需要。

从软件上,要在高校中强化学术气氛。知识本身具有一种最令人惊讶、诧异和感到神奇的魅力,能激起高昂而持久的兴趣,兴趣的源泉还在于运用知识,在于体会到智慧能统帅事实和现象。人的内心里有一种根深蒂固的需求——总感到自己是发现者、研究者、探寻者,但如果不向这种需求提供养料与场所,就会因缺乏认识的乐趣,而使这种需求逐渐消失,求知兴趣也随之熄灭。所以,要强化高校学术气氛,创造学术自由的环境,给教师以发表独到见解、相互探究学问的机会与场所。这样,才能树立以教师为本的大学理念,确立教师在高校中的主导地位,围绕着调动高校教师的积极性、主动性、创造性去开展高校的各项工作。

(六) 搭建沟通平台,完善教师群体关系

从调查结果看,民办高校教师对人际关系满意度还是较高的,进一步加强人际关系,高校可以通过创建内部网络、教职工餐厅、师生俱乐部等为学生、教师和领导搭建交流和沟通的平台。沟通有助于培养教师们之间感情,使教师成为有知情权的参与者,促成共识,起到激励的作用;沟通可以让教师和学生互相了解,使学生"亲其师,信其道",促进师生关系的和谐;沟通可以使管理层了解教师们的需求,在决策中就会考虑教师们的要求,以提高他们的工作满意度。

(七) 缩小公办高校与民办高校的差别,稳定教师队伍

民办高校教师存在离职倾向,主要基于和公办高校的对比,以及和企业的对比。调查显示,民办高校教师主要还是向往公办高校,去企业的意向较低。

一方面,公办高校的经费来源于政府财政拨款,公办高校教师享有国家事业单位的编制,而民办高校的经费来源于企事业单位投资或民间捐赠,被划归为民办非企业性质,民办高校教师只能参照企业单位的编制。由于身份上的区别,公办高校教师和民办高校教师的社会保障被纳入到不同的体系中。民办高校教师即使缴纳与公办高校教师相同数额的社会保险资金,退休时所能享受的待遇也要大大低于公办高校教师,这就使民办高校教师不能安心在民办高校发展。因此,缩小公办高校与民办高校的差别,是解决问题的根本。缩小公办高校与民办高校的差别,一靠国务院以及各地方政府牵头,会同人事、财政、教育等职能部门

协同出台相关类似于年金制的政策规定;二靠民办高校在现行的薪酬方案上改进,以在职期间的高收入弥补退休后的差距。

另一方面,由于民办高校经费紧张,民办高校教师的日常教学工作量远远超过基本负荷,还不免被附加繁琐的行政工作,造成绝大多数教师疲于应付领导交代的工作,而没有精力去参加再培训。相比较同等压力之下,企业的岗位待遇则更为优厚。于是很多民办高校教师就更倾向于到企业就职。这同样面临一个提升待遇和减负的问题,因此,加大对民办高校的经费投入,为教师减负是显得至关重要的。

参 考 文 献

1. 甘维俭.民办高校教师激励要素问题研究——基于上海部分全日制高校的实证分析.华东师范大学硕士学位论文,2010 年.
2. 石秀霞.山东省高校教师工作满意度实证研究.山东理工大学硕士学位论文,2008 年
3. 杨秀伟.高校教师工作满意度及其与离职倾向关系研究.大连理工大学硕士学位论文,2006 年.
4. 于辉.高校教师工作满意度的调查研究.东北师范大学硕士学位论文,2007 年.

上海师范大学行政人员工作满意度调查[*]

罗华荣[**]

一、调查概况

随着高等教育形势的发展,高校行政人员在高校管理中的作用日益突显。行政人员工作满意度也成为测量高校效能的重要指标。正确认识我校行政人员的工作满意度,可以为我校吸引人才、留住人才以及教师培养提供参考;可以为我校管理者采取有针对性的管理措施提供依据;从而提高我校教师的工作积极性、主动性、创造性。因此该课题研究具有重要的现实意义和很高的研究价值。

本研究计划采用问卷调查和访谈的方式。其中调查问卷的设计,参照了洛克(Locke)等人对工作满意度结构所做的分析。洛克对工作满意度及其工作满意度结构的研究做出了重要贡献,他认为工作满意度结构包括工作本身满意度(指员工对工作内容的多样性、学习培训机会、困难性以及对工作自主权等方面的满意程度)、报酬满意度(指员工对组织的物质报偿、福利待遇、晋升制度以及激励政策等内容方面的满意度)、工作条件与环境满意度(指员工对工作安全、工作认可、工作环境的舒适性、组织政策环境等方面的满意度)、人际关系满意度(指员工与领导、同事及下属的关系的满意度)等四个方面。工作满意度研究进入我国大陆学者视野后,陈云英、孙绍邦较早编制了"教师工作满意度量表",该量表由工作性质、物理环境与条件、薪水、业务进修与提升、人际关系、学校的领导与管理等六个维度构成。而冯伯麟的教师工作满意度问卷由自我实现、工作

---

* 本文系 2015 年上海师范大学工会课题"我校行政人员工作满意度研究"的成果。
** 罗华荣,上海师范大学马克思主义学院副教授,研究生导师。

强度、工资收入、与领导关系、与同事关系五个维度构成。

　　基于这些研究,本调查问卷将我校行政人员工作满意度的结构分成"工作本身性质""工作环境条件""薪酬待遇""进修提升""领导与管理""人际关系"六个方面。每题采用 Likert 五点记分法记分,被调查者需要对每一题的满意度做出回答(从 1 代表的高度不满意到 5 代表的高度满意)。课题组在我校党政机构、二级学院的行政管理人员中随机发放 100 份调查问卷,其中机关 60 份,学院 40 份。同时,考虑到离职倾向是和其工作满意度密切相关的一个问题,课题组对部分拟离职和已离职的人员进行了访谈。

二、调查对象的基本情况

1. 性别

调查数据中,男女比例 4∶6,女性占大多数。见图 1。

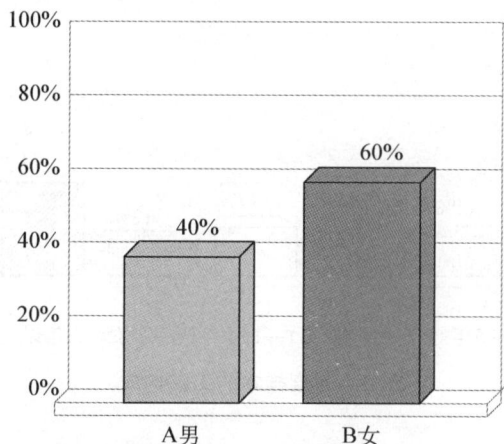

图 1　调查样本的性别构成

2. 年龄

占比最多的是 30—40 岁的行政人员,占 50%。其次是 40—50 岁的行政人员,占 24%。50—60 岁的行政人员占 18%。30 岁以下的行政人员占 10%,60 岁以上的,仅占 2%。见图 2。

3. 工龄

各年龄段的工龄分布比较平均,其中占比最多的工龄在 21 年以上,达

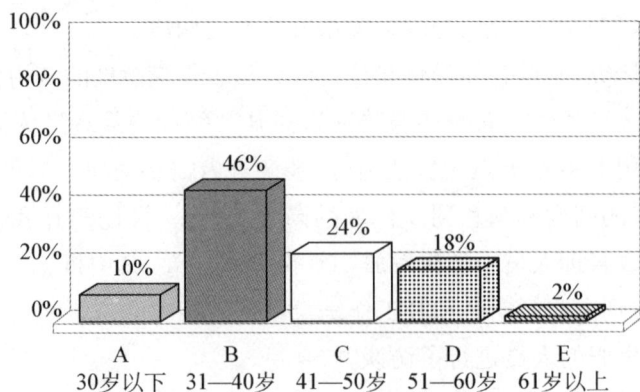

图2 调查样本的年龄构成

32%。其次是工龄在6—10年以内,占25%。其他三个段都在15%左右。见图3。

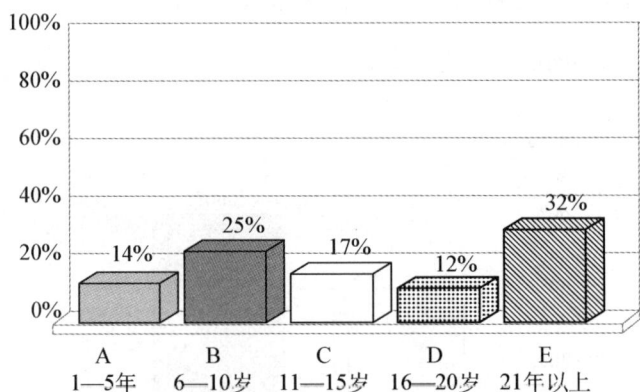

图3 调查样本的工龄构成

4. 任现职时间

近五成的人任现职时间在6年以内,35%的人任现职时间达10年以上,其余16%则在7—9年以内。见图4。

5. 职称

科级人员占46%,处级人员占35%,科员占19%。见图5。

6. 学历

学历构成绝大部分还是以硕士为主,占50%,本科生与之相比较少,占42%。博士占7%。见图6。

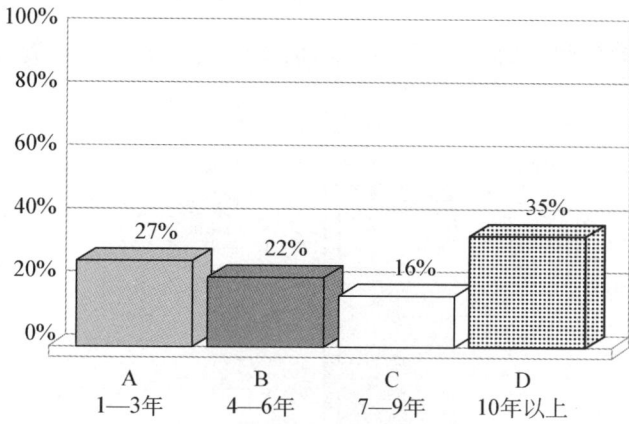

图 4　调查样本的任职年限

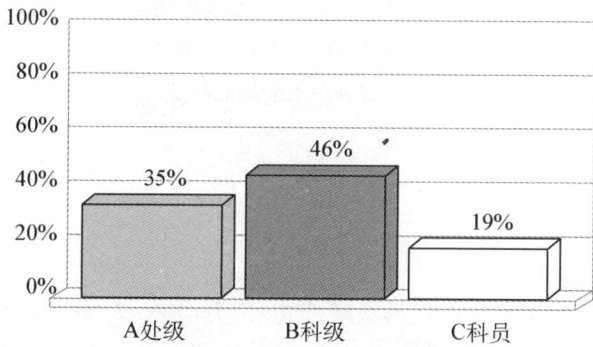

图 5　调查样本的任职年限

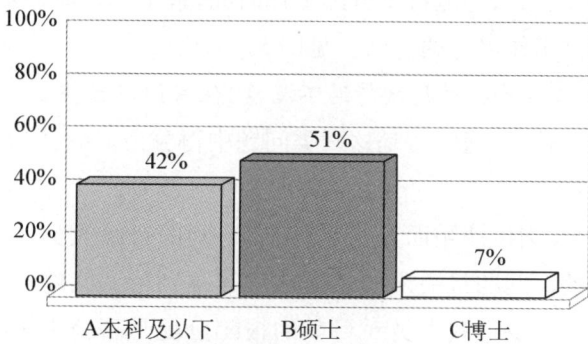

图 6　调查样本的学历构成

7. 编制情况

绝大部分的行政人员都有事业编制,极少数是人事代理人员,占比 4%。见图 7。

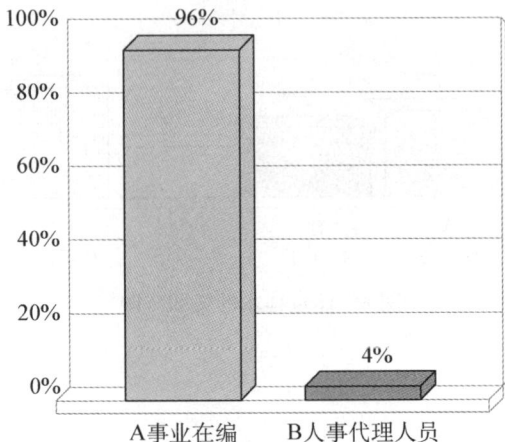

图 7　调查样本的编制构成

三、调查结果

1. 我校行政人员认为工作能发挥才干,能提升能力,有成就感(得分 3.8)

86%的行政人员表示能够在遇到困难和挑战时克服困难,因此近七成调查对象表示能在工作中发挥才干,提升能力,从中获得较强的成就感。同时,在这些样本中,一半的教师认为能自主分配工作时间,且工作时间稳定、有规律,也有充裕的时间来安排工作以外的生活。见图 8。

2. 我校行政人员普遍对薪酬待遇不满意,住房问题最突出(得分 2.97)

从平均分看,薪资待遇问题是这六类问题中得分最低的,因而也是最突出的问题。

就工资和奖金、岗位津贴而言,只有四成不到的行政人员认为满意,其余基本上是不太满意的。问题最突出的还是住房等福利待遇问题,近八成的行政人员反映不太满意。不少行政人员对目前的报酬分配是否公平也存在负面评价,总体趋势是不太满意的。见图 9。

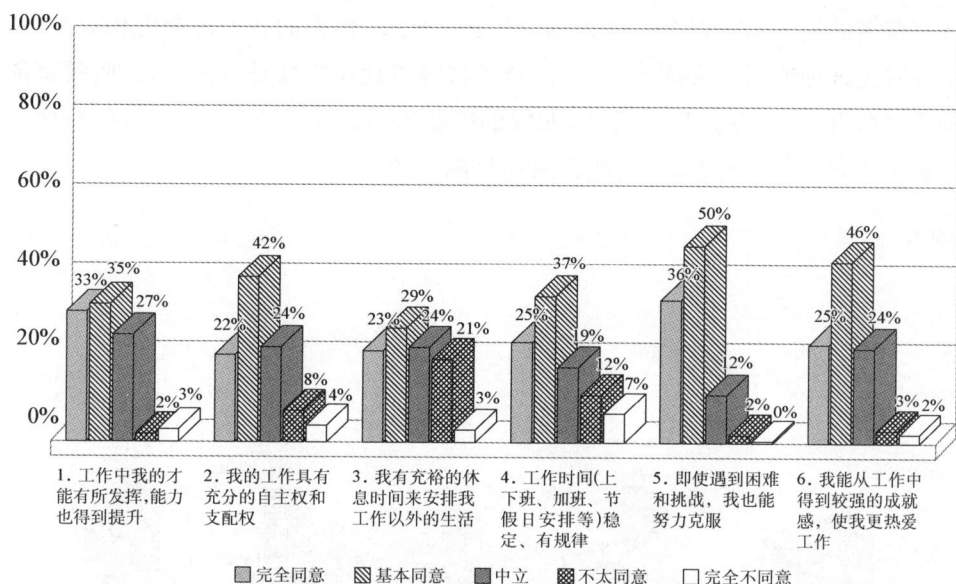

图8 工作本身性质方面的满意度

1. 工作中我的才能有所发挥,能力也得到提升
2. 我的工作具有充分的自主权和支配权
3. 我有充裕的休息时间来安排我工作以外的生活
4. 工作时间(上下班、加班、节假日安排等)稳定、有规律
5. 即使遇到困难和挑战,我也能努力克服
6. 我能从工作中得到较强的成就感,使我更热爱工作

■ 完全同意　▨ 基本同意　■ 中立　▨ 不太同意　□ 完全不同意

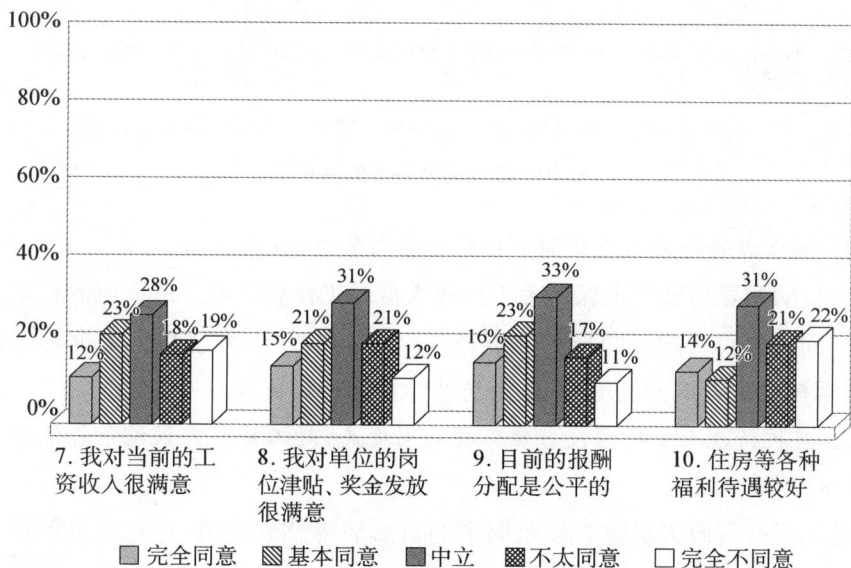

图9 薪酬待遇方面的满意度

7. 我对当前的工资收入很满意
8. 我对单位的岗位津贴、奖金发放很满意
9. 目前的报酬分配是公平的
10. 住房等各种福利待遇较好

■ 完全同意　▨ 基本同意　■ 中立　▨ 不太同意　□ 完全不同意

　　3. 我校行政人员有较多的进修培训机会,但晋升机会少,职称晋升压力大(得分3.23)

　　由于近半数的行政人员工龄偏低,任现职时间较短,于是相应的这部分教工

就有较多的进修培训机会。也正因为年轻人较多，他们的晋升机会也相对减少，不可避免地加剧了晋升压力。另外，对于晋升等规章制度是否公平合理、政策能否及时公开，按程序操作等看法，四成的行政人员表示基本满意，三成的行政人员表示中立，可见对待这一问题普遍还是满意的。见图10。

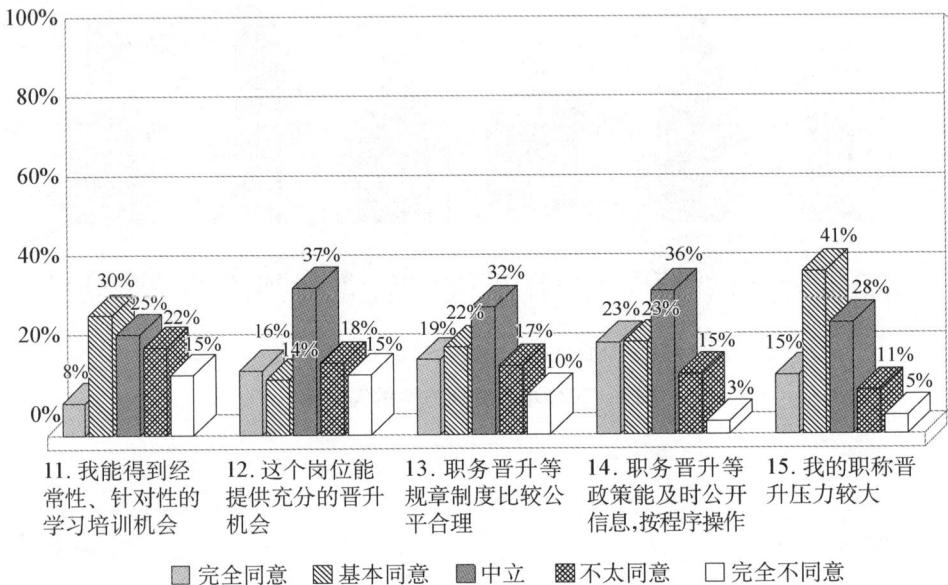

图 10　进修提升方面的满意度

4. 近六成的行政人员认同学校的领导与管理（得分 3.48）

学校的领导与管理也深切关乎行政人员的工作满意度。近六成的行政人员对这一问题比较认同。同样的，他们对待学校的考核、奖惩制度等也都表示满意，在学校的培养培训制度中，认为与教师相比相对合理。见图11。

5. 我校行政人员对学校自然环境认同度高，对工作所需设施条件满意度较高（得分 3.94）

近八成的行政人员对学校及周围的自然环境感到舒适，近六成也都认为工作中所需的办公设施很齐全。见图12。

6. 我校行政人员对人际关系满意度高（得分 3.95）

从平均分看，我校行政人员对人际关系的满意度最高。从他们与领导、同事、学生三个方面的关系看，满意度最高的是与同事之间的人际关系，有 88% 的行政人员觉得和同事关系融洽，合作顺畅，72% 的人认为所在部门每个人职责明

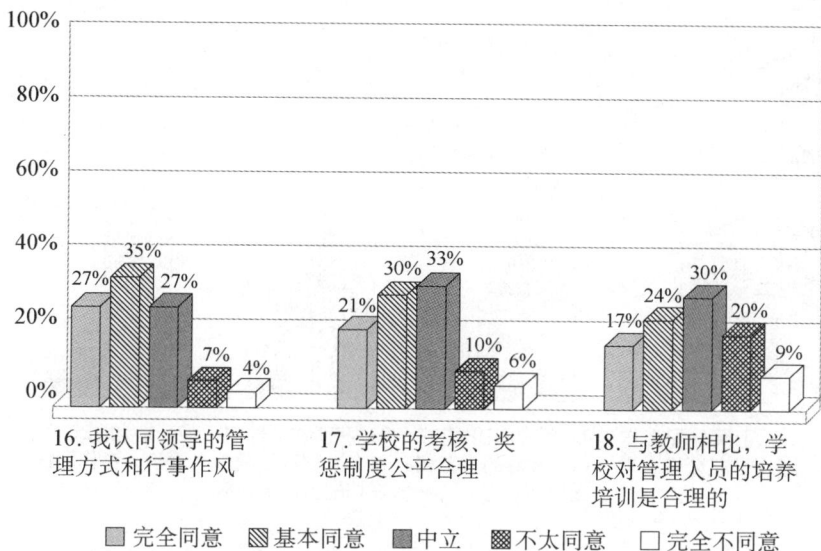

图11 领导与管理方面的满意度

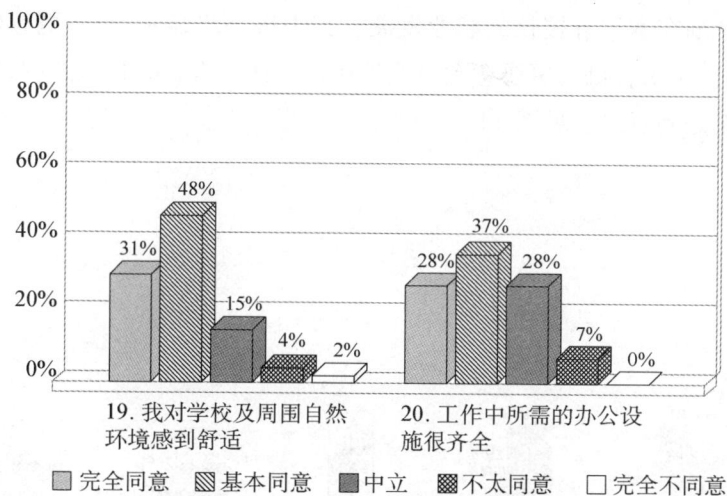

图12 工作环境条件方面的满意度

确,密切配合,工作有成效;近六成的行政人员认为上级分配的任务是公平合理的,工作也能够得到领导的肯定和支持。见图13。

7. 我校行政人员中近四成有离职倾向

关于离职倾向,有近四成的行政人员常常想辞去目前的工作,还有近六成的

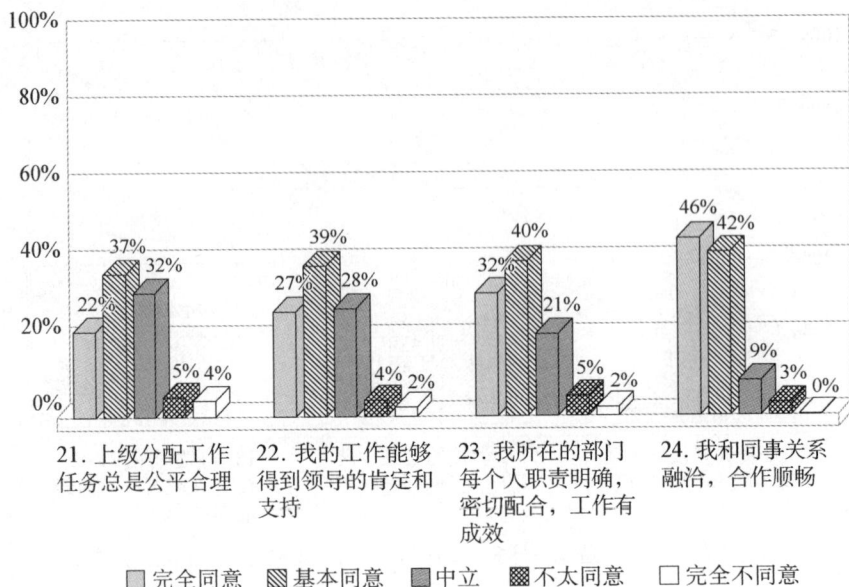

图 13　人际关系方面的满意度

行政人员计划在本校有较长的职业发展。其中进一步显示,17%更倾向于去其他高校,26%表示有机会更愿意到企业工作。总体而言,超过半数的行政人员对目前的工作是满意的。见图 14。

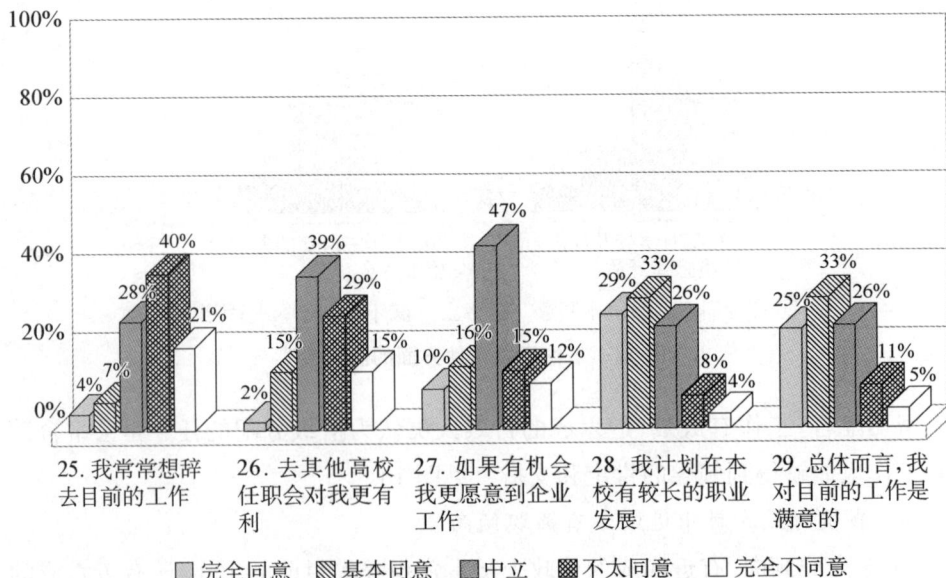

图 14　离职倾向

四、对策建议

1. 从"工作本身性质",发掘行政工作的价值。

要使我校的行政管理人员愉快高效地工作,必须引导他们发现自身工作的魅力所在。工作的魅力主要指工作表现机会、工作本身的乐趣、工作上的成就感、对未来发展的期望、职务上的责任感等涉及到工作本身的因素,这类因素的状况直接影响到组织成员能否以良好的状态、饱满的精神投入到工作当中去。

行政工作看似简单,实则不然。它要求行政人员具有专业的、系统的高等教育管理知识,具备较强的语言表达、写作、组织、协调和沟通交流能力,还要具备良好的思想素质和专业素质。我校行政人员应当把行政管理工作当作一项事业来经营,而不仅仅把它当作是一种谋生方式,意识到管理工作也是能锻炼人、发展人的,也有着独特的乐趣,充分认识到为师生做好服务工作的意义所在。做好服务工作不只是一种责任和付出,同时也有收获和回报,是自己生命价值的重要体现。这种愉悦的心理感受和积极的精神状态,可以使其工作满意度指数得到提高,从而带动整个管理工作的效能。

2. 在"薪酬待遇"方面,建立合理的薪酬制度。

当前高校行政人员薪酬主要由职务工资和岗位目标管理津贴两部分组成。职务工资一般根据就高的原则参照专业技术职称或行政职务核发,岗位津贴一般是在教师的平均津贴基数上打一个折扣,一般为教师平均津贴的70%—80%之间。基于岗位的薪酬模式真正实现了同岗同薪,但也存在一些不足,难以发挥薪酬的激励作用。因此,我校有必要建立一种科学、公平、合理的薪酬制度。

一是打破全国统一的职务工资体系和管理模式,设置我校行政管理人员单独的工资分配体系。这一体系要既不同于公务员系列,也不同于专业技术人员系列。

二是建立公平的岗位津贴分配标准,在效率优先的基础上,兼顾公平,在差别化岗位津贴标准的基础上,也能起薪酬激励的作用。

三是建立起薪酬的奖惩制度,充分运用薪酬的杠杆调节作用,加大对工作表现突出的人员的奖励标准,从而起到奖勤罚懒的效果。新的工资分配体系要符合我校自主用人、优劳优酬的管理目标,这有利于提高行政人员职业群体的社会地位和职业声望,吸引和留住优秀人才,有利于稳定我校行政人员队伍。

3. 在"进修提升"方面,实现职务晋升制度化。

制定合理的职称评定标准,积极尝试开拓新渠道。高校作为高等教育单位,拥有和其他事业单位在职称评定标准上的共性。中级和高级职称的评定有许多要求和指标,而能达到中高级职称的行政人员,往往是那些在业务能力和工作年限上都有突出的优势。众所周知,高校行政人员中,在职位上能够提升到副处级以上的人员的比例是很小的,需要有突出的能力和足够的工作年限,那很可能论资排辈的现象就会存在,也有可能造成对于年轻人积极工作热情的影响。

笔者认为我校行政人员可以参考人力资源管理中目前比较受关注的多级多渠道的职业晋升和发展模式,根据个人的特点和对职业发展规划的不同线路,确定适合不同类型人的职业发展空间,比如,专业技术类、操作类和管理类等等。这样可以给年轻的行政人员指明职业的发展空间,让每个人都能选择适合自己的发展渠道,从而给年轻人努力工作的动力,提升对于工作的敬业程度。

4. 在"领导与管理"方面,搭建平等参与的平台。

现代高校管理是科学、民主的管理,要求在管理方式上,用制度来体现公平,增加管理工作的透明度,营造民主的氛围和环境,真正实现高等教育决策的民主化和科学化,实现民主管理的制度化、全面化和经常化。

因此,我校重点要增强行政人员参与学校管理的意识,增加行政人员的主人翁意识和责任感,架设他们与决策层沟通的桥梁。学校可通过定期召开教代会、座谈会等形式与行政人员进行交流谈心,从而了解行政人员对学校工作的意见和建议,了解他们的需求。对普通行政人员提出的意见和建议做到件件有落实,件件有回应。对于事关行政人员的切身利益的大事要事先广泛征求意见,或举行听证会,让他们参与政策的制定。让行政人员更了解整体组织的运作,扩大其工作自主权和工作面,使之能够放开手脚,以自己认为有效的方式开展工作,尽情发挥自己的工作才能,增强归属感和组织的凝聚力,进而提高工作满足感。

5. 在"工作环境条件"方面,力争塑造更优人文环境。

通过调查我们发现,我校行政人员对自然环境和设施条件等都具有较高的满意度。所以,我们呼吁,在保持硬件优势的同时,还要建立人文关怀制度,以塑造一个更好的人文环境。

我校应为管理人员创造一个施展才华和实现自我价值的平台,及时发现与处理管理人员在工作和生活中所产生的实际问题,吸引行政管理领域里的高层次人才。要善于鼓舞行政人员的积极性,适时予以夸奖和赞扬,在他做出成绩时向他公开地、及时地表示赞赏,并组织一些联欢活动使团队能够分享成功的喜悦。要加强人文关怀,重视行政人员的身心健康,注意缓解其工作压力,解决其工作和生活中的困难,便会形成良性的循环。

另外,我校应该建立一系列与行政人员切身利益相关的科学、公平、合理的薪酬制度、晋升制度、考核制度等,让行政人员在和谐的氛围中愉快地工作,势必能够提升他们的工作满意度。

6. 在"人际关系"方面,努力营造和谐的团队氛围。

营造和谐的团队氛围是建立良好的人际关系的重要前提。高校行政人员在高校的运行和管理中属于中间环节,起上下沟通协调的作用。善于处理与环境、他人的关系,营造和谐的工作空间,是高校行政人员必不可少的素质。那么,高校行政人员如何通过自身的努力营造和谐的团队氛围呢?

第一,营造和谐的团队氛围,既要了解自我,也要了解交往对象,发现、尊重他人的优势。了解自己是认识他人的前提,也就是告诉我们在与人交往的时候,要学会尊重他人的感受,进而发现并学习他人的优点和长处,从而提高自己的交往能力和水平。

第二,学会关心、分享、合作。仁爱,就是中华民族的传统道德准则:"互相关心、互相爱护、互相帮助",也是我们这个多民族国家所遵循的基本的道德规范。我们倡导公平竞争、提倡实现个人的首创精神和充分体现自身的价值,同时也应具备团队合作精神,并能做到先人后己,毫不利己,急他人之所急、想他人之所想,互相关心,互相帮助。在大家共同的努力下,一定能够拥有一个和谐的团队。

第三,要平等对话,互相交流。平等对话是互相尊重的体现,相互交流是彼此了解的前提,这也正是建立良好人际关系的基础。高校里,行政人员与教职工如朋友般的平等对话,也是营造和谐氛围的基础。

第四,善于运用理智的、和平的、对话的、协商的方法处理矛盾。有人的地方就会有不和谐,就会产生矛盾。只要人们以一种理智的、和平的、对话的和协商的态度来对待这些不和谐的音符,那么矛盾和冲突就能够得到很好的解决。每个人都是有个性的,作为团队的成员要以团队的共同利益为重,个人要服从集体。所以建立良好的人际关系,最有效的途径之一就是学会在共同的团体中不断地"磨合",建立新的团队关系,确定新的共识,使团体成员能在各种活动中学会并懂得如何与他人自然相处,形成新的和谐共同体。

第五,利用文化因素影响与教职工之间的人际关系。中国人有含蓄委婉处理人际关系的传统,在处理人际关系时使用一定技巧也是行政人员影响他人行为的基本策略形式。在团队中逐渐形成亲如家人的人文环境也是营造和谐团队的基础和前提。高校行政人员要时刻关注团队成员的生活状态,及时表示关心并给予必要的帮助也必将对营造和谐团队起到重要的作用。更为重要的是在工作中不要直截了当地批评,这将使我们的一切努力功亏一篑。另外也要注意表达方式,比如将命令、指责变成建议或令人信服的劝告,也许会更易于让人接受,使人改变自己的行为。人际关系具有一定的含糊性和不确定性,以何种交往方式建立和谐的人际关系,并没有统一的模式,要因时、因地、因事、因人而宜,但无论如何,高校行政人员都应该以良好的耐心、持之以恒的热情构建自己良好的人际关系,只有这样,自己的人生才会在丰富多彩而有意义的状态中度过,自己的工作也会因良好的心态和较高的效率取得辉煌的业绩。

7. 对待"离职倾向",努力增强认同度和归属感。

我校行政人员存在离职倾向,主要基于和其他高校的对比,以及和企业的对比。而我们的调查结果表明,我校行政人员想向其他高校和企业流动有一定的比例,这可能和薪酬、升职压力等有关,但也表现出这是一种对学校的认同度和归属感的缺乏。

中国正在步入老龄化社会的阶段,在高校行政人员中也有很多年龄偏大且学历不高的前辈,很多岗位也处在新老交替的阶段。如果在高校行政人员招聘中,能提高人才招聘的水平,严格把关,真正招聘学历和学位与高校层次匹配的人员,那么最终能够留用的人员可能会更加珍惜得到工作的机会,并同时认为与自己一起工作的人具有和自己一样的能力水平,就可能提升他们的认同度和归属感。

同时我校也要加强在校内媒体和校内员工中宣传学校的科研成果和科研水平及办学成绩,让我校行政人员能够切身感受到学校的发展是与个人息息相关的,并为自己所在的高校的进步而骄傲,也能提升他们的归属感,从而提高其工作满意度。

参 考 文 献

1. 陈伟芬. 高校管理人员工作满意度研究. 华东师范大学. [D]. 2010.
2. 卫巍. 高校行政人员工作满意度与敬业度的关系研究. 大连理工大学. [D]. 2010.

上海师范大学人事代理人员管理现状实证研究[*]

冯立平[**]

一、背景

（一）人事代理制度由来

人事代理制度是指在国家相关人事政策法规指导下，将所聘用人员的人事、档案、社保等关系交由人才服务中心代为管理的一种人事管理模式。

高校传统的人员管理本质上是一种封闭式的静态人事管理模式，其最大的问题是人员易进难出，市场化程度弱，用人效益低，人力资源难以优化配置。为了改变这种状况，2000年6月中组部、人事部、教育部联合出台《关于深化高等学校人事制度改革的实施意见》，要求在高校推行人事代理制度，实现人事关系管理与人员使用分离。学校可以根据自己的需求依法聘用人事代理人员，而不受其他方面比如编制或是指标的控制，更重要的是可以实现人才的优化配置。

（二）上海师范大学实施人事代理制度情况

上海师范大学自2011年开始推行人事代理制度，与当时正在实施的在职教工聘用制相配套。按照学校岗位性质，人事代理岗位分成两大类：专技岗（主要从事教学与科研工作）和管理岗（主要从事行政管理工作）。截至2013年7月，全校人事代理人员总计62人，其中专技岗人员44名，管理岗人员18名，分布在

---

[*] 本文系2013年上海师范大学工会课题"上海师范大学人事代理人员管理现状实证研究"的成果。

[**] 冯立平，上海师范大学哲学与法政学院工会主席、人力资源管理系副教授。

31 个部门。

据从学校人事处相关人员了解，人事代理人员与在编人员除了"编内"与"编外"身份不同，其他待遇相同。人事代理人员薪酬待遇采用的是比校内机关行政人员平均工资略高的标准，工资外的福利待遇，如节日费、高温费、精神文明奖、年终奖等的发放与在编人员相同。学校管理者认为，只有在公平公正的环境下，人事代理制度才能产生应有的效益。

(三) 本课题研究目的及方法

我校实施人事代理制度两年多以来，尚未对该群体进行过探访。受校工会委托，本课题组主要了解学校人事代理人员的现实感受、价值需求以及心理现状，收集相关信息并加以分析研究，以便为学校人事代理工作的改进提供建议及依据。

本课题采用实证研究方法，通过问卷及访谈形式收集信息并进行研究分析，力图得到较为客观的结论。

二、问卷设计说明

(一) 问卷理论依据及框架

考察学校人事代理制度实施的效果如何，通常会从政策制定、制度落实等方面着手，这无可非议，但更重要的应该了解该政策和制度实施对象的职场感受。职场感受所反射出的满意与不满意的程度，是对政策和制度最有价值的评估。未来的一切改进均应以此作为依据，这符合现在普遍所倡导的以人为本的管理理念。

人的满意度取决于外部环境现状与内心愿望互动而达成的满足程度。美国心理学家和管理学家赫茨伯格为此提出了著名的双因素理论：保健因素和激励因素。所谓"保健因素"是指那些与人们的不满情绪有关的外部因素。当人们描述不满情绪时，往往提到的是那些并非与工作本身有关的因素，而是与工作外部环境有关的因素。这些外部因素包括行政管理、制度政策、薪酬福利、人际关系、办公条件等。当这些因素恶化到员工不能接受的程度，那么随之而来的就是对工作的不满态度，由此产生出工不出力的消极怠工现象。然而，即使这些因素都处在最佳状态，也仅仅只能预防不满情绪的出现，并不一定会促进满意情绪的产生。满意情绪是由"激励因素"促成。"激励因素"是指那些与人们的满意情绪有关的内在因素,指的是那些能满足个人自我实现需要的因素,包括:成就、赏识、工作认可和发展机会等。人需要在生活的各个方面实现自我,工作是其中最重要的途径之一。工作环境因素并不能满足这个需求,它不具备让他们实现价值的功能。只有工作本身才能满足人的这一基本需求,进而又增强他们对这种需求的渴望。赫茨伯格认为,只有激励因素才能带来工作满意度和工作绩效的改进。

人事代理人员的职场感受包括管理、人际、工作、发展四个方面。依据赫茨伯格双因素理论,管理和人际属于保健因素,而工作和发展属于激励因素。据此形成管理、人际、工作、发展问卷调研框架,能够获取学校在人事代理制度实施方面外部现状数据,以及在外部作用下人事代理人员内部心理感受,通过统计分析得到最终的评估描述。

(二) 问题类型

本调查问卷共计 40 道问题,均为选择题。题目分为两类:客观性问题和主观性问题。客观性问题主要描述某一个事实,答题者根据自己内心感受进行反馈,用以考察保健因素与激励因素的状况。客观性问题共有 33 道题。例如,问题 10:"正式教工所享受的工资外的福利你是否也能享受到? A 能享受到;B 有时能享受到;C 不能享受到。"再如,问题 13:"你觉得目前的工作是否能体现你的价值? A 能够;B 不完全能够;C 不能够。"前者属于保健因素的题,而后者属于激励因素的题。

主观性问题主要是对人事代理人员的愿望、诉求和价值观等进行探询,共 7 道题。例如,问题 11:"你工作中最看重的是——A 自我价值实现;B 能获得较好的待遇;C 人际关系和谐;D 稳定安全感;E 受人尊重;F 有发展机会;G 其他。"主观性问题可以获取该群体的整体诉求倾向,从而为人性化管理提供依据。

(三) 问卷赋分说明

本问卷中客观性问题按照满意、有些满意与不满意的含义配置 A、B、C 三个选项。主观性问题根据内容选项数配置不等。根据客观性问题 3 个选项的选择人次数总和,可以计算出 3 个选项的百分比,从中可以看出满意、有些满意与不满意的所占比例。为了更为直观地感受在某方面的优劣程度,本问卷除了百分比值之外还引入百分数,这也符合人们用百分数来评判事物的习惯。因此,本问卷将客观性问题的 3 个选项按照满意、有些满意与不满意等三种含义分别赋予 2 分、1 分和—2 分的分值。百分数计算公式如下:

$$百分数 = 实际得分 \div 实际满分 \times 100\%$$

本问卷共分管理、人际、工作、发展四大项,每项均有若干题组成,故百分数并非从单一题得出,需要统计组成该项的所有题目的被选项数及对应分值。公式中的实际得分应为:A 选项总数×2 分+B 选项总数×1 分+C 选项总数×(—2)分。实际满分应为:实际答题人总数×该项题目数×2 分。在规定答题只能选择 1 项的条件下,A、B、C 三项选项数之和应等于实际答题人总数。答题人总数与实际答题人总数有区别,前者表示应答人数,后者表示实答人数。一般情况下两者等同,如果发生漏答的情况两者就不等同。实际满分以实际答题人总数来统计。

三、问卷分析

(一) 问卷回收

目前我校人事代理人员共有 62 人,由于生病、怀孕、回家等原因,本次调研共收回有效问卷 57 份,回收率近 92%,基本能够反映出这一群体的真实情况。

(二) 客观题分值统计与分析

1. 管理感受

管理感受包括 9 道测试题,满分应为 57 人次×9×2 分=1026 分,答题时有 2 次漏选,实际满分为 1022 分。实际得分为 852 分,转换为百分数为 83.37 分,处于良好水平。

该群体对所在单位的管理满意度较高,这从第 6 题可以看出。感到"满意"为 50 人,占 87.72%;感到"不完全满意"为 7 人,占 12.28%;感到"不满意"为 0 人。

影响该题获得更高分值的是第 10 题:"正式教工所享受的工资外的福利你是否也能享受到?"有 26 人选择"能享受到",占总数 46%;有 27 人选择"有时能享受到",占总数 48%;余下 3 人选择"不能享受到",占总数 5%。该题转换百分数为65分。按学校政策人事代理人员应该与编内人员在薪酬福利待遇上相同，但落实到二级单位可能有所不同。学校层面的薪酬福利政策实施起来能够管控，但对二级单位自主发放的奖金福利没有制定相关规定，形成政策空白区。

2. 人际感受

人际感受包括10道测试题，满分应为57人次×10×2分＝1140分，答题时有0次漏选，实际满分为1140分。实际得分为933分，转换为百分数为81.84分，处于良好水平。

对于员工而言，人际关系中最为看重的是上下级之间的关系。上下级之间的人际关系状况如何，直接影响员工对组织的忠诚度。其次是与周围同事的关系，是否和谐影响工作的效益与效率。第23题："上级曾经关心过你的工作或生活吗？"有56人回答"关心过"，高达98%；第28题："你觉得自己是否能够融入目前所在单位的集体中？"有51人回答"能融入"，占90%。反映出二级单位的人际环境比较和谐。

影响该题获得更高分值的是第25题："除了人事代理身份外，你感到自己与身边的正式员工有差异吗？"有17人选择"没感到差异"，占总数30%；有30人选择"有时感到差异"，占总数53%；有10人选择"感到差异"，占总数18%。该题转换百分数为39分，仅30%人认为自己与编内人完全等同。该群体很多人没认同自己是学校的人，反映编外人与编内人实际上还存在区别。依照人事代理制度实施要求，编外人与编内人除了合同纸面差异，实际待遇没有差异。但前已表述，在学校层面无法掌控的地方实际上依然存在编外人与编内人的待遇差别。

3. 工作感受

工作感受包括8道测试题，满分应为57人次×8×2分＝912分，答题时有2次漏选，实际满分为908分。实际得分为717分，转换为百分数为78.97分，处于中上水平。

影响该题获得更高分值的是第19题："你所在单位是否会安排专人来指导你的工作？"有35人选择"有"，占总数61%；有15人选择"有指导但没明确谁"，占总数26%；有7人选择"没有"，占总数12%。该题转换百分数为62分，表明在工作指导上做得不理想。此外第14题："你目前从事的工作与你所学专业是否匹配？"有33人选择"匹配"，占总数58%；有19人选择"有点匹配"，占总数33%；有5人选择"不匹配"，占总数9%。该题转换百分数为66分，反映出所做的工作与所学的专业匹配度有差距。

4. 发展感受

发展感受包括 6 道测试题,满分应为 57 人次×6×2 分=684 分,答题时有 0 次漏选,实际满分为 684 分。实际得分为 390 分,转换为百分数为 57.02 分,处于不合格水平。

该项处于不合格水平的一个重要原因是学校对这一群体的职业发展没有做过系统安排及规划,职业发展成为他们个人计划,而不是列入人才培养计划。编内人可以出国进修、学历深造、社会实践等活动,并给予资金资助和工作量减免等支持,但人事代理人员难以享受。其中不少人连必要的培训也没参与过。第 35 题:"你工作以来是否获得过培训机会?"有 20 人回答"没有获得过",占总数 35%。另一个影响职业发展的重要原因是,由于体制关系学校无法对管理岗的人事代理人员做出升迁决定,这就阻断了这部分人的上升通道。此外,目前学校政策尚未允许专技岗的人事代理人员参与职称评定。许多管理者在理念上将人事代理人员视为"外人",即使有一些机会也会优先照顾编内人员,这对他们对人事代理身份的认同产生较大的消极影响。如 33 题反映了这一情况:"你觉得自己在没有成为正式员工前是否具有职业发展空间?"有 23 人选择"有",占总数 40%;有 24 人选择"有一些",占总数 42%;有 10 人选择"没有",占总数 18%。该题转换百分数仅为 44 分。可以看出大部分人事代理人员在身份没有改变之前对职业发展前景不乐观。

管理人际工作发展四个方面得分比较

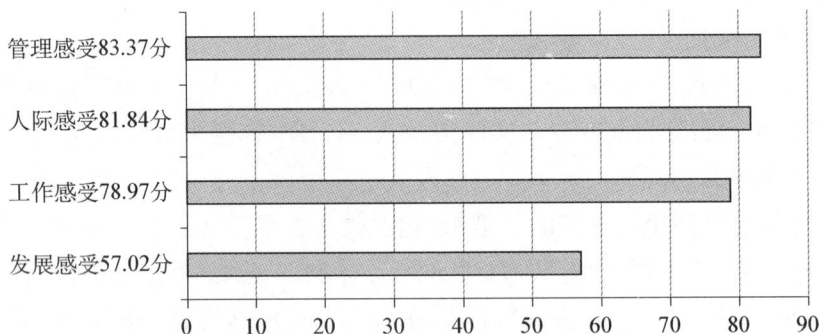

5. 保健因素与激励因素分值

根据赫茨伯格双因素理论,本问卷保健因素包含管理感受与工作感受两类,激励因素包含人际感受与发展感受两类。通过前述公式将两者实际得分之和实际满分之和填入,便可算出保健因素得分为 82.56 分,激励因素得分为 69.54 分。

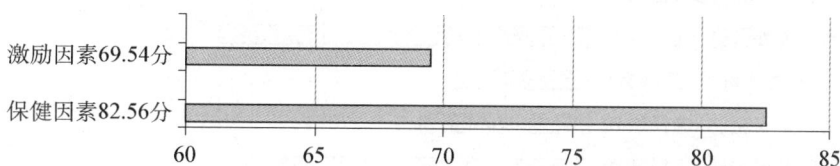

分数表明学校在涉及保健因素方面做得尚可,尤其在管理上体现出的平等与关心得到该群体的认可。相比之下,激励因素方面做得不够,尤其是在人事代理人员职业生涯发展上存在许多有待改进的地方。

(三) 主观题分值统计与分析

第 1 题:你最喜欢何种类型的管理? A 指令式管理;B 沟通式管理;C 授权式管理。

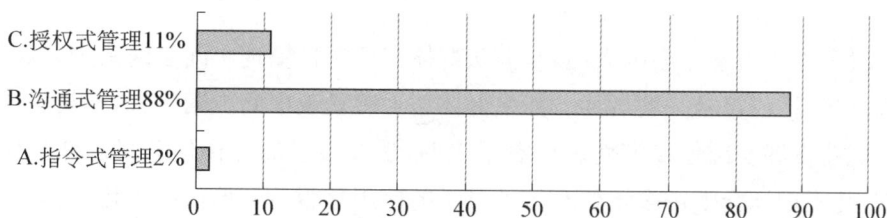

统计显示,有 50 人选择 B 沟通式管理,占近 88%;有近 11% 的人选择 C 授权式管理,仅有 1 人选择 A 指令式管理,只占 2%。目前学校的管理模式属于行政指令式管理。这种管理模式将管理者与被管理者处于对立地位,管理者通过指令来驱动被管理者行为,缺乏与被管理者的沟通,人事代理人员属于弱势群体,学校应该定期到他们中间倾听诉求,及时解决他们的实际问题。

第 11 题(多选题):你工作中最看重的是——A 自我价值实现;B 能获得较好的待遇;C 人际关系和谐;D 稳定安全感;E 受人尊重;F 有发展机会 G 其他。

该题选择最多的是 A 项达 31 次数,其次是 F 项,为 22 次数,两项都属于职业生涯发展范畴,表明职业生涯发展是人事代理人员最为看重的。该群体许多人具有较强的个人发展意识,成就欲望较强,而稳定与待遇并非看得最重。

第 12 题(多选题):你目前从事的工作是否感到有压力? A 感到压力大;B 有时感到压力大;C 感到压力不大。

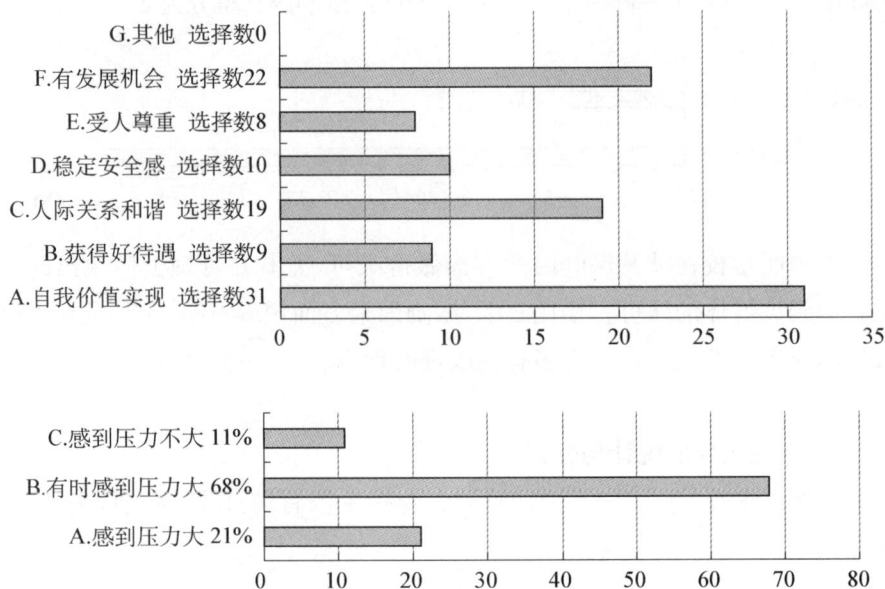

对工作压力感觉会因人而异,但从群体三项选择呈现中间多两头少来看,呈正态分布,比较符合一般规律。如果群体压力感呈现中间少两头大,不利于该群体的职业发展及岗位稳定性。该数据表明,学校给予的工作任务量总体上比较合理,并不像社会上许多单位对编外员工的使用总想达到价值最大化,把人作为商品对待而不注意人的内在需求。

第31题(多选题):你觉得上海师范大学最吸引你的是——A 能获得职业发展;B 有良好的管理;C 合理的收入;D 稳定的工作;E 职业受尊重;F 良好的文化氛围。

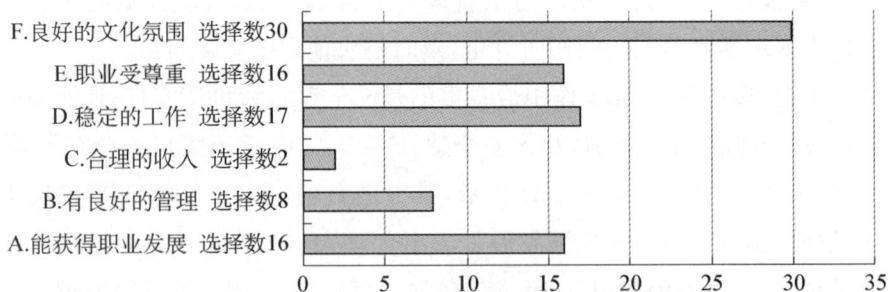

该题选择最多的是"良好的文化氛围"。文化不是虚无缥缈的东西,所谓"良好的文化氛围"主要是指人工作与成长的外部环境,是管理公正、人际和谐、工作

合理等方面的反映。学校在人情化管理方面还是具有较大吸引力。

第 36 题(多选题):你觉得个人的职业发展最重要的是——A 工作得到领导肯定;B 自身不断努力;C 良好的人脉关系;D 公平公正的晋升制度。

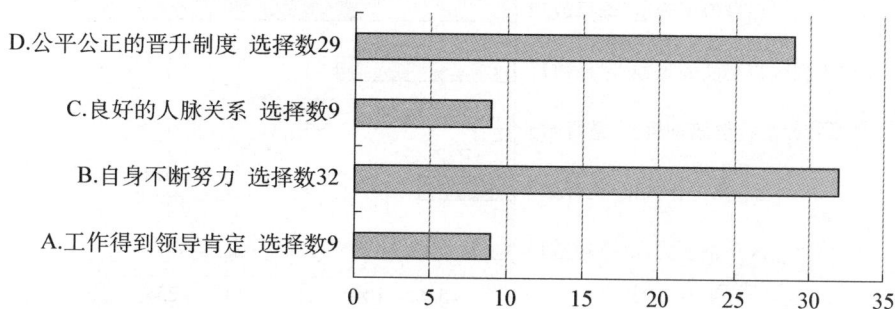

"自身不断努力"与"公平公正的晋升制度"两项选择最多,符合人的发展基本诉求。内部与外部良好互动,才能营造职业发展的优质环境。

第 37 题:你为自己制定过职业生涯发展规划吗? A 制定过;B 没有制定过。

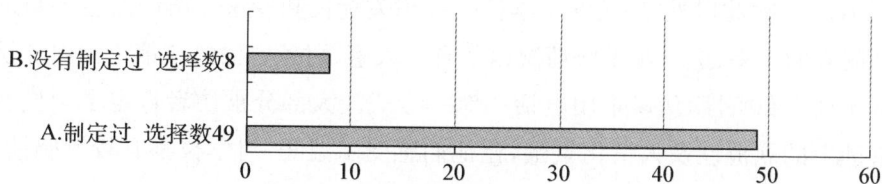

从数据看出,该群体大部分人具有发展意识。人力资源具有增值性,学校应该主动为人事代理人员制定职业规划,并提供帮助与指导,而不能视为个人之事。学校的发展依赖于每个个体的发展,每个个体的发展质量影响学校整体的发展质量。鉴于人事代理人员将职业生涯发展视为第一重要,学校可以将此作为一项制度,这不仅是学校发展的需要,也是能够让个体感受学校关怀及心理归属的必要举措。

第 40 题(多选题):你觉得妨碍你职业发展的最大阻力是——A 生活压力大;B 工作太忙;C 学校没能提供培训机会;D 得不到政策层面的惠顾;E 身份不确定;F 其他。

从下图看出,选择"身份不确定"有 32 人次,表明该群体一半以上的人认为编内人与编外人存在明显的差异,对编外身份缺乏安全感,对编外身份的职业发展的可能性持否定态度,原因前已所述。

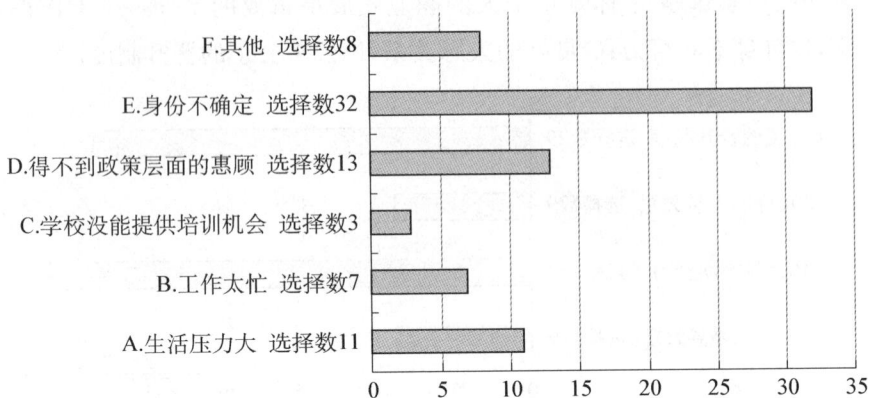

F.其他 选择数8

E.身份不确定 选择数32

D.得不到政策层面的惠顾 选择数13

C.学校没能提供培训机会 选择数3

B.工作太忙 选择数7

A.生活压力大 选择数11

0 5 10 15 20 25 30 35

四、访谈信息

本课题除了问卷调查外,还进行了抽样访谈。抽样人数为 10 人,占该群体人数 16%。除此以外,还访谈了学校一些相关院长和专家。访谈的主要目的是验证问卷的结果、进一步了解情况以及有关人事、财务方面的政策。为保证访谈的真实性及私密性,访谈采用电话一对一形式。大部分被访者肯定了学校及学院管理上的规范性及人情化氛围,让他们感受了温暖,对学校都有较深感情,愿意为学校发展奉献自己力量。当然访谈也反映了许多问题,最重要的是个人发展问题。这些内容与问卷关于管理、人际、工作和发展感受统计分析吻合。

本次访谈设计的主要问题是:你觉得人事代理身份与编内身份实际有何不同?被访者几乎都认为编内与编外身份存在差异,主要问题概括如下:

问题 1:影响个人发展

人事代理身份影响职称或职务晋升,每年的职称或职务晋升都没有资格申报。由于观念上普遍没有将人事代理人员看作组织内人,即不属于"教职员工",故人事处的许多培养政策均没有人事代理人员的参与资格。一般编内人员国内国外进修学校积极鼓励,除了免除工作量、薪酬奖金照发之外,还给予资金上的资助。而与此形成鲜明对照的是,学校对于人事代理人员进修一事尚没有列入关注范围,既没有出台过相应政策,也没有参照编内人员做法去满足他们的需求,甚至他们自费进修也没有给予时间上的方便。几年下来,会对他们未来的职业发展产生很大影响。

问题2：影响薪酬收入

访谈中了解到，人事代理人员与正式教工在薪酬福利上还是存在一定差异。可能由于两类群体的工资薪酬体系的不同，导致他们在工资薪酬上的差异。访谈中也验证了二级单位在自助发放的福利上存在差异，有的二级单位人事代理人员与编内人员同等享受，有的二级单位情况有所不同。

问题3：影响加入工会

人事代理人员目前没能加入学校工会，由此产生的影响是：一是合法权益无法得到保障。由于不是工会会员，人事代理人员不能成为教代会代表，不能参加教代会，不能提出该群体的正式诉求，同样也不能成为学校工会维权对象。二是无法享受职工福利，如教职工疗休养、参加体检及工会给予的一些福利如电影观摩等。

问题4：影响生活安定

2011年学校实行人事代理制度，到去年7月一批人事代理人员到了两年合同期。学校规定："派遣期满时，表现优秀的派遣人员可由用人部门向学校提出转入事业编制的申请。"但两年已过，部分人事代理人员没有转入编制，又续签了合同。对此，年轻的希望学校早些有明确说法，如果学校不愿意留他们可以早点告知，他们还有机会另外选择。年龄较大者则处于两难境地：留下无着落，离又不心甘，心理上承受较大忐忑，缺少安全感与归属感。有的女同志为了等待，将生养孩子的计划一再拖延。有的是外地来沪，因人事代理身份户口问题至今无法解决等等。前景不明，对工作与生活均产生很大影响。

五、决策建议

高校引入人事代理制度是对人事制度改革的探索，其初衷是改变传统用人方式，形成能进能出的流动格局，实现人力资源市场化配置，在选人用人方面打破以往的静态局面。但在实际操作中，由于某些政策与体制的原因与之前所要实现的目标存在着距离。其中有些是学校无法改变的。学校作为用人主体，又不能简单地以无法改变的理由将自己排除在争议之外，而应积极地应对所出现的种种问题，在此提出一些建议，供学校决策者参考。

（一）制定系统化的人事代理管理制度

学校除了 2010 年制定的《上海师范大学人才派遣暂行办法》之外，没有看到其他的出台文件。实行两年多来所遇到的问题已大大超出文件的规定。目前遇到一个问题解决一个问题的做法给管理带来很大被动。人事代理管理应该包括三个环节，即：招入——考察——辞退或留用。学校应该针对不同环节制定系统化的、具有前瞻性的人事代理管理制度。

1. 招入环节

什么样的群体应纳入人事代理招入范畴应该从人事代理制度实施效益上考虑，从效益出发来确定人事代理招入的群体。人事代理实施虽然在政策与体制上受到一些限制，但至少在选人方面还有其价值，针对学校只进不出的制度现状，合同两年期间可作为人员考察周期，可以降低人员招录风险。

关于人才派遣对象在《上海师范大学人才派遣暂行办法》有所表述："教辅与管理岗位的新进人员，以及教学科研岗位中学历未达要求的新进人员。"目前教辅与管理岗位基本纳入人事代理范畴，而教学科研岗位不太统一，有的列入人事代理，有的则直接招为编内。还有其他高校通常已列为人事代理范畴的辅导员岗位，学校目前还作为直接招入编内的岗位。

建议学校所有初级岗位（包括辅导员、新招教学岗的博士生）都应纳入人事代理范畴，通过两年的考察确定其管理水平或科研水平或教学水平达到标准后再转入编内。目前直接招入的编内人员有些表现并不比人事代理人员优秀，有的招入的博士生在教学与科研上没有达到预期目标。在只进不出的体制下，它浪费了学校的人才指标资源及财务成本。利用人事代理制度的两年考察期，就可以大大避免招入不合格的人。

当然，可以为特别优秀者设立特别程序，通过公开公正鉴定程序后而直接招为编内人员，以保持学校在用人方面的吸引力。

2. 考察环节

通过人事代理渠道招入的人员理念上应该将他们培养成学校所需要的人才，而不是仅仅作为劳力使用。因此，有必要在两年周期中对该群体进行培训与考察。为了区分优秀者与不合格者，就应该设置科学合理的指标，如对教学岗人员设置教学与科研的具体标准，对管理岗设置教师满意率等服务标准，对辅导员设置学生满意度标准等。这些指标成为引导行为、培养行为和考察行为的重要标杆，能对学校用人选人起到保障作用。

3. 辞退或留用环节

人事代理人员合同期满后是辞退、留用或转为编内身份,应该制定明确的标准,这关系到该群体的个人发展,也关系到学校的事业发展。可以说,缺乏明确的标准会给人事代理人员的管理带来诸多问题,减弱学校对人才的吸引力,甚至会导致人事代理制度难以有效实施。

(二) 制定人事代理人员身份转换标准

由于学校无法改变某些政策与体制,也就难以改变人事代理人员在晋升与薪酬福利方面待遇不平等的现状。为了源源不断吸收人才加入,学校应该制定人事代理人员转为编内人员的标准及明确的考察周期。如果没有这样的标准及考察周期,人事代理制度是很难持久实施下去的,因为应聘者十分看重这一点。

学校无法解决人事代理人员在晋升与薪酬福利方面的问题,但在他们身份转换问题上可以有所作为。只要身份转正问题解决,他们的晋升与薪酬福利以及关联的其他个人困难问题便迎刃而解。可以看出,人事代理人员身份转正问题是人事代理制度实施的核心问题。当然,这里并不赞同所有的人事代理人员都应获得身份转换,这样会使人事代理制度失去价值。学校应该制定身份转换标准,既能让优秀的人被录用,又能让不优秀的人被淘汰。标准制定应该广泛听取相关部门(如工会)和专家的意见,集中智慧,避免闭门造车而产生后遗症。此外,评审程序要公开透明,让被评审者感到公平合理。

(三) 加强人事代理人员的职业生涯管理

从问卷反馈得知,学校在人事代理人员职业发展方面做得十分不够,"发展感受"这一项处于不合格水平。

在人事代理人员考察期内,学校应为每位人事代理人员制定职业规划,关心他们的发展,指定专人进行工作指导,满足他们的培训需求,在岗位培训、短期进修、学历深造方面享受与编内人员同等待遇,满足他们向更高层次的发展。

由于人事代理人员身份的不确定性,为规避培养投入风险,学校也要制定相应的规则。如对于进修学习的人事代理人员可采取先自费、在转为编内身份后再返还的方式,并附加学习要求等条件。这不仅有利于满足人事代理人员的发展需求,也有利于他们的成长及增加归属感,培养对学校的忠诚度,使人事代理制度不仅在选人用人同时在培养人方面产生效益。

学校可以为人事代理人员设计预备晋升岗之类的虚拟岗位，将表现优秀者升为预备晋升岗，不占用正式编制及支付薪酬，但在转正时可以优先考虑。这符合人事代理人员发展需求，也为转正提供基础条件。

（四）维护人事代理人员加入工会的权利

《劳动合同法》第六十四条规定："被派遣劳动者有权在劳务派遣单位或者用工单位依法参加或者组织工会，维护自身的合法权益。"2009 年 9 月中华全国总工会出台《关于组织劳务派遣工加入工会的规定》也指出："劳务派遣单位和用工单位都应当依法建立工会组织，吸收劳务派遣工加入工会，任何组织和个人不得阻扰和限制。劳务派遣工应首先选择参加劳务派遣单位工会，劳务派遣单位工会委员会中应有相应比例的劳务派遣工会员作为委员会成员。劳务派遣单位没有建立工会组织的，劳务派遣工直接参加用工单位工会。"

在人才派遣单位没有组建工会的情况下，学校工会可以参照上述规定，按照人事代理人员的意愿吸收其为会员，使他们能参加工会组织的各种活动，提升他们的职业素质，动员他们积极地为学校工作，维护他们的合法权益。这样做，能增强人事代理人员的归属感，增加其对学校的忠诚度，有利于发挥人才价值的最大化。

总之，学校在实施人事代理制度中应本着"以人为本"的管理理念，让人事代理人员在聘用期间充分感受到来自学校这个大家庭的关爱，让人心甘情愿地留下来并努力工作，即使离开的人也会有美好的回忆及恋恋不舍的感觉，让校园成为人才聚集的乐园。

附录：

上海师范大学人事代理教职员工问卷调查

本问卷旨在了解本校人事代理教工群体对与自身相关的管理、工作、人际、发展等方面的真实感受，作为评估与改进学校人事代理工作的重要依据。

本问卷为不记名调查，希望您能坦率真实地填写问卷。您的真实感受将决定本问卷统计数据的科学性及可靠性。最后，衷心感谢您对本次调查的支持。

本问卷共设置40道选择题,每道题后面有若干选项,答题时请在您认为符合的选项前打"√"。请不要多选。

课题组

2013年6月

一、管理感受

1. 你最喜欢何种类型的管理?

　　A. 指令式管理　　　　　B. 沟通式管理　　　　　C. 授权式管理

2. 你觉得你所在单位在制度执行方面是否规范?

　　A. 比较规范　　　　　　B. 不完全规范　　　　　C. 不规范

3. 你所在单位在制定制度或决策时是否征询大家意见?

　　A. 经常征询　　　　　　B. 有时征询　　　　　　C. 不会征询

4. 如果你提出合理的建议,你估计上级会采纳吗?

　　A. 会的　　　　　　　　B. 不会　　　　　　　　C. 有时会

5. 你所在单位的管理或决策是否曾经让你感到不公平?

　　A. 经常感到不公平　　　B. 有时感到不公平　　　C. 没有感到不公平

6. 你对你所在单位的管理总体上感到_____

　　A. 满意　　　　　　　　B. 不完全满意　　　　　C. 不满意

7. 你所在单位召开全体大会时一般要求你参加吗?

　　A. 要求参加　　　　　　B. 不要求参加　　　　　C. 有时要求

8. 你所在单位领导是否很注意你的表现?

　　A. 很注意　　　　　　　B. 不完全注意　　　　　C. 不注意

9. 学校或你所在单位的重要信息是否会传达给你?

　　A. 能够传达　　　　　　B. 有时能够传达　　　　C. 没有传达到

10. 正式教工所享受的工资外的福利你是否也能享受到?

　　A. 能享受到　　　　　　B. 有时能享受到　　　　C. 不能享受到

二、工作感受

11. 你工作中最看重的是_____

　　A. 自我价值实现　　　　B. 能获得较好的待遇　　C. 人际关系和谐

　　D. 稳定安全感　　　　　E. 受人尊重　　　　　　F. 有发展机会

　　G. 其他

12. 你目前从事的工作是否感到有压力?

    A. 感到压力大   B. 有时感到压力大   C. 感到压力不大

13. 你觉得目前的工作是否能体现你的价值?

    A. 能够   B. 不完全能够   C. 不能够

14. 你目前从事的工作与你所学专业是否匹配?

    A. 匹配   B. 有点匹配   C. 不匹配

15. 你是否喜欢目前的工作?

    A. 喜欢   B. 不完全喜欢   C. 不喜欢

16. 你在工作上的业绩上级能否发现或给予鼓励?

    A. 能够   B. 不完全能够   C. 不能够

17. 你觉得目前的工作环境是否有利于你的能力发挥?

    A. 有利于发挥   B. 不完全有利于发挥 C. 不利于发挥

18. 目前的工作待遇与你的付出是否匹配?

    A. 匹配   B. 不完全匹配   C. 不匹配

19. 你所在单位是否会安排专人来指导你的工作?

    A. 有   B. 没有

    C. 有指导,但没明确谁

20. 当你工作遇到困难时,周围同事是否会来主动帮你?

    A. 会主动帮助   B. 有时会主动帮助   C. 不会主动帮助

三、人际感受

21. 你所在单位聚餐或举行集体活动是否会邀请你参加?

    A. 一直会   B. 有时会   C. 不会

22. 目前单位的人际环境是否让你感到宽容友善?

    A. 感到宽容友善   B. 有时感到宽容友善

    C. 没感到宽容友善

23. 上级曾经关心过你的工作或生活吗?

    A. 关心过   B. 没有关心过

24. 你目前所在的单位是否让你有归属感?

    A. 有归属感   B. 有一些归属感   C. 没有归属感

25. 除了人事代理身份外,你感到自己与身边的正式员工有差异吗?

    A. 没感到差异   B. 有时感到差异   C. 感到差异

26. 如果你工作上有错，上级或周围人能包容你吗？

　　A. 能包容　　　　　　B. 有时能包容　　　　C. 不能包容

27. 你认为目前所在单位人与人之间关系总体是否和谐？

　　A. 很和谐　　　　　　B. 不完全和谐　　　　C. 不和谐

28. 你觉得自己是否能够融入目前所在单位的集体中？

　　A. 能融入　　　　　　B. 不完全能融入　　　C. 不能融入

29. 你觉得与周围的同事是否有共同的想法？

　　A. 有共同想法　　　　B. 有时有共同想法　　C. 没有共同想法

30. 你觉得与所在单位的领导沟通交流是否容易？

　　A. 很容易　　　　　　B. 有时容易　　　　　C. 不容易

四、发展感受

31. 你觉得上海师范大学最吸引你的是_____

　　A. 能获得职业发展　　B. 有良好的管理　　　C. 合理的收入

　　D. 稳定的工作　　　　E. 职业能得到社会尊重

　　F. 良好的文化氛围

32. 你的上级是否就你的将来发展与你谈过话？

　　A. 谈过　　　　　　　B. 没有谈过

33. 你觉得自己在没有成为正式员工前是否具有职业发展空间？

　　A. 有　　　　　　　　B. 没有　　　　　　　C. 有一些

34. 你觉得目前的岗位是否有你事业发展的前景？

　　A. 有　　　　　　　　B. 没有　　　　　　　C. 有一些

35. 你工作以来是否获得过培训机会？

　　A. 获得过　　　　　　B. 没有获得过

36. 你觉得个人的职业发展最重要的是_____

　　A. 工作得到领导肯定　　　　　B. 自身不断努力

　　C. 良好的人脉关系　　　　　　D. 公平公正的晋升制度

37. 你为自己制定过职业生涯发展规划吗？

　　A. 制定过　　　　　　B. 没有制定过

38. 你觉得自己的发展与目前所在单位的发展有关联吗？

　　A. 有关联　　　　　　B. 有一些关联　　　　C. 没有关联

39. 你觉得目前学校职业发展通道对你有希望吗？

A. 有希望　　　　　　B. 没希望　　　　　　　C. 有一些

40. 你觉得妨碍你职业发展的最大阻力是_____

A. 生活压力大　　　　　　　B. 工作太忙

C. 学校没能提供培训机会　　D. 得不到政策层面的惠顾

E. 身份不确定　　　　　　　F. 其他

再次感谢您的配合,如果以上没有包含您的重要感受,您可在以下进一步描述:

第四专题

工会自身建设研究

关于高校青年教师新特点及其对工会诉求的研究

——以上海高校青年教师为例[*]

冯立平　李成彦　李萧萧　张燕娣　李旭旦^{**}

一、研究背景

青年教师是高校教师队伍的重要组成部分和生力军,是高校未来的中坚力量。建设高素质的青年教师队伍,是维持高校教学与科研高水平的根本保证。因此,高校对青年教师的培养就成为一项重要的核心工作。要培养好青年教师,首先要了解高校青年教师所具有的时代特点,了解他们的成长需求。高校工会作为中国共产党领导下的群众组织,是党联系广大青年教师的桥梁纽带,能够直接倾听青年教师的意见和建议,协同高校相关部门采取有效措施,形成有利于青年教师发展的机制和氛围,让青年教师看到自身进步的巨大空间和希望,最终达到学校与个人共同发展的目的。

为了较为深入地开展研究,本课题将上海高校青年教师群体作为聚焦点。上海处于全国发展的前沿,所形成的政治、经济、文化等环境具有时代的代表性,因而对高校青年教师的实际状况评估具有较高的参考价值。

---

* 本文系 2013 年上海市教育系统工会理论研究会课题"关于高校青年教师新特点及其对工会诉求的研究"的成果。

** 冯立平,上海师范大学哲学与法政学院工会主席、人力资源管理系副教授;李成彦,上海师范大学人力资源管理系教授;李萧萧,上海师范大学工会宣传教研部部长;张燕娣,上海师范大学人力资源管理系副教授;李旭旦,上海师范大学人力资源管理系讲师。

二、问卷设计与回收说明

(一) 问卷设计

本调查问卷通过前期对相关文献的分析与概括形成初步的设计思路,之后举行了若干次高校青年教师座谈会形成了基本框架,经过小范围试测与修改后确定。本调查问卷包括基本情况、单选题、多选题及开放题四大部分,总计 30 道题。基本情况共计 8 道题,主要了解包括出生年代、性别、学历等方面的信息。这些背景信息的差异可能会对高校青年教师的价值观及现状感受产生不同影响,可以深入了解不同背景群体的特征以进行对比分析,进而能更深入更有层次地把握不同背景群体的诉求倾向。单选题与多选题共计 21 道题,题目设计共分为两大类型:一是外部感受题,用以探查被测对象对工作、生活、管理及工会等方面的评价;二是内部倾向题,用以探查被测对象的价值观、行为、动机等方面的取向。开放题为 1 题(第 30 题),用以补充选择题可能未能涉及的一些情况。为了避免遗漏,许多选择题中设置了"其他"选项,供被调查者填写其他意见。"其他"选项不作为数据统计项,而是与开放题一样作为特别关注的内容。

(二) 问卷发放及回收情况

本课题主要采用实证研究方法,通过问卷调查来收集上海高校青年教师的现状信息,结合相关文献对所获得的数据进行比对分析,以期获得较为客观的结果。为了保证数据不受其他因素干扰,问卷调查采用匿名方式进行。

上海高校大致分为三种类型,即部属高校、市属高校及民办高校。各类型高校在办校理念、体制机制、文化氛围、发展待遇等方面存在着一定的差异,这种差异可能会影响青年教师的感受及行为倾向。为了较为全面客观地了解高校青年教师的实际状况,课题组在调查问卷发放时从三类高校中抽选了八所高校,其中部属高校有复旦大学、上海交通大学、华东师范大学,市属高校有上海大学、上海师范大学、上海第二工业大学,民办高校有上海杉达学院、上海建桥学院。本课题组共向三类高校发放调查问卷 700 份,回收问卷共计 637 份。在 637 份回收问卷中,因基本情况题未填或题目选择不符要求的有 76 份,实际回收有效问卷为 561 份,占回收问卷的 88.07%。在 561 份有效问卷中,包括部属高校 207 份、市属高校 250 份及民办高校 104 份。课题组将高校青年教师的年龄限定在 45

岁以下。在被调查人中,70 年代出生的有 276 人,80 年代出生的有 285 人;女性 351 人,男性 210 人;本科学历 44 人,硕士学历 256 人,博士学历 261 人;中初级 职称 389 人,高级职称 172 人;理科专业 144 人,工科专业 138 人,文科专业 279 人;未婚 99 人,已婚 462 人。从上述数据看,被调查的人群分布还是比较全面均 衡,据此获得的数据具有代表性。

三、问卷分析

(一)上海高校青年教师总体现状

对上海高校青年教师总体现状的了解是对他们价值观、行为、需求倾向研究 分析的基础。课题组为此设计了一些选择题,从幸福感受、工作压力感受、家庭 收入感受及对学校管理感受进行信息收集及分析。

1. 幸福感受

课题组将幸福指数从低到高分为五个等级并配以 1—5 分的分值,所对应的 含义是:幸福感低、幸福感较低、幸福感中等、幸福感较高、幸福感高。经过统计 发现,选择幸福感(5 分)"高"的人数仅占 5.35%,选择"较高"(4 分)的有 40.12%,以上两者合计为 45.47%;选择"中等"(3 分)有 38.32%,选择"较低" (2 分)的有 10.87%,选择"低"(1 分)的有 5.35%,后三者合计为 54.54%,比幸 福感高与较高总和多约 9 个百分点。上海青年教师的幸福感受半数多一些还处 于中等及以下程度。

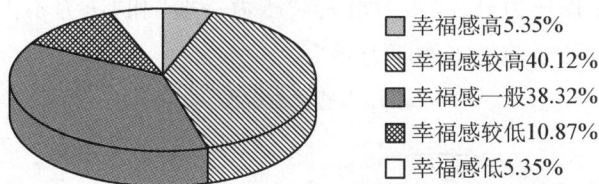

幸福感受总况图

幸福感高5.35%
幸福感较高40.12%
幸福感一般38.32%
幸福感较低10.87%
幸福感低5.35%

三类高校幸福感受处于中等及以下程度的人群数量均高于幸福感受处于较 高及高程度的人群数量。其中部属高校幸福感受处于中等及以下程度的人群数 量比幸福感受处于较高及高程度的人群数量高出约 3 个百分点,市属高校高出 约 11 个百分点,民办高校高出约 15 个百分点。数据表明,民办高校的青年教师 幸福感受中等及以下程度的人群数量最大,约占到 57.69%。出生 70 年代的高校青年教师幸福感受中等及以下程度的人群数量比幸福感受处于较高及高程度的人群数量高出约 4 个百分点,而出生 80 年代的高校青年教师则高出约 14 个百分点。可以看到,80 年代出生的高校青年教师要比 70 年代出生的高校青年教师幸福感受要低。同样发现,中低级职称的幸福感受要比高级职称的要低,中低级职称的高出约 11 个百分点,而高级职称的高出约 6 个百分点。

在对男女数据比较中,课题组发现了一个很大差异:女性高校青年教师表示幸福感受较高及高的人群数量要超过表示幸福感受中等及以下人群数量,分别为 53.56％和 46.44％。在男性高校青年教师中,同样出现一个显著的数据:表示幸福感受中等及以下人群数量要超过表示幸福感受较高及高的人群数量 36 个百分点。

由此可以发现,高校青年教师幸福感受中等及以下的人主要分布在男性、80 年代出生的、中低职称、民办高校教师等群体中间。

幸福感受数据一览表

幸福感受	部属高校	市属高校	民办高校	70 年代出生	80 年代出生	中初级职称	高级职称	男性	女性
中等及以下	51.69％	55.60％	57.69％	52.71％	56.85％	55.27％	52.90％	68.09％	46.44％
较高及高	48.31％	44.40％	42.31％	47.83％	43.16％	44.73％	47.09％	31.91％	53.56％

2. 工作压力感受

课题组将工作压力分为"压力很大""压力一般"和"压力不大"三个等级,以了解高校青年教师当前的工作压力感受。

压力感受总况图

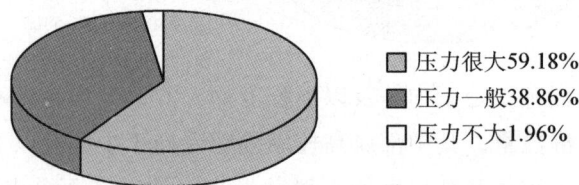

- 压力很大59.18%
- 压力一般38.86%
- 压力不大1.96%

有 59.18％的人认为工作压力很大,38.86％工作选择压力一般,认为压力不大的仅占 1.96％。从高校类型上看,市属高校的青年教师感受工作压力很大的最多,为 63.60%,其次为部属高校为 59.42%,最后为民办高校为 50.96%。70 年代出生的比 80 年代出生的压力感受很大的要高出近 7 个百分点,分别为 62.68%和 55.79%。男性的感受压力很大的要比女性高出 15 个百分点,分别为 69.05%和 53.28%。差距最大的是在高级职称的人群与中低级职称的人群中间,感受压力很大的分别为 72.09%和 53.47%,高级职称群体比中低级职称群体整整高出 18 个百分点。高级职称中感受压力很大的人要占该群体人数的 72.09%,超过该选项总体百分数值近 13 个百分点。"感受压力很大"在男性、高级职称群体中间分布最多。

压力感受数据一览表

压力感受	部属高校	市属高校	民办高校	70年代出生	80年代出生	中初级职称	高级职称	男性	女性
压力很大	59.42%	63.60%	50.96%	62.68%	55.79%	53.47%	72.09%	69.05%	53.28%
压力一般	37.20%	35.20%	48.08%	35.50%	42.11%	44.22%	26.74%	29.52%	44.44%
压力不大	3.40%	1.20%	1.00%	1.81%	2.10%	2.31%	1.16%	1.43%	2.28%

3. 家庭收入感受

家庭收入状况对人的价值观、行为、态度等有很大影响,课题组将家庭收入分为"比较窘迫""基本可以""能过上小康生活"和"比较富裕"四种状况。有 60.25%的人选择"基本可以",有 20.86%的人选择"比较窘迫",有 16.76%的人选择"能过上小康生活",剩下 2.14%的人选择"比较富裕"。

家庭收入感受总况图

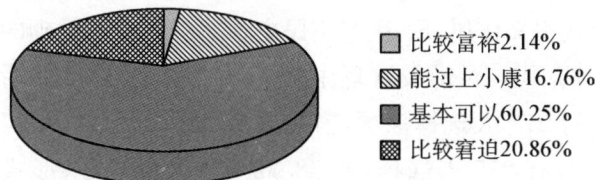

比较富裕2.14%
能过上小康16.76%
基本可以60.25%
比较窘迫20.86%

处于基本维持与比较窘迫状况的两者相加达到 81.11%,而处于小康生活和比较富裕的两者相加仅为18.89%。

感觉处于小康生活和比较富裕的人数,部属高校要多于民办高校,民办高校要多于市属高校,三者百分比分别为22.7%、18.37%和16%。70年代出生的要多于80年代出生的,分别为22.1%和15.79%。女性多于男性,分别为22.51%和12.86%,要多出男性近10个百分点。高级职称的要多于中低级职称,分别为25%和16.19%,多出近9个百分点。

家庭收入感受数据一览表

收入感受	部属高校	市属高校	民办高校	70年代出生	80年代出生	中初级职称	高级职称	男性	女性
比较窘迫	13.53%	29.60%	14.32%	16.67%	24.91%	22.62%	16.86%	27.14%	17.09%
基本可以	63.77%	54.40%	67.31%	61.23%	59.30%	61.18%	58.14%	60%	60.40%
过上小康	19.32%	14.80%	16.35%	20.29%	13.33%	13.88%	23.26%	10.95%	20.23%
比较富裕	3.38%	1.20%	1.92%	1.81%	2.46%	2.31%	1.74%	1.91%	2.28%

数据表明,高校青年教师整体家庭收入状况不容乐观,这对该群体的特点形成有很大关联,在分析他们价值观与行为倾向时不能脱离这一基本状况。

4. 管理感受

学校的管理感受能够探查高校青年教师的需求主张。课题组收集并罗列了高校目前存在的一些意见较大的现象,从中了解高校青年教师最在意的、需要有关部门着重改进的问题。该多选题共计七个选项:A. 缺少教师维权机构;B. 规则执行不公开、暗箱操作;C. 官本位文化;D. 缺少倾听教师意见的渠道;E. 做事浮夸、形式主义作风;F. 决策不民主;G. 忽视青年教师的培养。

在七个问题选项中,对学校管理中最不满意的是"缺少倾听教师意见的渠道",在561人中有271人选择该项,占总人数48.31%;其后三项分别是"忽视青年教师的培养",有215人选择,占38.32%;"做事浮夸、形式主义作风",有201人选择,占35.83%;"官本位文化",有196人选择,占34.94%。在"缺少倾听教师意见的渠道"选项上,三类高校中民办高校的不满意人数比例最高,占

管理感受选择人数一览表

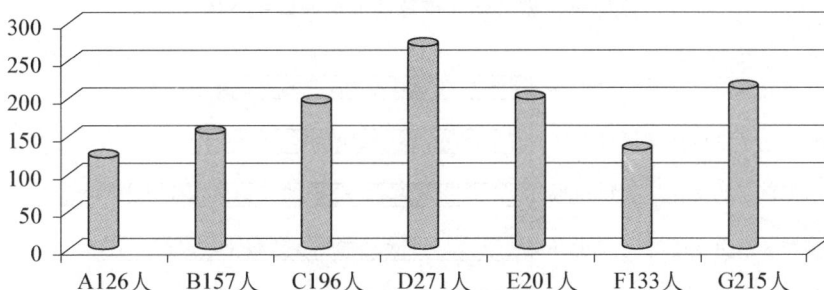

60.58％,是该题选项中唯一超过半数的。部属高校为 47.34％,市属高校为 44％。与该项总体数据统计不同的是,市属高校不满意排第二位的是"做事浮夸、形式主义作风",第三位则是"官本位文化","忽视青年教师的培养"排在第四位。

高校青年教师工作和生活压力普遍较大,几年前已有专家进行过专项调研,并提出这种现象的存在。本次调研数据显示,这种状况至今没有改变,是造成幸福感受处于中等及以下水平的主要原因。从访谈中得知,科研是最大压力源。在目前的体制环境下,学校排名、发展、获得拨款资助等均依赖科研,作为高校管理层必然将来自科研的压力转压到教师身上,尤其是目前作为高校科研主力军的青年教师群体身上。高校通常将科研作为青年教师职称晋升的捆绑条件,强调数量忽视质量,使高校青年教师沦为追求科研数量的机器,在竞争越来越激烈的道路上马不停蹄,离幸福的感受越来越远。

(二)上海高校青年教师价值观与行为取向分析

在收入低、压力大的状况下,高校教师的职位依然受到高学历的年轻人的青睐,是什么吸引他们加入高校教师这个职业?课题组对此进行调研。

在调查中发现,在 561 人中有 298 人选择 D 项:工作稳定有安全感,占总人数 53.12％;292 人选择 H 项:有较多自由支配时间,占总人数 52.05％;273 人选择 G 项:良好的文化氛围,占总人数 48.66％;231 人选择 B 项:喜欢向学生传播知识,占总人数 41.18％;213 人选择 A 项:喜欢做学术研究,占总人数 37.97％;198 人选择 E 项:职业受人尊重,占总人数 35.29％;43 人选择 F 项:有发展机会,占总人数 7.67％;12 人选择 C 项:有较好的薪酬待遇,占总人数 2.14%。

选择高校教师职业排位前五位原因统计图

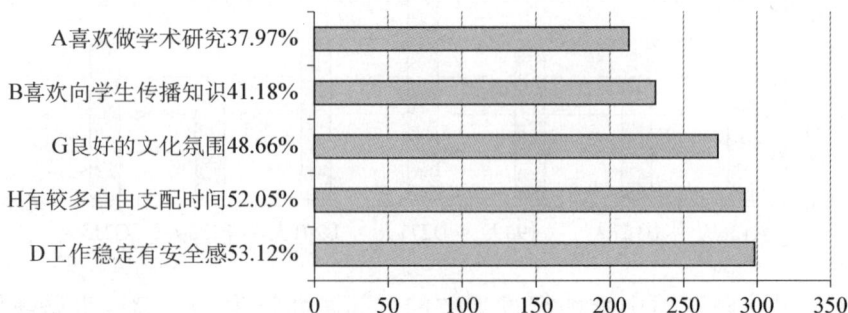

A喜欢做学术研究37.97%

B喜欢向学生传播知识41.18%

G良好的文化氛围48.66%

H有较多自由支配时间52.05%

D工作稳定有安全感53.12%

上述选项在三类高校排序有差异：部属高校 G 项选择排第一,最看重文化氛围；市属高校 H 项排第一,最看重的是有较多的自由时间；民办高校 D 项排第一,最看重的是工作稳定,反映出不同类型高校的青年教师选择教师职业的价值取向。

统计显示,超过半数的青年选择高校教师是看重该职业的稳定因素及较多的自由支配时间,反映出现在高校至少半数青年教师并未将科研与教学放在首位,而是首先考虑个人生存的实际需求。

高校作为学术高地,能够创造最优良的学术环境,为受过良好教育的青年教师提供研究平台。按照一般设想,选择高校主要是为了学术研究,但从数据中发现这仅排在第五位。这让人感到十分惊讶。尤其是在 351 位女性中,选择"学术研究"仅 85 人,选项排在第六位,占该群体总数 24.22%,相比看重"工作稳定"的有 219 人,要占到 62.39%。与此形成鲜明对照的是,在 210 位男性青年教师选择"学术研究"的有 128 人,超过半数,占该群体总数 60.95%,排在首位。而看重"工作稳定"的人只占 37.62%。反映出女性青年教师看重现实而男性青年教师看重发展的不同价值取向。

如果在学校看不到发展空间,高校青年教师会有什么样的行为选择？在 561 人中有 196 人选择 B 项(占 35%)：生活愉快就可,其他不重要；有 174 人次选择 C 项(占 31%)：调动工作,寻找发展机会；有 159 人选择 A 项(占 28%)：不受影响,继续努力做好本职工作；有 32 人次选择 D 项(占 6%)：无所谓,到外面寻找赚钱机会。所有选项选择均没超过半数,反映高校青年教师群体不同的态度。

如果没有发展空间的行为选择统计图

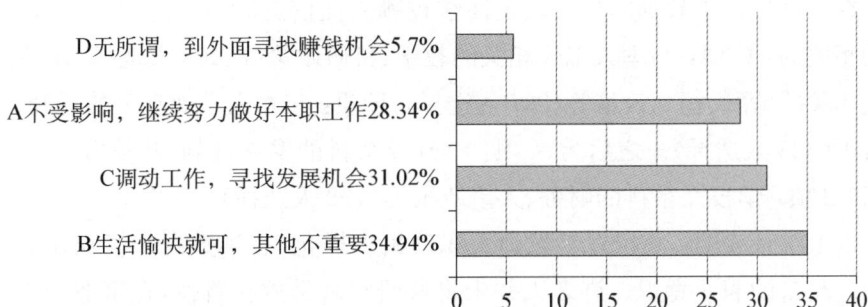

其中部属高校 207 人中有 73 人选择 A 项,排在第一,占 35.27%,表明部属高校的吸引力优于市属高校与民办高校,即使看不到发展空间也愿意待留,继续做好工作。市属高校和民办高校此项选择的人数分别为 26.80% 和 18.27%。民办高校吸引力与部属高校相比低 17 个百分点。民办高校的青年教师选择 C 项"调动工作,寻找发展机会"要高于部属高校和市属高校,达到 34.62%,后二者为 28.30% 和 31.20%。从中看到,民办高校的青年教师潜在的流动性最大。

统计还发现,生于 80 年代的 285 名青年教师中有 114 人将 C 项作为第一选择,占 40%。性别差异同样影响选择差异。女性青年教师选择最多的是 B 项:只要生活愉快就可。而男性青年教师选择最多的是 C 项:调动工作,寻找发展机会。与前项统计相似:女性看重现实而男性看重发展。

无论是选择 B 项还是 C 项,均是个体在没有发展空间情况下产生的积极与消极两种应变行为:一是积极调动工作,以满足自身发展的需要;二是消极应对,只求生活愉快不求工作卓越。这两种应变行为相加近 66%,反映出高校青年教师对学校的忠诚度普遍不高。高校应将青年教师的发展列为重要事务,否则会严重影响学校未来的发展。

有半数以上的高校青年教师(289 人,占 51%)认为,工作上取得成就主要依靠自己,故对所在高校的依赖性不强,人才流失的现象就容易发生。事实上高校近些年对青年教师的科研支持力度逐年加大,包括青年教师出国进修、课题申报、论文发表奖励均出台许多利好政策,但由于管理理念的陈旧,许多管理者习惯把这些良好的举措作为行政事务看待,而不是从人的角度来落实这些举措。缺乏帮助青年教师通过进修、课题申报、论文发表来实际提升科研水平的细节策划与具体措施,仅仅把这些利好政策作为任务完成,看重任务完成的数量而忽视任务完成的质量评估,使得这些利好政策产生的实际效果极为有限。

在向高校青年教师问到比较关注学校哪方面信息时,排名前三位的均是与个人相关的:C项:与本人工作相关的教学、科研政策等(408人选择);D项:与本人相关的薪酬、福利政策等(397人选择);E项:与本人发展有关的晋升、奖惩政策等(323人选择)。之后为A项:学校及系科的发展计划、政策等(285人选择)和B项:学校及系科的财务、人事政策等(193人选择)。

以上统计表明:高校青年教师入职动机多样化,有半数尚未树立作为高校教师应具备的职业意识。许多人并未将科研与教学放在首位,在事业与生活的天平上倾向后者。崇尚个人奋斗,对学校的归属感不强。关心个人事务甚于集体和学校事务。

在老一辈所践行的师德内容中,包含了无私的奉献精神、强烈的职业责任意识、对教育事业的忠诚、对学生的热爱、安于寂寞、耐于清贫、关注集体利益甚于个人利益、把科研与教学作为自己毕生事业去奋斗等等。如果以此作为坐标将现在高校青年教师的价值观与行为取向作对比,很容易发现两者之间存在巨大差异。概括起来,在面对"物质追求与精神追求、关注个人发展与关注集体发展、为个人奋斗与为集体奉献"三者关系中,前辈教师看重后者,而现在青年教师看重前者。这种差异并不能简单认为现在的高校青年教师师德落后,对行为的评估不能脱离外部环境。市场的大潮夹带着商业文化在冲毁原有的"大锅饭"保障体系的同时,也改变着人们原有的价值体系。在激烈竞争的商业环境中,为了获取生存的安全感对物质的追求变得越来越重要,作为社会中的群体——高校青年教师也不可避免。人的价值与行为取向是外部社会作用与内在心理需求双向作用而形成的结果。

出生于七八十年代的高校青年教师伴随着国家从贫穷到富强而成长,社会财富从平均分配转向按能力分配。知识的积累有助于能力的提升,进而获得相对更多的财富。但事实上作为高知识、高学历的高校青年教师群体在改革巨变的进程中并没有获取与他们苦读多年相匹配的财富收入。在如今越来越物质并越来越偏向于用财富来评估人的成功与否的时代,这种不匹配严重伤害了期望获取知识、实现人生价值、赢得别人赞誉的高校青年教师群体。高校教师本来是社会尊重度较高的职业,但因职业收入的不高而不能体面地生活,影响了高校青年教师较为强烈的尊严感。在这样的状况下,也就必然形成从关注精神追求、关注集体发展、为集体奉献转为关注物质追求、关注个人发展,形成为个人奋斗的价值观与行为取向,以满足个人的自尊需求。这种思想意识、行为方式,人生追求与前辈的巨大差异,实际上是外部世界推动着人的内心演变。这种演变使高校青年教师群体具有以下的一些显著特点:

(1)注重个人价值和能力的展现。这种展现既可以个人成果作为载体,也可以为集体工作作为载体,但难于长期默默无闻地奉献。关注个人价值与能力展现的物质回报(第23题A项:365人次选择,占65.05%)。

(2)看重对生活品质的追求。那种甘于清贫、艰苦奋斗精神在个体中可能存在,但在群体中难于普遍存在(第23题E项:241人次选择,占42.96%)。贫穷有损尊严及贬损自身价值。

(3)勇于创新和挑战既定规则。高校青年教师具有较强的独立判断能力,从网络获取大量信息(而不像前辈教师主要从电视报刊等主旋律媒体获取信息),容易接受新事物,对不合理的制度勇于提出不同意见(第23题B项:241人次选择,占42.96%)。

(4)关注自我发展高于关注集体发展。对学校归属感不强,在看不到发展空间时,选择继续为学校发展贡献自己才智的人数在561人中仅为128人,占22.82%(问卷第21题G项数据统计)。学校只是一个安全稳定的避风港,一旦有更多好处获取的地方便会扬帆而去。

(5)重物质激励,轻精神激励。在生活未达到小康标准的状况下,关注物质满足高于精神满足,注重眼前利益多于长远利益,功利化取向明显。(问卷第21题有72.37%人选择薪酬待遇提高;第28题有85.74%的人选择奖金薪酬激励方式)。

(6)民主意识强,讨厌形式主义作风及官本位文化,对无法改变的现象采取回避态度,消极抗争(问卷第30开放题反馈)。

(三)上海高校青年教师群体诉求倾向及渠道

高校青年教师背负着承重的担子,上要赡养老人,下要养育子女,又遭遇高房价时代,加之上海作为人才高地和经济发达的都市,竞争成本与生活成本都要高于内地其他城市,生活压力大。与高校其他群体相比,入校时间短、课题申请难度大、职称晋升竞争激烈、话语权缺失、资源分配权限少、承担工作任务多等等,是高校中的弱势群体,在固有的、难以清除的论资排辈意识中,青年教师的权益容易受到损害。

上海高校青年教师诉求倾向统计图

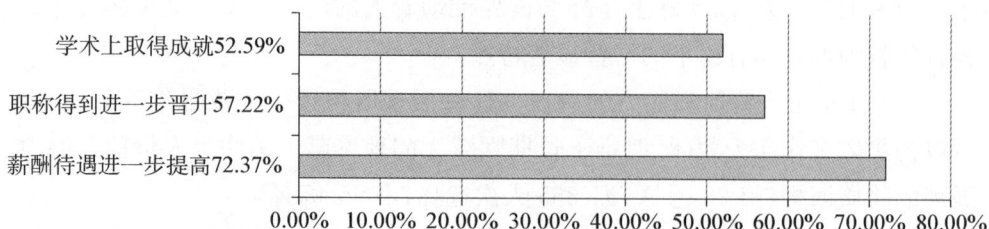

学术上取得成就52.59%
职称得到进一步晋升57.22%
薪酬待遇进一步提高72.37%

0.00% 10.00% 20.00% 30.00% 40.00% 50.00% 60.00% 70.00% 80.00%

上海高校青年教师的诉求倾向主要聚焦在薪酬、职称、职业发展三个方面。根据第 21 题统计,有 406 人选择 D 项:薪酬待遇进一步提高,占 72.37％;321 人选择 A 项:职称得到进一步晋升,占 57.22％;295 人选择 E 项:学术上取得成就,占 52.59％。在对第 22 题统计也同样发现,期待工会帮助维权的也聚焦在这三个方面,反映上海高校青年教师群体的主要诉求倾向。

这三者具有一定的内在关联,即学术成就能够促进职称提升,职称提升会提高薪酬水平。薪酬水平提高改善生活,生活改善可以腾出时间放在科研上,有助于获取学术成果,形成互动良性循环圈。但现实的家庭收入状况在前面调查中已经看到,高校青年教师群体能过上小康生活和比较富裕生活的人数仅占 18.9％。迫于生活压力忙于赚钱占据了许多的科研时间(问卷第 19 题在被问到"影响青年教师职业发展主要原因"时,有 50.62％的人选择"生活压力大,忙于赚钱")。这样状况必然影响职业发展和职称晋升,形成互动恶性循环圈。这种现象既不利于个人发展,也影响了学校发展,最终导致双输的局面。因此,高校工会应该抓住高校青年教师最为关心的这三个方面,最大限度地改善他们面临的困境。

高校工会作为教师与行政管理部门中间桥梁理应成为青年教师最合适的诉求渠道。高校工会的主要职责之一就是维护教师权益。青年教师的诉求要获得响应必须有畅通的诉求渠道。但在调查中发现,有 65.54％的人"不清楚"所在高校工会是否建立能够帮助青年教师维权说话的机构,这意味着许多高校即使建立了维权机构,许多人因不知晓使得诉求渠道徒有其名,实际上难以发挥维权作用。另有 7.86％的人表示所在高校"没有"维权机构,只有 26.61％的人明确表示"有"维权机构。前两者相加为 73.40％,这意味着有三分之二以上的青年教师失去诉求渠道。这也验证了前面的调查:青年教师对学校管理中最不满意的是"缺少倾听教师意见的渠道"。

当权益遭遇侵犯时,青年教师的第一选择是"找学校相关部门或领导反映",占总数的 61.32％;其次是"算了忍一下,和为贵",占人数 37.08％;"找学校工会维权"排在第三位,选择人数只占 21.75％。"找工会"维权排在"忍一下"之后,部分人选择忍受而不去找工会表达诉求很值得反思。至少说明一点,工会的维权形象在高校青年教师并没有获得普遍信任。

在访谈中发现,一些高校青年教师对高校工会的维权能力缺乏信任。在问卷中罗列了一些可能影响高校工会的维权能力的因素。结果有 69.34％的人认为"学校工会地位弱化,无法影响行政决策",其次是"学校工会具有行政化倾向,维权意识与责任不强",占人数 51.16％。

这就告诉我们:高校工会不仅要构建畅通有效的诉求渠道,还要提升自己的维权形象。这样才能在在高校青年教师心中树立维权威望。

在诉求渠道构建方面,课题组提出如下建议:

(1) 构建教代会下的青年教师诉求渠道。随着教代会流程越来越规范,来自各方的诉求越来越得到重视。高校工会可以在教代会框架中成立专门的青年教师发展委员会。委员会的职责就是倾听青年教师的呼声,维护青年教师的利益,促进青年教师的发展,并赋予其在涉及青年教师利益的决策时具有听证权与议事权。此外,为了扩大青年教师的话语权,可以提高青年教师代表的比例,让青年教师从关注个人同时转向关注集体与学校的事务。

(2) 建立网络诉求渠道。高校工会应改变目前主要依赖座谈会、个体接待等单向、被动、慢速且覆盖面有限的倾听诉求的传统手段,应充分利用网络平台来构建双向、主动、快速、覆盖面广泛的青年教师共同诉求渠道,如网络微信平台就是一个很好的、具有沟通、倾听、互动功能的联络工具,成本低,时效快,高校工会可以作为诉求渠道予以建设,可以不受时空限制随时听取青年教师的意见,了解他们的真实想法,同时增进情感交流,赢得彼此互信。

(四) 高校工会帮助青年教师成长的几点建议

在当今价值多元、物质丰富、利益群体复杂的社会形态中,高校工会不能仅仅定位于福利型工会,把主要精力放在开展文体、表彰、竞赛等活动上而忽视涉及民生与发展的群体利益诉求。青年教师幸福指数不会因一时的活动快乐而持续提升,只有解决根本的问题才能持久地保持工作与生活的积极情绪。高校工会应该成为有思想的工会,根据高校青年教师的新特点,通过倾听、沟通、维权、

引导等来帮助青年教师获得职业发展。课题组在问卷调查与访谈的基础上,提出如下建议:

1. 转变工作理念

许多高校工会行政化色彩浓厚,习惯于闭门决策,自上而下发布指令,活动追求数量而不求质量,往往表面轰轰烈烈,而实际效果欠佳,形式主义作风明显。高校工会要树立以人为本的工作理念,工作视角从宏观转向微观,将自上而下的工作习惯转变为自下而上的民意了解,以人为本,将一味倡导为集体奉献的空洞口号变为学校与个人共同和谐发展的更为切实可行的行为目标。这更加贴近青年教师实际需求,增强工作的有效性与针对性。

2. 增强高校工会的话语权

与行政部门相比,高校工会经常被简单地看作是搞搞福利、办办活动的边缘组织。高校青年教师对工会的认知决定着工会在他们心目中的可依靠程度。这些认知包括工会在高校中的地位,工会的话语权强弱,工会的实际作为程度等等。如果工会对他们的合理诉求不能对行政部门形成足够的影响力,那工会构建的任何的诉求渠道就会变得形同虚设。提高话语权首先要得到高校党委的支持,并在制度上保证重大决策要举行在工会召集与主持下的听证会。其次,工会要推进教代会民主建设的进程,将涉及教师尤其是青年教师利益的规章制度建设都要纳入民主表决程序。

3. 提升参政议政的能力

高校是人才汇聚之地,高校工会应当充分利用学校智库优势,主动对学校发展、资源分配、青年教师培养、工资改革等核心决策进行专项课题调研,并提供相关部门决策参考,经过调研论证形成的高质量的建议有助于提高管理部门的决策质量,同时也能提高工会在学校中的地位。高校工会还可以利用教代会平台推进民主管理、民主参与、民主监督在制度建设方面的力度。这些有助于提高高校工会对决策的影响力,树立高校工会维权威望,提升高校工会在青年教师心目中的威望。

4. 为青年教师制定职业发展规划

高校青年教师是整个社会青年群体中的精英,是人力资源中最宝贵的人才资源,是学校未来发展的保证。构建适合青年教师发展的制度环境,营造适合青年教师成长的土壤,助推青年教师脱颖而出,是高校工会的使命。青年教师的职业发展问题是解决其他问题的根本,科研与教学能力提升能促进职称的晋升,职称的晋升能提高薪酬水平,改善生活状况,并满足赢得他人尊重的自尊需求。高校工会利用自身优势可以聚合多方面专家,为青年教师职业发展制定计划,在科研与教学上对青年教师进行定期的单个式或会诊式的指导。通过这些强有力的举措,能够帮助青年教师迅速成长。

5. 加强对青年教师的人文关怀

高校工会在青年教师遭遇生活与工作困难时要及时给与关怀,并使之成为一种制度。高校工会可以通过爱心基金传递关爱,通过法律援助传递帮助,通过文体活动传递快乐,通过心理咨询传递抚慰,通过牵手相助传递真情……这种情感关怀是物质关怀无法取代的,高校工会在此方面可以大有作为,努力营造一个具有浓郁大家庭氛围的温馨环境,让他们觉得是学校的主人,让校园成为他们工作与生活的乐园,让学校成为青年教师心灵寄托的港湾,增强他们对学校的归属感与忠诚度。

6. 引导青年教师的价值取向

高校工会在帮助青年教师努力改善生活质量的同时,应积极引导高校青年教师从偏重物质价值的追求转向偏重精神价值的追求,将个人的自尊感与成就感建立在个人对学校的奉献上而不是仅仅在物质满足上,从关注个人发展需求转向关注个人与集体互动发展的需求上。只有在正确的价值取向引导下,高校青年教师才能呈现最大的人才价值效应。

参 考 文 献

1. 郭维平.高校教师品德结构域建构过程分析.现代教育科学,2008(4).
2. 李宝富,周昕.大学青年教师的职业尊严构成特点与形成分析.中国职工教育,2012(14).
3. 吴彦璐.天津高校青年教师现状问卷调查报告,社科纵横,2012(1).
4. 梅萍.高校青年教师的生存压力与人生信仰状况的调查报告.广西教育学院学报,2010(6).

附录:

上海高校青年教师对工会诉求调查问卷

本问卷旨在了解上海高校青年教师的特点及对工会诉求的现状,以便改进工会工作,更好地为青年教师提供服务与支持。

本问卷匿名调查,请根据实际情况填写,您的真实感受将决定问卷数据统计的真实性及可靠性,并影响决策的有效性及针对性。

本问卷调查对象为 1970 年(含 1970 年)以后出生的、在高校从事教学和科研工作的教师。

本问卷共设置 30 道题目,请根据题目要求在您认为符合的题目选项前打"√"。

衷心感谢您的支持与配合!

课题组
2014 年 2 月

一、基本情况

1. 您所在高校名称:_____

2. 您出生在:　　　　　Λ. 1970—1979 年　　　B. 1980—1989 年

3. 您的性别是:　　　　A. 男　　　B. 女

4. 您的学科背景是:　　A. 理科　　B. 工科　　　C. 文科

5. 您的学历是:　　　　A. 本科　　B. 硕士　　　C. 博士

6. 您的职称:　　　　　A. 初级　　B. 中级　　　C. 副高　　D. 正高

7. 个人家庭状况:　　　A. 未婚　　B. 已婚无小孩　　C. 已婚有小孩

8. 您在高校的工作年限:_____年

二、以下题目只能单选

9. 如果将幸福指数从低到高用 1—5 分进行打分,您对自己目前状况评价是
_____
　　A. 1 分　　　　　　B. 2 分　　　　　　C. 3 分　　　　　　D. 4 分
　　E. 5 分

10. 您生活中使用微博或微信等网络社交工具的频度为_____
　　A. 天天使用　　　　　　　　　　B. 经常使用
　　C. 有时使用　　　　　　　　　　D. 偶尔使用
　　E. 从来不用

11. 您对目前工作的感受是_____
　　A. 压力很大　　　B. 压力一般　　　　C. 压力不大

12. 如果看不到发展的空间,您会_____
　　A. 不受影响,继续努力做好本职工作　　B. 生活愉快就可,其他不重要
　　C. 调动工作,寻找发展机会　　　　　　D. 无所谓,到外面寻找赚钱机会

13. 您的家庭收入对维持生活_____
　　A. 比较窘迫　　　　　　　　　　B. 基本可以
　　C. 能过上小康生活　　　　　　　D. 比较富裕

14. 面对工作难题需要拿出解决方案时，您比较倾向于＿＿＿＿
    A. 自己尝试去解决　　　　　　　　B. 与同事合作攻关
    C. 找上级寻求帮助　　　　　　　　D. 请教前辈

15. 您觉得要取得工作上成就，最主要的是＿＿＿＿
    A. 依靠个人奋斗　　　　　　　　　B. 依靠与他人合作
    C. 依靠学校支持　　　　　　　　　D. 依靠系科发展

16. 您所在学校或工会是否有为教师维权的机构＿＿＿＿
    A. 有　　　　　　B. 没有　　　　　　C. 不清楚

17. 您对学校教代会推进民主管理、民主参与、民主监督方面是否抱有信心？
    A. 有信心　　　　　B. 有一些信心　　　　　C. 没信心

三、以下题目可单选，也可多选

18. 您选择高校教师这个职业主要原因是＿＿＿＿
    A. 喜欢做学术研究　　　　　　　　B. 喜欢向学生传播知识
    C. 有较好的薪酬待遇　　　　　　　D. 工作稳定有安全感
    E. 职业受人尊重　　　　　　　　　F. 有发展机会
    G. 良好的文化氛围　　　　　　　　H. 有较多自由支配时间
    I. 其他＿＿＿＿

19. 您认为目前影响青年教师职业发展主要原因是＿＿＿＿
    A. 自身科研能力不足　　　　　　　B. 生活压力大，忙于赚钱
    C. 上升通道窄、竞争激烈　　　　　D. 学校对培养重视不够
    E. 职称评定制度不合理　　　　　　F. 工作忙，影响科研
    G. 教学水平提高较难　　　　　　　H. 其他＿＿＿＿

20. 学校管理中您不太满意的是＿＿＿＿
    A. 缺少教师维权机构　　　　　　　B. 规则执行不公开、暗箱操作
    C. 官本位文化　　　　　　　　　　D. 缺少倾听教师意见的渠道
    E. 做事浮夸、形式主义作风　　　　F. 决策不民主
    G. 忽视青年教师的培养　　　　　　H. 其他＿＿＿＿

21. 您在工作上比较期待的是＿＿＿＿
    A. 职称得到进一步晋升　　　　　　B. 教学得到学生的认可
    C. 所在系科获得发展　　　　　　　D. 薪酬待遇进一步提高
    E. 学术上取得成就　　　　　　　　F. 付出能得到大家认可
    G. 为学校发展奉献自己才智　　　　H. 其他＿＿＿＿

22. 您现在或未来可能需要工会帮助维权的有＿＿＿＿
    A. 职称评审、职务晋升　　　　　　B. 劳动合同纠纷
    C. 绩效工资　　　　　　　　　　　D. 进修学习
    E. 教学考核　　　　　　　　　　　F. 其他＿＿＿＿

23. 与身边老教师相比,您觉得青年教师_____
    A. 更注重个人价值和能力的展现　　　B. 更勇于创新和挑战既定规则
    C. 关注个人发展甚于系科发展
    D. 更在乎是否被社会或他人认可
    E. 对生活品质的追求更为看重

24. 您最希望学校工会_____
    A. 为青年教师多谋福利
    B. 为青年教师职业发展有所作为
    C. 帮助青年教师维护权益　　　D. 帮助青年教师克服生活困难
    E. 多开展文体活动,丰富生活　　　F. 其他_____

25. 您认为影响学校工会维权能力的消极因素是_____
    A. 不能得到学校领导的重视和有力支持
    B. 学校工会地位弱化,无法影响行政决策
    C. 学校工会具有行政化倾向,维权意识与责任不强
    D. 纠纷处理过程缺少公平、公正、公开的制度化保障
    E. 其他_____

26. 您比较关注学校哪方面信息?
    A. 学校及系科的发展计划、政策等
    B. 学校及系科的财务、人事政策等
    C. 与本人工作相关的教学、科研政策等
    D. 与本人相关的薪酬、福利政策等
    E. 与本人发展有关的晋升、奖惩政策等　　F. 其他_____

27. 您觉得目前青年教师需要提高的是_____
    A. 教学能力　　　B. 科研能力　　　C. 将知识应用到实践的能力
    D. 奉献精神　　　E. 师德师风建设　　　F. 其他_____

28. 您最喜欢以下哪种激励形式?
    A. 增加薪酬奖金　　　B. 荣誉表彰:评为先进人物
    C. 晋升您的职位　　　D. 为您工作提供更好条件
    E. 宣传您的好事迹,让大家知晓

29. 当您的权益遭遇侵犯时,您会_____
    A. 找学校相关部门或领导反映　　　B. 找学校工会维权
    C. 算了忍一下,和为贵　　　D. 学校不解决找上级主管单位
    E. 诉诸法律

30. 您对学校工会在倾听教师诉求与维权方面如有宝贵建议,请写在以下空栏:

_____

_____

高校教工小家评价指标体系调查报告[*]

蔡迎春^{**}

本次调查主要针对高校教工小家考核评价指标体系，从总体评价、领导支持、思想教育职能、民主管理职能、活动与培训职能、维权服务职能、自身建设职能、教工小家实体调查以及特色创新工作等九个方面开展。

问卷不仅对高校教工小家评价体系的总体指标，各分项子指标的重要性进行详细的分类调查，还对学校工会、二级工会、教职工三方在评价体系中的权重比也进行了问卷统计，最后通过数据分析，对教工小家评价的总体指标、各子指标的重要性进行排序，并计算出三方权重比例，为高校教工小家评价指标体系的构建提供数据支撑。问卷同时还围绕评价指标，对目前工会教工小家建设现状开展调研。

本次调查共发放问卷 439 份，回收问卷 289 份，其中参与者问卷 310 份，回收 207 份，二级管理者问卷发放 104 份，回收 75 份，上级管理者问卷发放 25 份，回收 7 份。参与问卷调研学校包括华东政法大学、上海电力学院、上海海洋大学、复旦大学、同济大学、上海理工大学、华东理工大学、上海大学、上海外国语大学、上海工程技术大学、上海商学院等 13 所高校。

* 本文系 2015 年上海师范大学工会课题"高校教工小家建设研究"的成果。
** 蔡迎春，上海师范大学图书馆副馆长、副研究馆员。

一、总体评价

(一)问卷数据分析

1. 评价参与度与三方评价权重

	参与度	评价重要性			三方评价权重		
		重要	中立	不重要	学校工会	二级工会	教职工
学校工会	85.71%	100%			29.29%	27.5%	42.86%
二级工会	77.14%	88.89%	8.33%	2.78%	33.03%	28.1%	38.88%
教职工	17.87%	77.78%	14.5%	1.45%	27.27%	26.54%	46.57%
平均					29.86%	27.38%	42.77%

在对教工小家开展的考核评价方面,学校工会和二级工会参与评价的比例较高,分别为85.71%和77.14%,教职工的评价参与度远远低于学校和二级工会,问卷数据显示,仅有17.87%的人参与过考核评价。

调研显示,在考核评价对"教工小家"建设的重要性的认识方面,绝大部分人都认为比较重要或非常重要,但学校工会、二级工会和教职工三方略有差别,学校工会认为评价的重要性达到100%,二级工会89%的人认为重要,教职工对评价重要性的看法稍低,只有占调查人数78%的人认为开展评价比较重要。二级工会和教职工中,还有超过10%的人保持中立或认为不重要。

但与上述考核评价参与度与重要性看法相反的是,在对评价主体的权重的选择上,无论学校工会、二级工会还是教职工本身,均认为教职工评价的权重比应该较大。三方对教职工在考核评价中权重的比例,基本都超过40%,而对学校工会和二级工会在考核评价中的权重,则基本持平,接近30%。

2. 评价指标重要性排序

	领导支持	民主管理	特色创新	活动培训	维权服务	自身建设	思想教育	其他
学校工会	19.29%	16.43%	15.83%	13.57%	15%	11.67%	10%	12.5%
二级工会	24.71%	15.18%	13.84%	12.79%	12.21%	12.79%	10.15%	16.25%
教职工	23.34%	12.44%	13.81%	13.93%	12.72%	14.66%	10.73%	12.5%

续　表

	领导支持	民主管理	特色创新	活动培训	维权服务	自身建设	思想教育	其他
平均	22.45%	14.68%	14.49%	13.43%	13.31%	13.04%	10.29%	13.75%
排序	1	2	3	5	6	7	8	4

对于评价指标的重要性方面,根据学校工会、二级工会和教职工三方打分平均排序依次为:(1)领导支持;(2)民主管理;(3)特色创新;(4)活动培训;(5)维权服务;(6)自身建设;(7)思想教育。三方均认为,在教工小家的建设中,来自领导的支持是最重要的,其重要性高于排序第二的民主管理 7 个百分点,其次为民主管理、特色创新,也是较为重要的考核指标,而活动培训、维权服务、自身建设重要性相对较低,尤以思想教育的重要性排名最后,分值明显低于上述各指标。

(二) 问卷调研结论

1. 无论是学校工会、二级工会还是教职工,三方均认为开展对教工小家的考核评价非常重要。

2. 目前对教工小家建设的评价,基本都来自于上级单位和教工小家的建设者,即学校工会和二级工会本身,而教工小家服务的主体成员,即教职工,对考核评价的参与度很低,甚至可以说并没有完全真正参与教工小家的考核评价。

3. 根据调研结果,如果对教工小家开展三方评价,教职工评价的权重应为40%,而学校工会和二级工会的权重比各占 30% 较为合理。

4. 总体评价指标重要性排序为:(1)领导支持;(2)民主管理;(3)特色创新;(4)活动培训;(5)维权服务;(6)自身建设;(7)思想教育。

二、党政领导对教工小家的支持

党政领导对教工小家的支持的评价指标,主要从政务公开、见面沟通、领导参与工会活动,以及工会的预算和硬件投资等几个方面开展调研。

(一)问卷数据分析

1. 指标重要性排序

选　项	学校工会	二级工会	教职工	平均分	排序
对工会活动予以经费支持	4.7	4.7	4.6	4.67	1
对教工小家硬件建设予以支持	4.7	4.6	4.5	4.6	2
工会主席参加或列席党政联席会议	5	4.6	4.2	4.6	2
积极参与工会组织的活动	4.6	4.6	4.3	4.5	4
实施政务公开,接受教代会代表监督	4.6	4.5	4.3	4.47	5
将工会工作列入单位工作计划与年度总结专项内容	4.6	4.3	4.2	4.37	6
定期与教代会代表见面沟通	4.3	4.3	4.1	4.23	7
其他		4	3.7	3.85	8

党政领导对教工小家的支持方面,学校工会、二级工会及教职工三方均认为,对"工会活动予以经费支持"是最重要的,其次为"对教工小家硬件建设支持""工会主席参加或列席党政联席会议"以及"积极参与工会组织的活动"。而是否与教代会代表、工会会员见面沟通,是否列入单位工作计划,是否实施政务公开等指标的重要性相对较低。

2. 工会预算及教工小家硬件投资

工会预算							
	无	5000元以下	5000—10000元	10000—30000元	30000—50000元	50000元以上	不清楚
学校工会			14.29%			14.29%	71.43%
二级工会	12.33%	21.92%	17.81%	12.33%	8.22%	2.74%	24.66%
教职工	2.90%	6.28%	7.25%	10.14%	1.93%	2.90%	68.12%
工会预算用于教工小家硬件投资							
学校工会			14.29%			14.29%	71.43%
二级工会	21.43%	21.43%	12.86%	7.14%	1.43%	1.34%	34.29%
教职工	3.86%	11.11%	10.63%	1.93%	2.90%	0%	67.63%

根据党政领导对教工小家支持重要性指标的排序,经费支持及硬件投资是党政领导对教工小家支持最重要的指标,但从来自二级工会的问卷数据显示,二级工会的经费预算及硬件投资,并不乐观。接受调查的 13 所高校的 75 个二级工会中,超过半数的二级工会预算低于 10000 元,低于 5000 元甚至没有预算的二级工会也高达 34％以上;同时超过 40％的工会硬件投资低于 5000 元,其中 20％以上的工会没有进行过硬件投资。另外,二级工会有 24.66％的问卷选择不清楚预算情况,34.25％的问卷选择不清楚硬件投资情况;教职工选择不清楚的比例更高,均超过 67％,从一个侧面说明高校二级工会财务状况透明度、政务公开程度有所欠缺是一个较为普遍的情况。

3. 工会主席参加或列席党政班子联席会

	从不参加	偶尔参加	经常参加	每次都参加	不清楚
学校工会		28.57％	42.86％		28.57％
二级工会	12.9％	11.29％	11.29％	59.68％	4.84％
教 职 工	2.90％	8.70％	18.84％	34.78％	32.85％

根据问卷统计,参与调查的 75 个二级工会中,31.43％工会主席是党政领导,68.57％的工会主席不是党政领导。虽然不是党政领导的工会主席比例较大,但从来自二级工会的问卷显示,经常和每次都参加党政班子联席会的比例超过 70％,也就是说非党政领导的工会主席经常列席党政班子联席会,说明大部分二级单位对工会工作的重视程度还是比较高的。

4. 领导参与工会活动频次

	从不参加	1—3 人次	4—6 人次	7—9 人次	10 人次或以上	不清楚
学校工会		28.57％	28.57％		42.86％	
二级工会		28.17％	25.35％	4.23％	35.21％	7.04％
教 职 工	0.48％	20.29％	20.29％	6.76％	28.50％	23.19％

参与工会活动也是二级单位领导对教工小家支持的重要指标之一,问卷结果显示,二级单位的领导都至少参与过 1 次以上的工会活动,参与过 10 人次以上的比例也在 30％左右,领导参与度和参与积极性相对较高。

5. 政务公开及见面沟通频率

政务公开频率							
	从不	1次/年	1次/学期	1次/2月	1次/1月	更短时间1次	不清楚
学校工会		42.86%	14.29%				42.86%
二级工会	2.78%	33.33%	33.33%	4.17%	6.94%	6.94%	9.72%
教职工	0.97%	26.57%	18.84%	7.25%	4.83%	6.28%	35.27%
见面沟通频率							
学校工会		28.57%	28.57%				42.86%
二级工会	2.78%	23.61%	36.11%	6.94%	6.94%	11.11%	12.5%
教职工	0.97%	16.43%	24.64%	6.76%	6.28%	5.80%	38.16%

在政务公开和二级单位领导与教代会代表、会员见面沟通频率方面,三方的选择基本一致,大部分选项为一年一次或一个学期一次,当然也有少部分学校的二级工会和教职工认为从来没有进行过政务公开或领导从不与代表沟通,选择一至两个月,或者更短时间开展政务公开、与代表沟通的学校,也有一定的数量。

值得关注的是,在学校工会对二级工会政务公开和与教代会代表见面沟通频率上,选择不清楚的比例均高达 42.86%,一定程度上说明学校工会对其下属二级工会的管理有疏忽之处,作为上级单位,并未完全充分了解下属工会的工作情况。另外,教职工在上述两种频率的选项上,不清楚的比例高达 35% 以上,包括二级工会本身在两个频率的选择上,也有 10% 左右的比例为不清楚。一方面说明二级工会工作的覆盖面不够广,另一方面也说明我们一部分职工对工会工作不是特别关心。

(二) 问卷调研结论

1. 领导教工小家支持指标重要性排序依次为:(1)经费支持;(2)硬件建设支持;(3)工会主席参加或列席党政联席会议;(4)参与工会组织的活动;(5)教代会代表会员见面沟通;(6)列入单位工作计划;(7)实施政务公开。

2. 虽然三方一致认为经费支持和硬件建设支持是最为重要的指标,但调查显示,二级工会的经费预算及硬件投资,并不乐观。

3. 虽然大部分工会主席不是党政领导,但经常列席党政班子联席会的比例较高,大部分二级单位对工会工作较为重视。

4. 二级单位领导参与工会活动的参与度和参与积极性较高。

5. 二级工会财务状况透明度、政务公开程度不够是一个较为普遍的状况。

6. 学校工会对其下属二级工会的管理方面存在一定的疏忽,作为上级单位,并未完全充分了解下属工会的工作情况;二级工会工作的覆盖面广度上尚有所欠缺;部分职工对工会工作不关心。

三、思想教育职能

对二级工会思想教育职能评价指标的重要性,主要从表彰先进、关心职工成长、进行职业教育、女教工教育和组织政治学习活动等几个方面开展调研。

(一) 问卷数据分析

1. 思想教育职能重要性指标排序

选　项	学校工会	二级工会	教职工	平均分	排序
表彰、宣传各类先进人物、事迹	4.17	4.33	3.98	4.34	1
关心青年教工在政治思想上的健康成长	4.57	4.31	4.04	4.31	2
开展"三育人"教育和职业道德建设活动	4.71	4.14	3.92	4.26	3
坚持在女教工中组织开展"四自"教育活动	4.43	4.3	4	4.24	4
配合本部门党组织开展面向广大会员的政治学习活动	4.29	3.94	3.75	3.99	5
其他		4	3.69	3.85	6

根据问卷数据,二级工会思想教育职能指标的重要性,从三方评价的平均数来看,最重要的指标是"表彰宣传各类先进人物事迹",其次为"关心青年教工在政治思想上的健康成长",再次为其他一些教育活动和政治学习活动。与三方评价平均数排序稍有不同的是,教职工单方评价指标的选择上,重要性排第一位的是"关心青年教工在政治思想的健康成长",说明教职工更加关心工会能否给予

自己在成长过程中的帮助。而学校工会重要性排第一位的是"开展'三育人'教育和职业道德建设活动",说明学校更注重工会教育职能的发挥。重要性选择上的差异,反映出学校和教职工的着眼点有所不同,要求也有所不同。

2. 表彰宣传各类先进人物事迹频次

	从不开展	1次/年	1次/学期	1次/2月	1次/1月	更短时间 1次	不清楚
学校工会		28.57%	14.29%		14.29%	14.29%	28.57%
二级工会	4.11%	53.42%	20.55%	2.74%	0%	5.48%	9.59%
教 职 工	3.38%	33.33%	26.57%	2.90%	0.48%	1.93%	29.95%

"表彰宣传各类先进人物事迹"作为二级工会思想教育职能最重要的评价指标,三方的选择基本一致,大部分选项为一年一次或一个学期一次,略有不同的是,学校工会还有将近30%的比例选择一个月或更短时间一次。少部分学校的二级工会和教职工认为从来没有开展过表彰和宣传活动。教职工中,选择不清楚是否开展表彰活动的比例也有将近30%。

3. 政治学习、教育活动频次

政治学习频次							
	从不	1次/年	1次/学期	1次/2月	1次/1月	更短时间 1次	不清楚
学校工会		14.29%	14.29%	14.29%			57.14%
二级工会	8.57%	8.57%	54.29%	5.71%	12.86%	4.29%	5.71%
教 职 工	4.35%	9.66%	28.99%	10.14%	7.25%	0.97%	38.16%
开展"三育人"和职业道德教育频次							
学校工会		14.29%	14.29%	14.29%		42.86%	42.86%
二级工会	5.48%	16.44%	46.58%	9.59%	4.11%	4.11%	10.96%
教 职 工	3.38%	10.63%	34.30%	7.25%	3.86%	2.42%	37.68%
青年教工政治思想教育频次							
学校工会		14.29%	28.57%			14.29%	42.86%
二级工会	8.22%	17.81%	41.10%	13.70%	5.48%	4.11%	6.85%

续　表

青年教工政治思想教育频次						
教 职 工	2.42％	11.11％	30.43％	9.18％	3.38％	3.38％	40.58％

向女教工开展"四自"教育活动频次						
学校工会		14.29％	28.57％			14.29％	42.86％
二级工会	9.59％	21.92％	35.62％	4.11％	6.85％	4.11％	13.70％
教 职 工	2.42％	14.01％	26.09％	5.31％	3.86％	1.45％	44.93％

在政治学习和教育活动开展方面,三方大部分选项仍为一年一次或一个学期一次,上述四种不同的学习和教育活动,如果每年或每学期都如期开展的话,数量并不少,应该说学习教育活动开展得还是比较多的,但也有少部分二级工会和教职工选择从不学习或从不开展教育活动。值得提到的是,学校工会和教职工中,选择"不清楚"的比例非常高,几乎都达到40％以上。一方面说明学校工会以管理为主,教育活动主要在二级工会开展;另一方面也反映出教职工并不太重视,甚至不关心工会组织的学习和教育活动,参与度也相对较低。

(二) 问卷调研结论

1. 二级工会思想教育职能评价指标重要性排序依次为：(1)表彰宣传各类先进人物事迹;(2)关心青年教工在政治思想上的健康成长;(3)开展"三育人"教育和职业道德建设活动;(4)坚持在女教工中组织开展"四自"教育活动;(5)配合本部门党组织开展面向广大会员的政治学习活动。

2. 学校工会和教职工对二级工会思想教育职能的要求有差异,前者注重工会教育职能的发挥,而后者更关心工会能否给予自己在成长过程中的帮助。

3. 虽然表彰宣传活动评价指标排列重要性的第一位,但教职工选择不清楚是否开展表彰活动的比例也有将近30％,说明表彰宣传的覆盖范围需要进一步扩大。

4. 工会的思想教育职能作用有待提高,选择"不清楚"比例居高,说明教职工并不太重视和关心工会组织的各种学习教育活动,或者说工会组织的学习教育活动,并未给予职工以实质性的帮助。因此,对于二级工会来说,要更多地从自身找原因,组织的教育学习活动是否流于形式,内容是否对职工有帮助并且容易让职工接受,活动形式是否丰富有吸引力等等。

四、民主管理职能

教工小家民主管理职能评价指标的重要性主要从教代会代表选举的民主程度、教代会制度健全、民主管理与监督、行政领导作报告接受审议、职工切身利益事项交教代会代表表决、教职工为校院改革建言献策以及组织提案征集和处理反馈工作等方面开展调研。

(一) 问卷数据分析

1. 民主管理职能评价重要性排序

选　　项	学校工会	二级工会	教职工	平均分	排序
将涉及教职工切身利益的重要事项提交二级教代会代表表决通过	5	4.62	4.37	4.66	1
二级教代会制度健全,每年至少召开一次教代会	5	4.58	4.25	4.61	2
行政领导定期向代表作工作报告、财务报告并接受审议	4.86	4.48	4.25	4.53	3
建立和推进本单位政务公开渠道,组织教职工参与木部门的民主管理与监督	4.71	4.52	4.24	4.49	4
积极组织提案征集和处理反馈工作,提高提案质量	4.68	4.48	4.32	4.49	4
按时选举,严格按民主程度产生教代会代表,二级教代会的代表构成符合规定	4.71	4.54	4.2	4.48	6
组织教职工积极为校院改革发展建言献策	4.71	4.46	4.25	4.47	7

根据问卷数据,二级工会民主管理职能指标的重要性,从三方评价的平均数来看,最重要的指标是将"教职工切身利益事项提交二级教代会代表表决通过",其次为"二级教代会制度健全"及"行政领导定期向代表作工作、财务报告"等与教代会建设密切相关的事项,反映出学校工会、二级工会及教职工三方都比较注

重通过教代会来行使民主管理职能。

2. 二级单位就职工切身利益及"三重一大"事项进行教代会表决的频率

	从不表决	偶尔表决	经常表决	每次都表决	不清楚
学校工会		14.29%	57.14%	28.57%	
二级工会	4.11%	19.18%	34.25%	24.66%	16.44%
教职工	2.90%	16.91%	15.94%	21.74%	41.55%

涉及教职工切身利益的重要事项,包括教职工福利制度、校内分配实施方案,以及教职工聘任、考核、奖惩办法等。行政单位就涉及教职工切身利益的重要事项进行教代会代表表决的频次,三方各有差异,学校工会"经常表决"和"每次都表决"两个选项的选择达到85%以上,二级工会也接近60%,但从教职工的角度来看,"经常"以上的表决率不足40%,而选择"不清楚"是否表决的则超过40%。二级工会和教职工选择"偶尔表决"和"从不表决"的比例也在20%左右。

3. 二级单位召开教代会频次及行政领导向教代会代表作工作报告、财务报告频次

二级单位召开教代会频次						
	从不	1次/年	1次/学期	1次/2月	1次/1月	更短时间1次	不清楚
学校工会		85.71%	14.29%				
二级工会	6.85%	61.64%	19.18%	2.74%		2.74%	5.48%
教职工	2.42%	44.93%	17.87%	2.90%	0.48%	0.48%	27.54%
二级单位行政领导向教代会代表作工作报告、财务报告频次						
学校工会		85.71%	14.29%				
二级工会	4.11%	61.64%	19.18%	0	0	4.11%	9.59%
教职工	1.93%	45.89%	14.49%	1.93%	1.45%	0.97%	31.88%

二级单位召开教代会频次及行政领导向教代会代表作工作、财务报告的频次,学校工会、二级工会和教职工三方的选择保持高度一致,选择"一年一次"的比例分别为85%、61%和45%。另外,还有20%左右的选择为"一个学期一次"。两项频次的高度一致,也许可以从一个侧面理解为,二级单位召开教代会,

大部分会议内容就是通报工作报告和财务报告。

4. 教代会每年向学校教代会提交提案的数量

	不提交	1—3 份	4—6 份	7—9 份	10 份或以上	不清楚
学校工会		28.57%	14.29%		42.86%	14.29%
二级工会	2.74%	42.47%	16.44%	5.48%	9.59%	20.55%
教职工	0.48%	23.67%	8.70%	6.28%	5.80%	53.62%

二级工会教代会每年向学校提交提案的数量,大部分在 1—6 份之间,学校工会选择提交 10 份以上提案的比例超过 40%,二级工会和教职工 10 份以上提案提交的比例在 10% 以下。教职工选择"不清楚"的比例居高,超过 50%,一部分原因是大部分教职工并非教代会代表,教代会可能未把提案提交情况向教职工汇报,当然还有部分原因是教代会向教职工作过汇报,但普通教职工不关心提案提交情况也有很大关系。

5. 提案获得学校优秀提案奖的比例

	无	10%以下	10%—20%	20%—30%	30%—50%	50%以上	不清楚
学校工会		14.29%	42.86%		14.29%		28.57%
二级工会	4.11%	61.64%	19.18%	0	0	4.11%	9.59%
教职工	1.93%	45.89%	14.49%	1.93%	1.45%	0.97%	31.88%

提案获得学校优秀提案奖的比例大多数在 20% 以内,但学校工会与二级工会和教职工的选择略有不同,学校工会选择 10%—20% 的提案获优秀奖的比例较高,达到 42%,而二级工会和教职工优秀提案奖大部分选择 10% 以下。

(二) 问卷调研结论

1. 二级工会民主管理职能评价指标重要性排序依次为:(1)将涉及教职工切身利益的重要事项提交二级教代会代表表决通过;(2)二级教代会制度健全,每年至少召开一次教代会;(3)行政领导定期向代表作工作报告、财务报告并接受审议;(4)建立和推进本单位政务公开渠道,组织教职工参与本部门的民主管理与监督;(5)积极组织提案征集和处理反馈工作,提高提案质量;(6)按时选举,严格按民主程序产生教代会代表,二级教代会的代表构成符合规定;(7)组织教职工积极为校院改革发展建言献策。

2. 二级单位召开教代会的主要内容是行政领导向教代会代表作工作、财务报告。

3. 就涉及教职工切身利益的重要事项进行表决,三方认识不一致,学校工会和教代会选择经常表决的比例较高,而教职工认为经常表决率明显偏低。

4. 相当部分的教职工不关心教代会提案提交和优秀提案情况。

五、活动与培训职能

教工小家活动与培训职能评价指标的重要性,主要从开展体育、文娱、技能培训以及"学术沙龙"活动等方面的情况开展调研。

(一)问卷数据分析

1. 活动与培训职能评价重要性排序

选　项	学校工会	二级工会	教职工	平均分	排序
组织开展经常性的体育健身活动	4.43	4.5	4.36	4.43	1
开展教职工技能培训和竞赛,促进教工职业发展	4.57	4.31	4.26	4.38	2
组织开展经常性的文娱活动	4.43	4.41	4.28	4.37	3
组织和支持教职工参加校内外的各种文体竞赛活动	4.43	4.37	4.28	4.36	4
建立"学术沙龙",搭建教职工学术交流平台	4.43	4.32	4.18	4.31	5
活动贴近教职工实际且形式多样,教职工参与度高	4.67				

根据问卷数据,二级工会活动与培训职能指标的重要性,从三方均参与答卷

的 5 个选项平均数来看,最重要的指标是"组织开展经常性的体育健身活动",其次为"开展教职工技能培训竞赛"以及"开展经常性的文娱活动"。"建立'学术沙龙',搭建教职工学术交流平台"的重要性排序较为靠后。但学校工会、二级工会和教职工三方各自在重要性的选择上也略有差异。在为学校工会设计的 6 个选项中,学校工会认为最重要的是"活动贴近教职工实际且形式多样,教职工参与度高",而在三方均参与的其他 5 个选项中,学校工会认为最重要的是"开展教职工技能培训和竞赛,促进职业发展",二级工会和教职工则认为开展体育、文娱活动的重要性超过技能培训。

2. 开展体育、文娱活动频次

开展体育健身活动频次						
	从不开展	1次/年	1次/学期	1次/2月	1次/1月	更短时间 1次	不清楚
学校工会		28.57%	14.29%	14.29%	14.29%	28.57%	
二级工会	1.37%	19.18%	28.77%	12.33%	6.85%	24.66%	4.11%
教 职 工	0.97%	18.84%	31.40%	10.63%	10.63%	14.01%	13.04%
开展文娱活动的频次						
学校工会		14.29%	14.29%	42.86%		28.57%	
二级工会	1.37%	20.55%	46.58%	13.70%	5.48%	8.22%	2.74%
教 职 工	1.45%	15.94%	41.06%	11.59%	8.70%	6.28%	14.49%

开展体育健身活动频次从"一年一次"到"一月一次","更短时间一次",均有一定比例的选择。尤其是"更短时间一次"的选择,无论是学校工会、二级工会,还是教职工,选择的比例都相对较高,说明高校工会开展体育健身活动比较频繁;文娱活动的选择方面,超过 40% 的二级工会和教职工选择"一个学期一次";在体育和文娱活动开展方面,学校工会、二级工会和教职工三方选择"不清楚"的比例相对较少,一定程度上说明工会组织这方面的活动较多,覆盖面较广,职工的认知度、参与度或者说关心程度也较高。

3. 开展教职工技能培训和竞赛的频率

	从不开展	1次/年	1次/学期	1次/2月	1次/1月	更短时间1次	不清楚
学校工会		28.57%	14.29%	14.29%		14.29%	28.57%
二级工会	6.85%	30.14%	26.03%	2.74%	2.74%	9.59%	19.18%
教职工	3.86%	22.22%	25.60%	3.38%	2.42%	3.86%	37.68%

　　在开展职工技能培训和竞赛的选择上,"一个学期一次"和"一年一次"的选择大致相当,合计约为50%左右。但选择"不清楚"的比例明显高于体育和文娱活动,尤其是教职工选项上"不清楚"的比例高达37.68%,也就是说对工会开展的培训和技能竞赛,职工的认知度、参与度或者说关心程度相对较低,这和教职工对评价指标重要性的认识形成正比,教职工认为开展体育、文娱活动的重要性超过技能培训,也从一个侧面说明,职工更愿意参与体育和文娱活动,对工会组织的技能培训和业务竞赛存在一定的意识盲区。

　　4. 组织校内外文体竞赛活动频次

	从不参加	偶尔参加	经常参加	每次都参加	不清楚
学校工会		14.29%	85.71%		
二级工会	0%	9.59%	57.53%	30.14%	1.37%
教职工	1.45%	13.53%	44.44%	24.15%	14.98%

　　在组织参与校内外文体竞赛活动方面,学校工会和二级工会选择"经常参加"和"每次都参加"的比例均超过85%,教职工的选择也接近80%,说明学校工会和二级工会在组织文体竞赛方面较为积极,教职工的参与度也相对较高。

　　5. 开展"学术沙龙"活动的频率

	从不开展	1次/年	1次/学期	1次/2月	1次/1月	更短时间1次	不清楚
学校工会					28.57%		71.43%
二级工会	16.44%	12.33%	26.03%	9.59%	2.74%	8.22%	20.55%
教职工	1.45%	15.94%	41.06%	11.59%	8.70%	6.28%	14.49%

在学术沙龙活动的选项上，二级工会和教职工选择相对较多的是"一个学期一次"，但选择"从不开展"和"不清楚"的也有相当的比例，说明"学术沙龙"活动在二级工会并不具有普遍性，教职工的认可度不高。学校工会更有70%以上的选择为"不清楚"，但在填写问卷的7所高校中，有2所高校工会选择"一月一次"。数据说明学校层面举办的学术沙龙活动，少数学校开展得比较多，而大多数高校的工会并未开展，或并未开展有影响的学术沙龙活动。

（二）问卷调研结论

1. 二级工会活动与培训职能评价指标重要性排序依次为：（1）组织开展经常性的体育健身活动；（2）开展教职工技能培训和竞赛，促进教工职业发展；（3）组织开展经常性的文娱活动；（4）组织和支持教职工参加校内外的各种文体竞赛活动；（5）建立"学术沙龙"，搭建教职工学术交流平台。

2. 学校工会和二级工会及教职工在活动与培训职能评价指标重要性的认识上有差异，学校工会认为最重要的是开展教职工技能培训和竞赛，促进职业发展，二级工会和教职工则认为开展体育、文娱活动的重要性超过技能培训。

3. 工会组织的体育、文娱活动较多，覆盖面较广，职工的认知度、参与度较高。而工会开展的培训和技能竞赛，职工的参与度、关心程度相较体育、文娱活动为低，职工更愿意参与体育和文娱活动，对工会组织的技能培训和业务竞赛存在一定的意识盲区。

4. 学校工会和二级工会在组织文体竞赛方面较为积极，教职工的参与度也相对较高。

5. "学术沙龙"活动在二级工会并不具有普遍性，教职工的认可度不高。学校层面举办的学术沙龙活动，少数学校开展得比较多，而大多数高校的工会并未开展，或并未开展有影响的学术沙龙活动。

六、维权服务职能

教工小家维权服务职能评价指标的重要性主要从及时反映教职工呼声、帮扶困难患病职工、关心青年教职工成才、做好教职工暑期休养、协助做好教职工体检和医保续保理赔以及参与劳动人事争议或纠纷的调解等方面开展调研。

(一) 问卷数据分析

1. 维权服务职能评价重要性排序

选　项	学校工会	二级工会	教职工	平均分	排序
协助做好教职工体检和各项医保续保理赔工作	4.86	4.62	4.56	4.68	1
参与劳动人事争议或纠纷的调解,努力维护教职工的合法权益	4.71	4.60	4.50	4.60	2
经常听取教职工的意见,及时反映教职工的呼声	4.71	4.61	4.46	4.59	3
慰问困难患病教职工,争取各种基金资助,建立帮困档案,做好走访记录	4.57	4.67	4.51	4.58	4
关心青年教职工生活成才,重视女教职工的特殊权益	4.57	4.55	4.49	4.54	5
做好教职工暑期休息休养工作	4.57	4.55	4.39	4.50	6

　　根据问卷数据,二级工会维权服务职能指标的重要性,从学校工会、二级工会和教职工三方均值来看,最重要的指标是"协助做好教职工体检和各项医保续保理赔工作",其次为"参与劳动人事争议或纠纷的调解,维护教职工的合权益"。"关心职工生活成才""做好职工暑期休养"等指标的重要性相对靠后。但与三方评价平均值稍有不同的是,二级工会和教职工对"慰问困难患病职工,争取各种基金资助,建立帮困档案,做好走访记录"这一指标的重要性选择值较高,分别位列第一和第二。

2. 每年参与教职工劳动人事争议或纠纷调解的次数

	无	1—3次	4—6次	7—9次	10次或以上	不清楚
学校工会	14.29%	42.86%				42.86%
二级工会	42.47%	21.92%	1.37%	1.37%	0	30.14%
教　职　工	21.26%	8.70%	1.45%	0.48%	0.48%	66.18%

参与劳动人事争议或纠纷的调解，努力维护教职工的合法权益是工会维权服务职能最重要的评价指标之一，调研显示，学校工会、二级工会和教职工三方绝大多数的被调查者认为本单位无此项服务或不清楚此项服务。在填写调解次数的问卷中，大部分开展过 1—3 次调解工作。没有人事争议调解或调解次数较少，一定程度上说明高校作为事业单位，劳动人事关系相对稳定，产生人事争议情况不多。但从重要性排序上看，这一职能的重要性位列第二，因此，说明高校虽然较少发生人事争议和纠纷，但学校和广大教职员工对教工小家的这一维权服务的职能是有所期待和信任的。

3. 每年为单位患病及经济困难员工争取各级资助的金额

	无	2000 元以下	2000—5000 元	5000—10000 元	10000—30000 元	30000 元以上	不清楚
学校工会		14.29%	28.57%		14.29%		42.86%
二级工会	5.48%	8.22%	27.40%	16.44%	10.96%	8.22%	19.18%
教 职 工	1.93%	19.32%	10.14%	12.08%	2.42%	0.48%	53.14%

绝大部分二级工会都发挥了为患病及经济困难员工争取各级资助的服务职能，从二级工会的问卷数据来看，大部分二级工会每年争取到的资助经费在2000—5000 元之间，约有 8% 的二级工会争取到的资助经费超过 30000 元，也有5.48% 的二级工会没有此项资助。

4. 二级工会听取教职工意见的频率

	从不开展	1次/年	1次/学期	1次/2月	1次/1月	更短时间1次	不清楚
学校工会		14.29%	28.57%			28.57%	28.57%
二级工会		15.07%	42.47%	2.74%	1.37%	21.92%	10.96%
教 职 工	0.97%	15.94%	28.02%	3.86%	6.76%	14.01%	30.43%

在听取教职工意见方面，学校工会、二级工会和教职工三方的选择最多的为"一个学期一次"，低于 1 个月的"更短时间 1 次"的选项，也为数不少。说明二级工会关心教职工呼声，听取教职工意见方面的工作做得比较好。

5. 关心青年教工成才,重视女教工特殊权益

	是	否	不清楚
学校工会	71.43％		28.57％
二级工会	83.56％	5.48％	9.59％
教 职 工	64.25％	1.93％	31.88％

在关心青年教工成才,重视女教工特殊权益方面,学校工会、二级工会和教职工三方绝大部分选择是肯定的,但否定答案也有一定比例,尤其是二级工会,作为发挥这一职能的主体机构,居然有 5.48％ 的选择是不关心青年教工,不重视女教工权益,产生这一答案的原因,有待进一步调研考察。另外,学校工会和教职工约有 30％ 左右的选择是"不清楚",一定程度上说明学校工会对二级工会的了解和管理不到位,二级工会对教职工的关心覆盖面和深度不够。

(二) 问卷调研结论

1. 二级工会维权服务职能评价指标重要性排序依次为：(1)协助做好教职工体检和各项医保续保理赔工作;(2)参与劳动人事争议或纠纷的调解,努力维护教职工的合法权益;(3)经常听取教职工的意见,及时反映教职工的呼声;(4)慰问困难患病教职工,争取各种基金资助,建立帮困档案,做好走访记录;(5)关心青年教职工生活成才,重视女教职工的特殊权益;(6)做好教职工暑期休息休养工作。

2. 学校和广大教职员工对教工小家的"参与劳动人事争议或纠纷调解,维护教职工合法权益"这一维权服务的职能是有所期待和信任的。

3. 二级工会关心教职工呼声,听取教职工意见的频次较高。

4. 学校工会对二级工会在维权服务职能方面的了解和管理不到位,二级工会对教职工在成长和特殊权益维护方面重视和关心程度的覆盖面不够。

七、自身建设职能

教工小家自身建设职能评价指标的重要性主要从工会组织健全、会籍管理、定期研讨工作、信息发布、理论学习、作风建设以及经费管理、工会干部素质等方

面开展调研。

(一) 问卷数据分析

1. 自身建设职能评价重要性排序

选　　项	学校工会	二级工会	教职工	平均分	排序
部门经费管理规范,使用合理,账目公开	4.86	4.46	4.40	4.57	1
部门工会组织健全,分工合作;工作制度完善,各项工作有记录;年初有计划,年终有总结,并按时上交	4.71	4.40	4.34	4.48	2
多种途径提高工会干部素质,并建立起一支工会积极分子队伍	4.57	4.49	4.31	4.46	3
定期学习、研究部门工作,会议有记录	4.71	4.23	4.12	4.35	4
及时在工会网页上发布信息,宣传部门工会活动	4.57	4.21	4.23	4.34	5
加强会籍管理,积极发展工会会员,并及时汇报会员增减情况	4.43	4.34	4.20	4.32	6
加强作风建设,开展工作调研,并撰写调查报告	4.71	4.12	3.96	4.26	7
注重理论学习,开展理论研究并发表文章	4.71	4.00	3.92	4.21	8

　　根据问卷数据,二级工会自身建设职能评价指标的重要性,从学校工会、二级工会和教职工三方均值来看,最重要的指标是"部门经费管理规范,使用合理,账目公开",其次为"部门工会组织健全,分工合作,制度完善,有计划总结"以及"提高工会干部素质"等。"加强作风建设,开展工作调研""注重理论学习,开展理论研究"等指标的重要性相对靠后。但与三方评价平均值有所不同的是,在学校工会单方的重要性选择中,理论学习和工作调研的排序较高,说明学校工会比较重视这两项工作,而二级工会和教职工则认为这两项工作并不重要,二级工会认为最重要的是"提高工会干部素质",教职工更关心的是"部门经费管理规范"。

2. 工会公开会费使用账目的频次

	从不公开	1次/年	1次/学期	1次/2月	1次/1月	更短时间1次	不清楚
学校工会		28.57%	28.57%		14.29%	14.29%	14.29%
二级工会	2.74%	50.68%	21.92%	1.37%	4.11%	4.11%	13.70%
教职工	2.90%	27.05%	16.43%	2.90%	0.97%	1.93%	46.86%

从二级工会问卷数据来看,大部分二级工会账目公开的频次是一年一次,也有部分学校二级工会是一个学期公开一次,极少部分学校工会账目从不公开。但从教职工的数据看,不清楚账目是否公开的选择将近50%,比例偏高。教职工一方面非常关心"部门经费管理规范",但另一方面,对账目是否公开并不关心,两种指标的问卷数据有相互矛盾之处,原因需要进一步分析。

(二) 问卷调研结论

1. 二级工会自身建设职能评价指标重要性排序依次为:(1)部门经费管理规范,使用合理,账目公开;(2)部门工会组织健全,分工合作;工作制度完善,各项工作有记录;年初有计划,年终有总结,并按时上交;(3)多种途径提高工会干部素质,并建立起一支工会积极分子队伍;(4)定期学习、研究部门工作,会议有记录;(5)及时在工会网页上发布信息,宣传部门工会活动;(6)加强会籍管理,积极发展工会会员,并及时汇报会员增减情况;(7)加强作风建设,开展工作调研,并撰写调查报告;(8)注重理论学习,开展理论研究并发表文章。

2. 在学校工会较为重视理论学习和工作调研,二级工会认为最重要的是"提高工会干部素质",教职工更关心的是"部门经费管理规范"。

3. 虽然教职工认为经费管理规范是评价的最重要指标,但对工会会费账目的公开情况并未特别关注。

八、教工小家实体调查

教工小家实体评价指标重要性主要从教工小家的管理规范和制度、硬件设施的补充和更新、小家的面积以及小家内的各种设施建设等方面开展调研。

(一) 问卷数据分析

选　　　项	学校工会	二级工会	教职工	平均分	排序
有健全的教工小家管理规范和制度	4.71	4.38	4.31	4.47	1
定期对教工小家的硬件设施进行补充和更新	4.57	4.37	4.35	4.43	2
教工小家内有体育设施	4.43	4.31	4.24	4.33	3
教工小家内有文化设施	4.43	4.14	4.13	4.23	4
教工小家内有生活设施	4.29	4.22	4.15	4.22	5
教工小家面积及人均面积	4.14	4.20	4.05	4.13	6

　　根据问卷数据,二级工会教工小家实体评价指标的重要性,从学校工会、二级工会和教职工三方均值来看,最重要的指标是"有健全的教工小家管理规范和制度",其次为"定期对教工小家的硬件设施进行补充和更新"以及"教工小家内有体育、文化、生活"等。"教工小家的面积及人均面积"指标的重要性相对靠后。但与三方评价平均值稍有不同的是,教职工认为对教工小家硬件设施的补充和更新是最重要的指标。

(二) 问卷调研结论

　　二级工会实体评价指标重要性依次为:(1)有健全的教工小家管理规范和制度;(2)定期对教工小家的硬件设施进行补充和更新;(3)教工小家内有体育设施;(4)教工小家内有文化设施;(5)教工小家内有生活设施;(6)教工小家面积及人均面积。

九、特色创新

　　教工小家特色创新指标重要性主要从突破传统职能,结合本专业和学科开展工作和活动以及理论创新和民主监督职能创新等方面开展调研。

（一）问卷数据分析

选　　项	学校工会	二级工会	教职工	平均分	排序
突破传统职能,服务于会员在新形势下的新需求	4.71	4.30	4.27	4.43	1
结合本二级单位的专业和学科特色开展工作和活动	4.57	4.41	4.30	4.43	1
开展理论创新,丰富工会理论研究	4.30	4.30	4.23	4.28	3
开展民主监督职能创新,提高民主管理成效	4.43	4.25	4.24	4.26	4

（二）问卷调研结论

问卷数据显示,二级工会特色创新评价指标重要性中,"突破传统职能,服务于会员在新形势下的新需求"和"结合本二级单位的专业和学科特色开展工作和活动"两项指标同等重要,开展理论创新和民主监督职能创新相对靠后。

附录:

基于问卷数据的教工小家建设评价指标体系构建

一、评价总体指标

（一）总体评价指标重要性排序为：1. 领导支持；2. 民主管理；3. 特色创新；4. 活动培训；5. 维权服务；6. 自身建设；7. 思想教育

（二）分值：依据问卷总体指标重要性排序确定分值,具体如下：

1. 领导支持,24 分

2. 民主管理,18 分

3. 特色创新,14 分

4. 活动培训,12 分

5. 维权服务,12 分

6. 自身建设,12 分

7. 思想教育,8 分

二、评价子指标

子指标重要性排序依据问卷数据确定顺序和分值,具体如下:

(一)领导支持(25 分)

1. 经费支持(5 分)

2. 硬件建设支持(4 分)

3. 工会主席参加或列席党政联席会议(4 分)

4. 参与工会组织的活动(4 分)

5. 教代会代表会员见面沟通(3 分)

6. 列入单位工作计划(2 分)

7. 实施政务公开(2 分)

(二)民主管理(18 分)

1. 将涉及教职工切身利益的重要事项提交二级教代会代表表决通过(4 分)

2. 二级教代会制度健全,每年至少召开一次教代会(4 分)

3. 行政领导定期向代表作工作报告、财务报告并接受(3 分)

4. 建立和推进本单位政务公开渠道,组织教职工参与本部门的民主管理与监督(3 分)

5. 积极组织提案征集和处理反馈工作,提高提案质量(2 分)

6. 按时选举,严格按民主程度产生教代会代表,二级教代会的代表构成符合规定(1 分)

7. 组织教职工积极为校院改革发展建言献策(1 分)

(三)特色创新(14 分)

1. 突破传统职能,服务于会员在新形势下的新需求(4 分)

2. 结合本二级单位的专业和学科特色开展工作和活动(4 分)

3. 开展理论创新,丰富工会理论研究(3 分)

4. 开展民主监督职能创新,提高民主管理成效 3 分)

(四)活动培训(12 分)

1. 组织开展经常性的体育健身活动(3 分)

2. 开展教职工技能培训和竞赛,促进教工职业发展(3 分)

3. 组织开展经常性的文娱活动(2 分)

4. 组织和支持教职工参加校内外的各种文体竞赛活动(2 分)

5. 建立"学术沙龙",搭建教职工学术交流平台(2分)

(五)维权服务(12分)

1. 协助做好教职工体检和各项医保续保理赔工作(3分)

2. 参与劳动人事争议或纠纷的调解,努力维护教职工的合法权益(3分)

3. 经常听取教职工的意见,及时反映教职工的呼声(2分)

4. 慰问困难患病教职工,争取各种基金资助,建立帮困档案,做好走访记录(2分)

5. 关心青年教职工生活成才,重视女教职工的特殊权益(1分)

6. 做好教职工暑期休息休养工作(1分)

(六)自身建设(12分)

1. 部门经费管理规范,使用合理,账目公开(3分)

2. 部门工会组织健全,分工合作;工作制度完善,各项工作有记录;年初有计划,年终有总结,并按时上交(2分)

3. 多种途径提高工会干部素质,并建立起一支工会积极分子队伍(2分)

4. 定期学习、研究部门工作,会议有记录(1分)

5. 及时在工会网页上发布信息,宣传部门工会活动(1分)

6. 加强会籍管理,积极发展工会会员,并及时汇报会员增减情况(1分)

7. 加强作风建设,开展工作调研,并撰写调查报告(1分)

8. 注重理论学习,开展理论研究并发表文章(1分)

(七)思想教育(8分)

1. 表彰宣传各类先进人物事迹(2分)

2. 关心青年教工在政治思想上的健康成长(2分)

3. 开展"三育人"教育和职业道德建设活动(1分)

4. 坚持在女教工中组织开展"四自"教育活动(1分)

5. 配合本部门党组织开展面向广大会员的政治学习活动(1分)

三、三方权重

依据问卷结论,学校工会、二级工会及教职工三方权重比例如下:

(一)教职工40%

(二)学校工会30%

(三)二级工会30%

(四)评价计分

学校工会、二级工会及教职工三方均参与考评,每方初始考评卷均为100分,最后考评得分为三方(初始得分×各方权重)之和。

附表:教工小家建设考核评价评分表

	分值	评价子指标	分值	得分
领导支持	24	经费支持	5	
		硬件建设支持	4	
		工会主席参加或列席党政联席会议	4	
		参与工会组织的活动	4	
		教代会代表会员见面沟通	3	
		列入单位工作计划	2	
		实施政务公开	2	
民主管理	18	将涉及教职工切身利益的重要事项提交二级教代会代表表决通过	4	
		二级教代会制度健全,每年至少召开一次教代会	4	
		行政领导定期向代表作工作报告、财务报告并接受审议	3	
		建立和推进本单位政务公开渠道,组织教职工参与本部门的民主管理与监督	3	
		积极组织提案征集和处理反馈工作,提高提案质量	2	
		按时选举,严格按民主程度产生教代会代表,二级教代会的代表构成符合规定	1	
		组织教职工积极为校院改革发展建言献策	1	
特色创新	14	突破传统职能,服务于会员在新形势下的新需求	4	
		结合本二级单位的专业和学科特色开展工作和活动	4	
		开展理论创新,丰富工会理论研究	3	
		开展民主监督职能创新,提高民主管理成效	3	
活动培训	12	组织开展经常性的体育健身活动	3	
		开展教工技能培训和竞赛,促进教工职业发展	3	
		组织开展经常性的文娱活动	2	
		组织和支持教职工参加校内外的各种文体竞赛活动	2	
		建立"学术沙龙",搭建教职工学术交流平台	2	

	分值	评价子指标	分值	得分
维权服务	12	协助做好教职工体检和各项医保续保理赔工作	3	
		参与劳动人事争议或纠纷的调解,努力维护教职工的合法权益	3	
		经常听取教职工的意见,及时反映教职工的呼声	2	
		慰问困难患病教职工,争取各种基金资助,建立帮困档案,做好走访记录	2	
		关心青年教职工生活成才,重视女教职工的特殊权益	1	
		做好教职工暑期休息休养工作	1	
自身建设	12	部门经费管理规范,使用合理,账目公开	3	
		部门工会组织健全,分工合作;工作制度完善,各项工作有记录;年初有计划,年终有总结,并按时上交	2	
		多种途径提高工会干部素质,并建立起一支工会积极分子队伍	2	
		定期学习、研究部门工作,会议有记录	1	
		及时在工会网页上发布信息,宣传部门工会活动	1	
		加强会籍管理,积极发展工会会员,并及时汇报会员增减情况	1	
		加强作风建设,开展工作调研,并撰写调查报告	1	
		注重理论学习,开展理论研究并发表文章	1	
思想教育	8	表彰宣传各类先进人物事迹	2	
		关心青年教工在政治思想上的健康成长	2	
		开展"三育人"教育和职业道德建设活动	1	
		坚持在女教工中组织开展"四自"教育活动	1	
		配合本部门党组织开展面向广大会员的政治学习活动	1	

图书在版编目(CIP)数据

工会理论与实践研究.第一卷/柯勤飞主编.—上海：上海三联书店,2018.9
ISBN 978-7-5426-6351-1

Ⅰ.①工…　Ⅱ.①柯…　Ⅲ.①工会工作-研究-中国
Ⅳ.①D412.6

中国版本图书馆 CIP 数据核字(2018)第 132199 号

工会理论与实践研究(第一卷)

主　　编 / 柯勤飞
副 主 编 / 胡志民

责任编辑 / 郑秀艳
装帧设计 / 一本好书
监　　制 / 姚　军
责任校对 / 张大伟

出版发行 / 上海三联书店
　　　　　(201199)中国上海市都市路 4855 号 2 座 10 楼
邮购电话 / 021-22895557
印　　刷 / 上海肖华印务有限公司

版　　次 / 2018 年 9 月第 1 版
印　　次 / 2018 年 9 月第 1 次印刷
开　　本 / 710×1000　1/16
字　　数 / 260 千字
印　　张 / 17.75
书　　号 / ISBN 978-7-5426-6351-1/D·389
定　　价 / 55.00 元

敬启读者,如发现本书有印装质量问题,请与印刷厂联系 021-66012351